Chronik
der
Stadt und Parochie
Reichenbach O/L

(Nachdruck)

AF280841

Seiner Hochwohlgeboren

Herrn

Otto Theodor von Seydewitz

auf Ober- und Nieder-Reichenbach und Biesig,

Ritter hoher Orden,

Landes-Aeltesten des Markgrafthums Ober-Lausitz,

(Königlich Preußischen Antheils),

Königlichen Landrath a. D.,

Mitglied des Reichstages des Norddeutschen Bundes etc.

als ein öffentliches Zeichen ehrerbietiger
Hochachtung und dankbarer Verehrung
gehorsamst gewidmet

vom

Verfasser.

Chronik

der

Stadt und Parochie Reichenbach ^{O.}/_{L.}

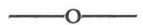

Bearbeitet und herausgegeben

vom

Bürgermeister Richter

Reichenbach ^{O.}/_{L.}
Im Selbstverlage des Verfassers.
1867.

—

Schnellpressendruck von J. C. Weißig in Rothenburg O. L.

Die Herausgabe dieses wichtigen Geschichtsdokuments unserer Stadt Reichenbach wurde durch die finanzielle Hilfe der „Rodil GmbH Ostritz-Reichenbach" wesentlich unterstützt, wofür sich der Heimatverein besonders bedankt.

Die Textübertragung erfolgte durch Herrn Lothar Wagner. Das Korrekturlesen übernahmen die Damen und Herren Waltraud und Hans Fischer, Irmgard Herrmann, Angelika und Bernd Kremser, Harald Krüger, Astrid Maiwald und Martina Vogel.
Die Gestaltung des Umschlages erfolgte durch Herrn Peter Schilling.

Preis 9,80 €

ISBN 3-8334-2448-6

Herstellung und Verlag: Books on Demand GmbH, Norderstedt

Zum Geleit

Seit Jahren leistet der Heimatverein Reichenbach mit seinen engagierten Mitgliedern einen unschätzbar hohen Beitrag zur Bewahrung und Vermittlung der Geschichte unserer Region und insbesondere unserer Heimatstadt.

Mit dem vorliegenden Nachdruck der nur noch in wenigen Exemplaren vorhandenen „Chronik der Stadt und Parochie Reichenbach/OL" aus dem Jahre 1867 wird ein besonderes Geschichtsdokument Reichenbachs wieder einer größeren Öffentlichkeit zugänglich gemacht.

Dieses Werk schildert nicht nur die Verhältnisse der Stadt und ihrer Bürgerschaft in vergangenen Jahrhunderten. Es zeigt auch eine ganz besondere städtische „Innenansicht" des damaligen Bürgermeisters Richter in der Mitte des 19. Jahrhunderts.

Mögen wir heute an vielen Stellen einen ganz anderen Blick auf die Vergangenheit haben als der damalige Bürgermeister und Ortschronist, ist die Kenntnis früherer Schriften wie dieser unverzichtbare Hilfe zum Verständnis der Situation unserer Vorfahren.

Wir haben diese Geschichte ererbt. Wir sind verpflichtet, diese zu bewahren, um daraus Zukunft zu gewinnen.

Mein Dank gilt den Mitgliedern des Heimatvereins Reichenbach für ihr großes Engagement beim Erstellen dieses Buches. Ebenso danke ich den Firmen und Privatpersonen, die den Druck ermöglicht haben.

Reichenbach / OL im Dezember 2004

Bürgermeister Andreas Böer

Inhalts — Verzeichniß.

——o——

Vorwort

Der Umstand, dass die Stadt und Parochie Reichenbach noch keine historisch-topografisch-statistische Beschreibung hat, und die vielfach an mich gerichteten Aufforderungen zur Anfertigung einer solchen haben mich veranlaßt, die gegenwärtige Schrift zu verfassen und dem Druck zu übergeben.

Da die Stadt aus früheren Zeiten nur sehr wenig Nachrichten und Urkunden besitzt, so war die Aufgabe keine leichte. – Neben den Akten des Magistrats, deren Inhalt wesentlich dem gegenwärtigen Jahrhundert angehört, habe ich insbesondere den im Manuskript vorhandenen „Versuch einer topographisch – historischen Beschreibung" vom Ober-Pfarrer Käuffer, und demnächst die Chroniken verschiedener anderer Orte, sowie die Bibliothek der Gesellschaft der Wissenschaften zu Görlitz benutzt. Einen großen Teil der Nachrichten verdanke ich der gütigen Unterstützung des Herrn Landes-Aeltesten von Seydewitz, der mir nicht nur das Vorhandene aus seinem Archiv und seiner Bibliothek hat zukommen lassen, sondern der auch mit großer Bereitwilligkeit verschiedenes Material herbeigeschafft hat.

Indem ich ihm sowohl, als allen Anderen, die mich in der Beschaffung von Nachrichten freundlich unterstützt haben, hiermit meinen Dank ausspreche, bemerke ich, daß die vorliegende Schrift nicht eine vollständige Sammlung aller Nachrichten sein kann, daß vielmehr noch manches hinzuzufügen sein würde, wenn weitere Notizen zu Gebote stünden.

Zugleich bitte ich, etwaige Nachrichten mir mitzutheilen, damit sie bei einem späteren Nachtrag verwerthet werden können.

Möchte diese Schrift, welcher ich eine kurze Beschreibung unseres engeren Landestheils vorangeschickt habe, mit Wohlwollen und Nachsicht aufgenommen werden, und dazu beitragen, den rechten Sinn für die Heimath anzuregen und zu beleben.

Reichenbach O./L., im Oktober 1867

Richter.

I. Kurze Geschichte der Ober-Lausitz

——o——

Wenn auch die älteste Geschichte der jetzigen Ober–Lausitz dunkel ist, so darf doch mit einiger Gewißheit angenommen werden, daß die ursprünglichen Bewohner der Gegend Deutsche (Germanen) waren, und daß zum Theil Diduner, Lygier und Silinger, vorzugsweise aber Semnonen, ein Stamm der Sueven, ihren Sitz hier gehabt haben. Diese waren kriegslustige Männer; ein nomadisirendes Hirtenvolk, welches nur wenige Dörfer gründete, und in deren Nähe Bollwerke, Schanzen, aufschüttete, bei denen sie ihre Todten begruben, d. h. die Asche der verbrannten Leichen bewahrten, und in denen sie sich gegen andringende Feinde schützten. Ihre Religion war Götzendienst. Solcher Schanzen giebt es noch viele in der Ober-Lausitz; sie führen im Munde des Volkes den Namen „Schwedenschanzen". Aber es ist notorisch, daß diese Schanzen schon lange vor der Zeit bestanden haben, ehe an die Schweden in Deutschland gedacht wurde. Alte Annalisten nennen sie daher auch immer nur „Schwewenschanzen" (Suevenschanzen). Daß dieselben meistens von dem ursprünglich germanischen Volksstamme der Sueven herrühren, von denen auch die vielen deutschen Ortsnamen übrig geblieben sind, dafür spricht auch der Umstand, daß grade die meisten Dörfer, bei denen solche Schanzen gelegen, augenscheinlich deutschen Ursprungs sind; z. B. Schöps, Melaune, Ebersbach, Weißenberg etc.

Als nun im Laufe der Völkerwanderung, die bis zum Jahre 679 dauerte, nach den Vandalen die von Ostern her, wie man annimmt, aus Indien einwandernden slavischen Volksstämme (Sorbenwenden) die Germanen verdrängten, besetzten die Milczener, — ein Volk, das Viehzucht trieb, daher ihr Name, der auf deutsch „milchfassend" heißen soll — die jetzige Ober-Lausitz, und bauten gegen die in Böhmen wohnenden Bojer und Markomenen, die später ebenfalls den slavischen Czechen weichen mußten, um das Jahr 595 ein festes Schloß auf dem Brodschenberge in der Nähe der später erbauten Stadt Budissin oder Bautzen. Die Slaven theilten sich in 6 Völkerschaften, nämlich in die Sorben, Wilzen, Lusitzier, Obotriten, Czechen und Polen. Das Land der Slaven oder Sorben war in Gaue oder Distrikte eingetheilt, welche Sudpanien hießen, von „Sud", das Gericht, und von

„Pan", der Herr. Diesen Gauen standen Sudpane — Gerichtsherren — vor, welche in lateinischen Urkunden comites (Grafen) genannt werden, und welche in ihrem Bezirk Recht sprachen. Als solche Gaue werden genannt: Tale mince (Meißen bis zur Saale), Nisa (die Pflege um Hohenstein und Stolpen), Milzsane (die jetzige Oberlausitz), Lusizi (die Niederlausitz), Diedesa (Niederschlesien). — Die Sorben theilten sich wiederum in kleinere Stämme, von denen, wie erwähnt, die Milczener den größten Theil der jetzigen Ober–Lausitz bezogen. Dieser Landstrich erhielt den Namen: Milzane — Milzsane — oder das Milzener Land. Später wurde es, nach dem Hauptorte desselben, das Land Budissin, noch später das Land Budissin und Görlitz, oder das Land der Sechsstädte genannt. Von dem anstoßendem Gau der Lusizier, die ihren Namen aus dem slavischen „luza", der Sumpf, bekamen, erhielt die Ober-Lausitz seit dem Jahre 1350, wohl ihrer höheren Lage halber, ihren jetzigen Namen, zunächst Lusatia superior, während der verwandte und zur Oberlausitz in mancherlei Beziehungen stehende Gau der Lusizier die Niederlausitz hieß.

Die jetzige Lausitz im Allgemeinen, wenn auch nicht durchweg in ihrer späterer Begrenzung, hatte bis zum Jahre 640 dem kroatischen Reiche angehört, und wurde dann dem großen mährischen Reiche einverleibt, welches aus Böhmen, Mähren, Polen, Schlesien und einem Theile von Ungarn bestand. Um das Jahr 900 wurde dieses Reich in drei neue Reiche: Böhmen, Polen und Ungarn getheilt, wobei die Lausitz an Polen fiel. Unter dem deutschen Kaiser Heinrich I. wurden die Sorben allmälig unterdrückt und deutsche Ansiedler in die Lausitz gezogen. Er legte 922 Meißen an, setzte dorthin einen Markgrafen (Grenzgrafen) und hierauf wurde das Milczener Land unter den Grenzgrafen von Meißen gestellt: Heinrichs Nachfolger Otto I. stiftete zur festeren Begründung des Christenthums mehrere Bißthümer; unter anderen 965 das Bißthum Meißen, zu welchem auch die jetzige Oberlausitz geschlagen wurde. Mit der Errichtung dieses Bißthums Hand in Hand ging die Errichtung von erzpriesterlichen Stühlen (sedes) in den betreffenden Bezirken. Durch die Archipresbyter übten die Bischöfe ihre geistliche Gerichtsbarkeit aus, weshalb denn auch, weil die geistliche und weltliche Gerichtsbarkeit vielfach in einander liefen, da, wo ein erzpriesterlicher Stuhl war, sich meist auch ein advocatus (Burgvogt) befand.

Das Land stand nunmehr abwechselnd unter den Markgrafen von Meißen und den Herzögen von Böhmen, bis es um 1250 an die Markgrafen von Brandenburg, Johann I. und Otto III. kam. Die Letzteren besaßen die Ober-Lausitz gemeinschaftlich. Ihre Nachkommen theilten dieselbe, wobei die Johannsche Linie den Bautzener Kreis (districtus Budissinensis), die Otto'sche Linie den Görlitzer Kreis (districtus Gorlicensis) bekam, welche demnächst 1317 wieder vereinigt wurden. Nach dem Tode Woldemar's (1319), mit welchem das damalge Haus Brandenburg ausstarb, erhielt Herzog Heinrich von Jauer den Görlitzer, der König Johann von Böhmen den Bautzener Kreis.

Nach vielfachen Unterhandlungen, und nachdem die Stände sich freiwillig dem König Johann unterworfen, auch die Görlitzer diesen, weil sie mit der Regierung des Herzogs Heinrich unzufrieden waren, um seinen Schutz gebeten hatten, trat Herzog Heinrich den Görlitzer Kreis durch die Urkunde d. d. Breslau, den 3. Mai 1329, an den König von Böhmen ab, behielt sich aber die Stadt Lauban mit ihrem Distrikte vor, während der Zittauer Kreis sich pfandweise bei Böhmen befand. Nach Heinrich's Tode fiel auch Lauban nebst Zittau an Böhmen, so daß 1346 die ganze Lausitz wieder mit Böhmen vereinigt war. Nach dem Tode des Königs Johann — 1346 — kam Karl IV. zur Regierung bis 1378. Er führte einen Krieg mit dem Markgrafen Ludwig von Brandenburg, bei dessen Beendigung im Frieden zu Bautzen 1350 Letzterer allen Ansprüchen an die Lausitz entsagen mußte. Die Söhne Karl's, Wenzel und Johann, theilten sich wieder in die beiden Kreise, wobei Johann den Görlitzer Kreis erhielt, und zwar unter dem Titel eines Fürstenthums. 1396 wurden die Kreise unter König Wenzel wieder vereinigt, der bis 1419 regierte. Von da bis 1437 kam sein Bruder Siegismund, dann bis 1439 sein Schwiegersohn Albert zur Regierung. Demnächst kam das Land während der Minderjährigkeit des nachgebornen Sohnes Alberts, Ladislaus, unter die Regentschaft George Podiebrad's, der nach dem Tode des Ersteren die Krone Böhmen an sich brachte und sich auch von den Lausitzern huldigen ließ. Als er aber vom Papst Paul II. in den Bann gethan wurde, fielen sie von ihm wieder ab, und es wurde 1469 Matthias I. zum Könige gewählt. Matthias kam mit den Söhnen Podiebrads, Herzögen von Münsterberg, und den polnischen Fürsten Wladislaus in Krieg, und durch den hierauf geschlossenen Frieden (Olmütz 1479) erhielt

Wladislaus Böhmen, Matthias dagegen Mähren, Schlesien und die Lausitz. Nach Matthias Tode kam die Lausitz wieder an König Wladislaus von Böhmen, der 1516 starb. Seine Nachfolger waren Ludwig bis 1526, Ferdinand I. bis 1564, Maximilian bis 1576, Rudolph II. bis 1611, Matthias bis 1619, Ferdinand II. bis 1636. — Letzterer wurde verworfen und die Krone von Böhmen dem Kurfürsten Friedrich V. von der Pfalz angetragen, derselbe auch gekrönt. Ferdinand erbat sich gegen seinen Gegenkönig vom Kurfürsten Georg I. von Sachsen Hülfe, wogegen er ihm zur Sicherung für die Kriegskosten durch Vertrag vom 13. Juni 1623 zu Budissin die Ober- und Nieder-Lausitz verpfänden mußte. Durch den Prager Traditions-Rezeß vom 30. Mai 1635 trat Ferdinand, da er die Kriegskosten mit 72 Tonnen Goldes nicht bezahlen konnte, beide Lausitzen dem Kurfürsten George I. von Sachsen erb- und eigenthümlich ab. (Kollekt. - Werk Band II, S. 1408)

Der desfallsige Rezeß wurde von den Ständen der Ober-Lausitz nach längerem Widerstreben mittelst Landtagsschlusses vom 10. Dezember 1635 unter bestimmtem Vorbehalt acceptirt und demnächst vom Kurfürsten Georg durch die General-Konfirmation vom 2. Oktober 1637 alle ihre Privilegien, Rechte, Gerechtigkeiten, Gewohnheiten und Freiheiten bestätigt, worauf ihm die Stände am 8. Oktober 1637 in Görlitz huldigten. Er regierte bis 1657, sein Nachfolger Johann Georg II. bis 1680, Johann Georg III. bis 1691, Johann Georg IV. bis 1694, Friedrich August I. bis 1733, Friedrich August II. bis 1763. Nach diesem kam Friedrich Christian auf einige Wochen an die Regierung. Der spätere König Friedrich August III. trat in dem nach den Befreiungskriegen abgeschlossenen Friedens- und Freundschafts-Vertrage vom 18. Mai 1815 (Gesetz-Sammlung 1815, S. 53) einen Theil seines Landes, darunter auch einen großen Theil der Ober- und die ganze Nieder-Lausitz an den König von Preußen, Friedrich Wilhelm III., ab. Durch diesen Vertrag und das Besitz-Ergreifungs-Patent vom 22. Mai 1815 (Gesetz-Sammlungen S. 77) wurde die Grenze zwischen Preußen und Sachsen bestimmt, und in dem letztgedachten Patente Jedermann der Besitz und Genuß seiner wohlerworbenen Privatrechte garantirt, und die Zusicherung ertheilt, daß die ständische Verfassung erhalten und der allgemeinen Verfassung angeschlossen werden solle. — Nach dem Tode König Friedrich Wilhelm III. — 7. Juni 1840 — kam sein Sohn, Friedrich Wilhelm IV.

an die Regierung, welcher nach seiner Erkrankung mittelst Allerhöchsten Erlasses vom 7. Oktober 1858 seinen Bruder und Thronfolger Wilhelm zum Regenten ernannte, der nach dem Tode des Ersteren, 2. Januar 1861, die Regierung als König Wilhelm I. antrat und dieselbe bisher zum Segen des Landes führt.

Zur Feier des 22. Mai 1865, an welchem Tage vor 50 Jahren die Ober-Lausitz der Preußischen Monarchie einverleibt worden ist, haben die Stände der Ober-Lausitz — gleich wie die der Nieder-Lausitz — Seiner Majestät dem Könige folgende Adresse:

„Allerdurchlauchtigster, Großmächtigster König!

Allergnädigster König und Herr!

Euerer Königlichen Majestät treugehorsamste Stände des Preußischen Markgrafthums Ober-Lausitz können es sich nicht versagen, in tiefster Unterthänigkeit des 22. Mai 1865, als desjenigen Tages zu gedenken, an dem der jetzt Preußische Theil des Markgrafthums Ober-Lausitz vor 50 Jahren der Preußischen Monarchie einverleibt worden ist. Die Ober-Lausitz hat nunmehr ein halbes Jahrhundert hindurch an den Segnungen Theil genommen, die das gesammte Preußische Vaterland der Weisheit und Kraft, sowie der landesväterlichen Fürsorge des sichtbar von Gott begnadigten Königshauses Hohenzollern zu danken hat. Darum beugen wir uns in Demuth vor dem Könige aller Könige, und vereinigen mit unserm Dankgebet die inbrünstige Fürbitte, Gott der Herr wolle seine schützende Hand zu allen Zeiten über das erhabene Haus Hohenzollern halten. Eure Königliche Majestät wissen es, wie die Ober-Lausitz immer mit Treue und Hingebung zu ihrem erlauchten Landesherrn gestanden hat; es drängt uns heute, Eurer Königlichen Majestät in tiefster Ehrfurcht auszusprechen, daß die Ober-Lausitz bestrebt sein will, durch unwandelbare Treue und durch vollste Hingebung auch in künftigen Tagen sich einen Anspruch auf die Erhaltung Eurer Königlichen Majestät Huld und Gnade zu sichern. Damit aber auch künftige Zeiten die Erinnerung an den heutigen Tag lebendig bleibe, haben wir beschlossen, ein Kapital von 10,000 Talern zu widmen, welches zur Begründung eines unter ständischer Verwaltung stehenden Oberlausitzer Waisenhauses verwendet werden soll, das den verwaisten Kindern preußischer Soldaten aus der Ober-Lausitz, die an dem letzten Schleswig-Holsteinschen Feldzug Theil genommen haben, vorzugsweise Aufnahme gewähren wird.

Geruhen Euer Königliche Majestät in diesem Beschluß Allergnädigst das schon in früheren Stiftungen bekundete Streben zu erkennen, auch bei diesem Anlaß dem ruhmreichen Preußischen Heere eine nach unsern Kräften bemessene Anerkennung an den Tag zu legen.

In tiefster Ehrerbietung ersterben wir als Euer Königlichen Majestät allerunterthänigste treu gehorsamste

die Stände des Preußischen Markgrafthums Ober-Lausitz.

Görlitz, den 22. Mai 1865."

durch eine Deputation, bestehend aus dem Landesältesten von Seydewitz, dem Landesbestallten Freiherrn von Gersdorff, dem Fürsten Reuß, Durchlaucht, dem Oberbürgermeister Sattig in Görlitz, dem Bürgermeister Richter in Reichenbach, dem Ortsrichter Sperlich aus Schwerta und dem Ortsrichter Neumann aus Meuselwitz überreichen lassen.

Seine Majestät geruhten in huldreichster Weise der Deputation für die ausgesprochene Gesinnung zu danken und Ihr landesväterliches Wohlwollen der Lausitz zu versichern, wobei Allerhöchst dieselben ausdrücklich hervorhoben, daß die Art, wie Seitens der beiden Lausitzen dieser Tag begangen werde, bei den obwaltenden Verhältnissen Allerhöchst-Ihren besonderen Beifall habe. —

Die Ober-Lausitz besitzt seit den ältesten Zeiten ihre eigenthümliche ständische Verfassung. Die Stände, an deren Spitze ein Landesältester (seit 1864 der Königliche Landrath a. D. Herr von Seydewitz auf Reichenbach und Biesig) steht, hatten die vom Landesherrn geforderten und die zur Bestreitung allgemeiner Landesbedürfnisse nöthigen Abgaben jedesmal besonders zu bewilligen; sie waren von Kriegsdiensten außerhalb Landes befreit, übten die Gerichtsbarkeit über ihre Untergebenen und Hintersassen aus, beschlossen über die Landes-Angelegenheiten, theilten sich in die fast ausschließlich in ihren Händen liegende, und darum auf ihre Kosten erfolgende Verwaltung des Landes, besetzten die Landesämter und wachten über die, der Ober-Lausitz zugesicherten Gerechtsame. Auf den Landtagen erschienen ursprünglich die Landstände (Rittergutsbesitzer) und die Städte (Sechsstädte) allein. Erst in späterer Zeiten erlangten die Landstädte und Landgemeinden das Recht der Theilnahme durch Vertreter.

Gegenwärtig ist der Kommunal-Landtag zusammengesetzt aus den Standesherren, den altberechtigten Rittergutsbesitzern, 16 Vertretern

14

der übrigen Rittergutsbesitzer, zwei Vertretern der Stadt Görlitz, einem Vertreter der Stadt Lauban, einem Vertreter der Stadt Reichenbach, einem Vertreter der Städte Schönberg, Seidenberg und Marklissa, einem Vertreter der Städte Rothenburg und Muskau, einem Vertreter der Städte Hoyerswerda, Ruhland und Wittichenau, und je zwei Vertretern der Landgemeinden aus den 4 Oberlausitzer Kreisen. — Wenn auch im Laufe der Zeit vielfachen Aenderungen unterworfen, hat sich die ständische Verfassung doch bis auf die heutige Zeit zum Segen des Landes erhalten, und sie ist es, deren Erhaltung bei dem Übergange der Ober-Lausitz zu Preußen in dem Patente vom 22. Mai 1815 zugesichert wurde.

Die Stände verwalten einen großen Theil der Oberlausitzer gemeinsamen Angelegenheiten noch jetzt, sie verfügen über eine größere Menge von Stiftungen und Fonds, aus denen alljährlich nicht unerhebliche Verwendungen — zu Stipendien, Unterstützungen etc. — gemacht werden. Ihrer Mitwirkung verdanken wir die Errichtung eines Oberlausitzer Schullehrer-Seminars in Reichenbach; ihnen verdanken wir ferner die Errichtung einer Oberlausitzer Waisen-Anstalt in Reichenbach. Sie verwenden alljährlich größere Summen für die Unterhaltung der Rettungshäuser in Görlitz und Niesky. Eine größere Anzahl gering dotirte Schullehrer erhalten Besoldungszulage; für die Seminaristen und Schul-Präparanden werden erhebliche Summen verwendet; die Schulen erhalten Beihülfen zur Anschaffung von Lehrhülfsmitteln u. s. w. — Die seit 1865 in's Leben getretene Pensionskasse für emeritirte Geistliche verdankt ihre Begründung und Errichtung den Ständen. Die Sparkasse befördert das Sparen, macht das Geld nutzbar, und gewährt die Möglichkeit, Hypotheken-Darlehne zu bekommen. Die Hülfskasse (Statut vom 24. Mai 1853, Beilage zu Nro. 29 des Amtsblatts) gewährt an Gemeinden und Private ebenfalls Darlehne zu gewerblichen, landwirthschaftlichen und anderen Zwecken. Das neu errichtete Kredit-Institut für die Ober- und Nieder-Lausitz (Statut Gesetz-Sammlung 1865, Seite 1056-1076) soll den Realkredit erleichtern, während die Kommunalständische Bank für die Preußische Ober-Lausitz (Statut Gesetz-Sammlung 1866, Seite 157-166) den Zweck hat, durch den Betrieb von Bankgeschäften Handel, Gewerbe und Landwirthschaft zu unterstützen. Die Ober-Lausitz hat ferner ihre eigene Feuer-Societät, welche, da sie nicht Gewinn bringen soll, und ihre Verwaltung sehr wenig kostet, die Beiträge nur nach dem wirklichen Bedürfniß erhebt und bei solider Abwickelung der Entschädigungs-Ansprüche sich immer mehr und mehr Eingang verschafft. (Statut vom 5. August 1863, Gesetz-Sammlung S. 516-532.) — Seit 1. Januar 1865 bildet die Ober-Lausitz auch einen besonderen Landarmen-Verband. (Verordnung vom 15. September 1864, Gesetz-Sammlung S. 579-582). — In derselben wird ferner, wie vor Alters, auch nach Einführung der neuen Grundsteuer (Gesetz vom 21. Mai 1861) die Liegenschafts- und Gebäudesteuer durch ständische Organe (das Landsteuer-Amt) erhoben. (Allerhöchst bestätigtes Regulativ vom 23. Januar 1865, Amtsblatt S. 69, und §. 49 des Gesetzes vom 8. Februar 1867, Gesetz-Sammlung S. 185.)

Alle diese Institute etc., insbesondere auch das ständische Schuldenwesen, stehen unter der Verwaltung besonderer Deputationen, resp. des Landsteuer-Amts, unter der Leitung und dem Vorsitz des Landesältesten von Seydewitz, dessen gewissenhafte, umsichtige, energische Verwaltung allgemeine Anerkennung verdient und findet.

In staatlicher Beziehung gehört die Ober-Lausitz seit ihrer Einverleibung zu Preußen, zur Provinz Schlesien, speziell zum Regierungsbezirk Liegnitz; sie besteht aus den Kreisen Görlitz, Rothenburg und Hoyerswerda, einem Theile des Laubaner Kreises, sowie einigen Ortschaften des Bunzlauer, des Saganer und des Soraurer Kreises.

Die Preußische Ober-Lausitz umfaßt circa 63 Quadrat-Meilen, wovon 16 auf den Görlitzer, 20 auf den Rothenburger, 15 auf den Hoyerswerda'er, 7 auf den Laubaner Kreis und 5 auf die Oberlausitzer Theile des Bunzlauer, Saganer und Sorauer Kreis kommen. Bei Sachsen blieben von der Ober-Lausitz etwa 40 Quadrat-Meilen.

Die bedeutendsten **Flüsse** der Ober-Lausitz sind der Queis, die große Tzschirne und die Lausitzer Neiße, welche dem Oderstromgebiet, die Spree und die schwarze Elster, welche dem Elbstromgebiet angehören. Der Queis, welcher beim Isergebirge entspringt, nimmt die Schwarzbach, die Schwerta, das Heinersdorfer Wasser, das Gerlachsheimer Wasser, den alten Lauban und den Schreiberbach auf. Die Lausitzer Neiße (wendisch Nice, böhmisch Niscy) ist der Hauptfluß der Ober-Lausitz; sie entspringt am Fuße des Isergebirgs und fließt nach einem 32 Meilen langen Laufe bei Guben (Ratzdorf) in die Oder. Die Neiße nimmt die Pliesnitz, die Lucknitz, die

Wittig, das Rothwasser, den Kiesel- oder Kesselbach, die Biele und den großen Schroot auf. In die Spree ergießen sich: das Löbauer Wasser, der Fließ, der schwarze Schöps (bei Ober-Sohland entspringend), welcher das Ebersbacher Wasser oder den „weißen Schöps", der seinen Ursprung bei Deutsch-Paulsdorf hat, mit sich vereinigt. Die schwarze Elster entspringt bei Rammenau und durchfließt den Hoyerswerdaer Kreis. In ihr Flußgebiet gehören: das Klosterwasser, das Godaische Wasser, das Schwarzwasser und die Pulsnitz.

Durch die Preußische und Sächsische Ober-Lausitz zieht sich das Lausitzer **Gebirge,** von der Tafelfichte des Iser-Kammes bis zur Sächsischen Schweiz. Mitunter wird auch noch ein Theil des böhmischen Gebirges dazu gerechnet. Der höchste, jedoch nur zum Theil in der Ober-Lausitz gelegene Berg ist die Tafelfichte, deren Höhe zwischen 3372 und 3567 Fuß verschieden angegeben wird. Der Tafelstein, als Hauptgrenzstein zwischen Schlesien, Böhmen und der Ober-Lausitz, ist 3214 Fuß hoch. Der Dreßlerberg bei Meffersdorf hat eine Höhe von 2400 Fuß. Berge geringerer Höhe sind: der Klingenberg bei Gebhardsdorf, der Hasenberg bei Schwerta, der Zangen- und Galgenberg bei Marklissa, der Döbschützwald und der Taubenberg bei Schadewalde, der Hummel-, Hopf-, Wach-, Knapp- und Grellberg zwischen dem Hartmannsdorfer und Gerlachsheimer Wasser, der Hochwald bei Holzkirch, der Urberg bei Gerlachsheim, der Silberberg bei Linda, der Heidersdorfer Spitzberg, der Nonnenberg im Hochwalde, der Steinberg bei Lauban, der Kiefer-, Kamm-, Gickels- und Gellersberg bei Kieslingswalde, der schöne Berg bei Schönberg. Auf dem linken Ufer der Neiße liegen die Jauernicker Berge und die Landeskrone; letztere der höchste Berg im Innern der Preuß. Ober-Lausitz; ferner die Königshainer und Mengelsdorfer Berge, namentlich: der Hochstein, der Todtenstein, der Schornstein, der Kämpfenberg und der Limasberg. Vom Todtenstein ist zu bemerken, daß Se. Maj. der König Friedrich Wilhelm IV. „diesen durch mehrere alterthümliche Ueberreste für die Geschichte des Vaterlandes erhaltungswerthen Felsen" erworben und durch die Urkunde, d. d. Görlitz den 1. Juni 1844, den Ständen von Land und Städten im Preuß. Markgrafthum Ober-Lausitz zu Eigenthum überwiesen hat mit der Bestimmung, daß „dieses ehrwürdige Denkmal der Vorzeit vor Zerstörung und Beschädigung bewahrt, jedem Frevel unzugänglich, allen Freunden der Natur und der Geschichte aber jeder Zeit zugänglich erhalten werde."

— Der Kreuzberg bei Jauernick, früher Pertinenz des dasigen Kretschams, ist auf Grund des Landtagsbeschlusses de 1859 von den Landständen der Preuß. Oberlausitz erworben worden. Im Rothenburger und Hoyerswerdaer Kreise sind, außer den Groß-Radischer Bergen im Rothenburger Kreise, größere Berge nicht vorhanden.

Die **Bodenklassen** werden als Thonboden, Lehmboden, sandiger Lehmboden, Moor und mooriger Sandboden, und Sandboden eingetheilt. Vorherrschend sind Lehm- und sandiger Lehmboden im Laubaner, Görlitzer und im oberen Theile des Rothenburger Kreises. Im Letzteren und im Hoyerswerdaer Kreise giebt es viel Moor- und Sandboden, Thonboden dagegen im Wesentlichen nur in der Gegend von Gerlachsheim und Linda.

Von **Steinen** kommen in der Ober-Lausitz vor: Granit, Granulit, Gneiß, Glimmerschiefer, Urthonschiefer, Quarzfels, Quarzconglomerat, Quarzschiefer, Kieselschiefer, Feldspathporphyr, Diorit, Dioritschiefer, Grünstein, Grünsteinschiefer, Dolerit, Basalt, Kalkstein, Sandstein, Grauwacke, Grauwackenschiefer, Zechstein, Buntsandstein, Muschel-Kalkstein, Quader-Sandstein, Süßwasser-Sandstein, Rasen-Eisen-Erz, u. s. w. Vorherrschend ist der Granit, welcher namentlich zusammenhängend in dem oberen Theile des Görlitzer Kreises und einzeln an verschiedenen Stellen im Laubaner Kreise vorkommt. Basalt wird an verschiedenen Orten im Görlitzer und Laubaner Kreise, aber immer nur vereinzelt, vorgefunden. Größere Basalt-Berge sind: die Landeskrone, die Jauernicker Berge, der Spitzberg bei Deutsch-Paulsdorf, der Schönberger Berg, der Burgberg bei Seidenberg. Sandstein giebt es bei Schützenhain, Waldau, Siegersdorf, Wehrau, Haide-Gersdorf, Nieder-Bielau und in der Görlitzer Haide; Kalkstein bei Kunnersdorf, Ober-Neundorf, Sohra, Gruna, Hennersdorf, Klitschdorf. Gneiß kommt besonders im Laubaner Kreise vor, ebenso an einzelnen Stellen Glimmer; Quarz bei Thiemendorf, Nieder-Rengersdorf, in letzterem Orte mit Brauneisenstein, Gelbeisenocher, Eisenglanz, thonigem Rotheisenstein und Kobalt-Mangan-Erz vermengt; zwischen Reichenbach und Hilbersdorf, bei Königshain, Jauernick, Marklissa, Rengersdorf am Haselberge, Seidenberg, Hennersdorf; Florsdorf, Friedersdorf. Feldspathige Steine giebt es: bei Ober-Horka und Rengersdorf; Grünstein bei Görlitz, Hennersdorf, Moys, zwischen Biesnitz und

18

Leschwitz, bei Jauernick, Nieder-Ludwigsdorf, zwischen Rengersdorf und Ullersdorf, bei Groß-Radisch. G r a u w a c k e findet sich bei Görlitz, Leopoldshain, Hennersdorf, Sohra, Rengersdorf, Ullersdorf, Troitschendorf, Heidersdorf, Lauban, Jänkendorf, Oedernitz, Diehsa, Gebelzig, Groß-Radisich, Collm, Steinölsa, Sproitz, Horscha, zwischen Quitzdorf und See, bei Wittichenau, Schwarz-Collm, Weißig. S ü ß w a s s e r s a n d s t e i n ist bei Baarsdorf und Thiemendorf vorhanden. B e r n s t e i n hat man bei Jannowitz unweit Ortrand, bei Petershain, Geibsdorf, Lichtenau, Rauschwalde, in Verbindung mit Braunkohle gefunden. Braunkohlen sind an verschiedenen Orten entdeckt worden und werden namentlich ausgebeutet in Weigersdorf, Ober-Prauske, Petershain, Moholz, Stannewisch, Hermsdorf u. s. w. — Auch bei Stenker und Schnellförthel, sowie bei Bröthen, Zoblitz, Lodenau, Teicha, Tormersdorf, Kaltwasser, Zodel, Penzig, Sohra, zwischen Görlitz und Rauschwalde, bei Lauterbach, Lichtenberg, Kieslingswalde, Geibsdorf, Schönbrunn, Nieder-Halbendorf, Radmeritz, Marklissa etc. hat man Braunkohlen gefunden.

Ausführliches enthält Glocker's geognostische Beschreibung der Preußischen Ober-Lausitz. Görlitz 1857.

Mineralquellen befinden sich bei Muskau, Schönberg und Schwarzbach, welche benutzt werden. Außerdem sind deren noch mehrere entdeckt worden, aber unbenutzt geblieben, z. B. bei Schönbrunn, bei Stenker und bei Rauscha. Wegen eines Quelles bei Reichenbach siehe das Nähere im 25. Abschnitt. Bei Muskau hat man Schwefelkies und Alaunerde gefunden; letztere auch in Moholz, Lodenau, Tormersdorf, Diehsa und Rauscha.

Die zum Zweck der Einführung der Grundsteuer auf Grund des Gesetzes vom 21. Mai 1861 erfolgten Vermessungen haben an Fläche ergeben:

a., im Görlitzer Kreise:

aa., im „Gebirgs-Distrikt": 97,920,79 Morgen Acker, 1765,40 Mrg. Gärten, 25,719,17 Mrg. Wiesen, 1413,56 Mrg Weiden, 24,596,33 Mrg. Holzungen, 1274,9 Mrg. Wasserstücke, 82,10 Mrg. Oedland, 263,13 Mrg. Unland, zusammen 153,034,97 Mrgn.
Dazu 3126,13 Mrg. Wege, 606,64 Mrg. Flüsse, 3231,26 Mrg. Hofräume; Summa: 159,999 Morg.

bb., im „Haide-Distrikt":

43,385,40 Morgen Acker, 124,16 Morgen Gärten, 15,362,85 Mrg. Wiesen, 1420,16 Mrg. Weiden, 177,990,16 Mrg. Holzungen, 1193,60 Mrg. Wasserstücke, 69,6 M. Oedland; zusammen 179,713,46 M. Dazu 2685,56 M. Wege, Eisenbahn ca., 358,16 M. Flüsse und Bäche etc. 1120,25 Mrg. Hofräume; Summa: 183,877,73 Morgen.

b., im Rothenburger Kreise:

aa., im ersten (oberen) Distrikt:
22,938,24 Morgen Acker, 53,49 Morgen Gärten, 7302,3 Mrg. Wiesen, 638,83 Mrg. Weiden, 12,022,97 Mrg. Holzungen, 1702,9 Mrg. Wasserstücke; zusammen 44,702,65 Morgen; — dazu: 1031,77 Mrg. Wege etc., 155,22 Mrg. Flüsse etc., 685,89 Mrg. Hofräume; Summa: 46,775,95 Mrg.

bb., im zweiten (niederen) Distrikt:
105,647,44 Morgen Acker, 450,15 Mr. Gärten, 28,867,59 Mrg. Wiesen, 8250,61 Mrg. Weiden, 231,037,50 Mrg. Holzungen, 8910,22 M. Wasserstücke; 134,61 Mrg. Oedland, 28,77 Mrg.Unland; zusammen 383,326,91 Mrg. Dazu: 8045,63 M. Wege etc., 2338,21 Mrg. Flüsse etc., 2815,61 Mrg. Hofräume; Summa: 396,526,37 Morgen.

c., im Hoyerswerdaer Kreise:

86,664,61 Morgen Acker, 292,86 Morgen Gärten, 34,801,16 Mrg. Wiesen, 9053,55 Mrg. Weiden, 184,255,12 Mrg. Holzungen, 11,845,96 M. Wasserstücke; 357,81 Mrg. Oedland, 204,65 M. Unland; zusammen 327,475,74 Mrg. Dazu: 7885,6 M. Wege etc., 1910,60 Mrg. Flüsse etc., 2690,99 Mrg. Hofräume; Summa: 339,962,41 Morgen.

d., in den Oberlausitzer Ortschaften des Laubaner Kreises:

92,175,95 Morgen Acker, 542,76 Morgen Gärten, 25,774,15 Mrg. Wiesen, 1189,40 Mrg. Weiden, 32,157,73 Mrg. Holzungen, 532,30 Mrg. Wasserstücke; 279,14 Mrg. Oedland, 80,96 Mrg. Unland; zusammen 152,732,39 Mrg. Dazu: 6243,20 M. Wege, Flüsse, Hofräume. Summa: 158,975,59 M.

e., in den Oberlausitzer Ortschaften des Bunzlauer Kreises:

28,990,91 Morgen Acker, 41,59 Morgen Gärten, 6526,82 Morgen Wiesen, 1569,96 Morgen Weiden, 46,128,1 Mrg. Holzungen, 73,83 Mrg. Wasserstücke; 13,37 Mrg. Oedland, 17,40 M. Unland; zusammen 83,361,89 Morgen. Dazu 1568,65 Mrg. Wege, 245,51

Morgen Flüsse, 938,93 Morgen Hofräume; Summa: 86,114,98 Morgen.

f., in den Oberlausitzer Ortschaften des Saganer Kreises:
5053,24 Morgen Acker, 76,65 Morgen Gärten, 1261,52 Morgen Wiesen, 315,69 Morgen Weiden, 14,042,4 Mrg. Holzungen, 15,10 M. Wasserstücke; 33,3 Mrg. Oedland; zusammen: 20,797,27 Morgen. Dazu: 501,75 Morgen Wege, 89,49 Mrg. Flüsse, 543,4 Mrg. Hofräume; Summa: 21,931,55 Mrg.

g., in den Oberlausitzer Dörfern Haasel und Zilmsdorf im Sorauer Kreise:
1734,81 Morgen Acker, 324,40 Morgen Wiesen, 196,74 Morgen Weiden, 1855,27 Mrg. Holzungen, 72,69 M. Wasserstücke; zusammen: 4183,91 Mrg. Dazu 90,38 Mrg. Wege, 7,48 Mrg. Flüsse und 36,42 Mrg. Hofräume; Summa: 4318,19 Mrg.

Die Gesammtfläche der Preuß. Ober-Lausitz beträgt daher 1,398,477,37 Morgen.

An fiskalischen Grundsteuern wurden bis zum Jahre 1865 in der Ober-Lausitz erhoben:

a., in der Landesmitleidenheit ....42,223 rtl. 22 sgr. 10 pf.
b., in der Görlitzer Stadtmitleidenheit ....16,212 rtl. 17 sgr. 11 pf.
c., in der Laubaner Stadtmitleidenheit ....2439 rtl. 27 sgr. 6 pf.

zusammen: .... 60,876 rtl. 8 sgr. 3 pf.

Gegenwärtig kommen auf	Grundsteuer:			Gebäudesteuer:		
	rtl.	sgr.	pf.	rtl.	sgr.	pf.
a. im Görlitzer Kreise	37,093	11	4	17,875	9	--
b. im Laubaner oberl. Kreisth.	22,814	15	5	5213	16	--
c. im Rothenburger Kreise	22,674	7	4	4061	12	--
d. im Hoyerswerdaer Kreise	14,926	27	5	3428	3	--
e. im Bunzlauer oberl. Kreisth.	5245	15	11	1164	23	--
f. im Saganer oberl. Kreistheil...............	550	8	7	224	3	--
g. Im Sorauer oberl. Kreistheil...............	215	23	--	37	6	--
zusammen: 103,520	103,520	19	--	32,004	12	--

135,525 rtl. 1 sgr.

Neben der fiskalischen Grundsteuer wurden bis zum Jahre 1865 in der Landesmitleidenheit der Ober-Lausitz zur Verzinsung und Tilgung der meist noch aus den Kriegen herrührenden und der für Eisenbahnzwecke u. dergl. aufgenommenen Landesschulden — Ende 1866 im Betrage von 441,043 Thalern — und zur Bestreitung sonstiger Landesbedürfnisse, jährlich 33,763 Thaler Rauch- und Mundgutsteuern erhoben. Seit dem Jahre 1865 wird an Stelle derselben ein Zuschlag von 10 pro Cent zur Grund- und Gebäudesteuer erhoben, welcher etwa 9560 Thaler im Ganzen beträgt. Der erforderliche Mehrbedarf wird einstweilen darlehnsweise aufgenommen und soll demnächst aus den Revenüen-Überschüssen der Kommunalständischen Bank gedeckt werden.

Die Seelenzahl betrug bei der letzten Zählung — 1864 — im Görlitzer Kreise 76,301, im Laubaner incl. der Schlesischen Orte 64,952, im Rothenburger 51,642, im Hoyerswerda'er 31,734. — Der Görlitzer Kreis ist in dieser Beziehung der größte in der Ober-Lausitz. Letztere hatte im Jahre 1855 schon 210,169 Einwohner. Unter der angegebenen Bevölkerung befindet sich die der Stadt Görlitz mit 30,707 und die der Stadt Reichenbach mit 1368 Seelen. Von den übrigen Ober-Lausitzer Städten betrug die Seelenzahl im Dezember 1864: bei Lauban 7423, Muskau 2872, Hoyerswerda 2658, Wittichenau 2258, Marklissa 2000, Ruhland 1648, Rothenburg 1627, Seidenberg 1519, Schönberg 1365.

An der Spitze des Kreises steht ein Landrath. Im Görlitzer Kreise war nach dem Abgange des Landraths von Gersdorff, dem ersten Preußischen Landrath des Kreises, im Jahre 1831 der Rittergutsbesitzer von Oertzen auf Crobnitz bis 1846, von da bis 1858 der Herr von Haugwitz auf Mengelsdorf, von da bis 1865 der jetzige Landesälteste der Preußischen Ober-Lausitz, von Seydewitz auf Reichenbach und Biesig, als Landrath im Amte. Der gegenwärtige Landrath, Herr von Sydow, ist durch Allerhöchste Kabinets-Ordre vom 24. Dezbr. 1864 ernannt.

II. Entstehung Reichenbach's.

—o—

Ueber die Entstehung der meisten Städte in der Ober-Lausitz fehlen sichere Nachrichten. In Bezug auf Reichenbach existiren verschiedene Sagen:

Der Magister Samuel Großer will in seinen „Lausitzer Merkwürdigkeiten" Band III. Seite 89 den Namen Reichenbach daher leiten, daß in hiesiger Gegend einige Bergleute nach Erz geschürft, in dem hier vorbeifließenden Bach Goldkörner gefunden, und darauf den Ort zu bauen angefangen hätten, aus welchem nachher die Stadt entstanden sei. Da aber eine solche ergiebige Quelle nicht unbenutzt geblieben sein würde, und daher nähere Nachrichten darüber vorhanden sein würden, so darf in diese Sage wohl einiger Zweifel gesetzt werden. Nach einer anderen Sage soll hier ein Gold- und Silber-Bergwerk gewesen sein. (Frenzel, lex. slav. III. 2981, und Haupt, Sagenbuch der Lausitz II. pag. 143.) Andere wollen den Namen von einem früheren Besitzer ableiten. Sinapius in seiner „Silesia curiosa" meint, daß der Ort das Stammhaus der Herren von Reichenbach gewesen, einer Familie sehr alten Ursprungs, die noch gegenwärtig in Schlesien existirt und zum Theil in den Grafenstand erhoben worden ist. Allerdings sollen im 13. und 14. Jahrhundert einige Herren von Reichenbach in den Görlitzer Stadtbüchern vorkommen; es ist auch möglich, daß darunter damalige Besitzer von Reichenbach gewesen sind, die sich aber, wie es in alten Zeiten Sitte war, nicht nach einem besonderen Geschlechtsnamen, sondern nach dem Namen ihres Wohnorts genannt haben.

Da der Ort in ältere Urkunden immer „Richinbach" oder „Rychinbach" genannt wird, so scheint die Annahme nicht ungerechtfertigt, daß derselbe durch eine Erbauung einer Reihe (Ryh, Rych) Häuser am Bach entstanden ist, wonächst bei dieser Häuserreihe eine Kirche und zu ihrer Beschützung eine Burg angelegt worden ist. Ob nun die vom 6. bis 10. Jahrhundert in der Gegend wohnhaften Slaven oder Deutsche die „Rych am Bach" errichtet haben, ist nicht bekannt. Zu der Zeit, als die germanischen Markomanen in Böhmen und der Lausitz existirten, sollen die Bewohner der unfruchtbareren Gegenden ihr Getreide aus Böhmen geholt und an einzelnen, das erforderliche

Wasser gewährenden Punkten Stationen aus hölzernen Baraken von ungezimmertem Holze errichtet haben, um der, das Getreide verführenden Mannschaft Schutz und Unterkommen zu gewähren. Solche Stationen sollen an der Stelle des jetzigen Zittau und da, wo jetzt Reichenbach steht, sich befunden haben. Die Burg oder das Schloß, auf welcher ein Advocatus (Richter) seinen Sitz hatte, der über die Vasallen Recht sprach, hat jedenfalls in der Nähe des jetzigen Gasthofs „zum Schwan" sich befunden; vielleicht, daß der Gasthof einen Theil des Schlosses bildet. Es spricht dafür der noch heute existirende Name „Schloßgasse", sowie, daß man noch in neuerer Zeit hinter dem Gasthofe in dem Garten des Bäckerrmeisters Groß in bedeutender Tiefe auf ein altes Gemäuer und Gewölbe stieß, wie sich denn auch unterirdische Gänge nach der Stadt zu vorgefunden haben, und daß der Baderteich wahrscheinlich den Wallgraben um das Schloß bildete, während die, im Felsen auf der Aue neben dem Pfennigwerth´schen Garten noch vor Kurzem sichtbaren Wagenspuren auf die Auffahrt zum Schlosse hindeuten.

Aus einer Urkunde vom Jahre 1239 (Oberlausitzer Beiträge zur Gelahrtheit, Bd. 1, Seite 583), in welcher der Burgvögte zu Budissin, Görlitz, Löbau, Reichenbach und Weißenberg Erwähnung geschieht, ergiebt sich, daß damals schon die hiesige Stadt der Sitz eines Burgvogtes (Advokaten) war. Als erzpriesterlicher Stuhl (sedes) wird neben Budissin, Bischofswerda, Camenz, Görlitz, Löbau, Lauban und Seidenberg auch Reichenbach in der Matrikel vom Jahre 1346 (Mende, Chronik von Seidenberg, Beilage 2) genannt, und es bestand der Bezirk des Erzpriesters aus den Ortschaften: Reichenbach, Markersdorf, Girsdorf, Friedersdorf, Barthelsdorf, Bernsdorf, Schonaw, Dittersbach alias Dittersdorf, Kempnitz, Reinersdorf, Krischaw, Tettaw, Bischdorf, Solandt, Ebersbach, Weißenberg, Gebeltzig, Ravischaw, Colmen, Sehe, Jankendorf, Diese, Seiffersdorf, Arnsdorf, Königshain, Mauselwicz.

Ob damals (1239) Reichenbach bereits eine Stadt war, ist zwar mit Gewißheit nicht nachzuweisen; es darf dies aber aus dem Sitz des Burgvogts, und daraus, an welchen anderen Orten dergleichen waren, als ziemlich sicher angenommen werden. Die Urkunde der Markgräfin Beatrix von Brandenburg vom 15. Mai 1280, mittelst deren sie die Güter der Dominikaner oder Domherren, welche in der „Villa Reichenbach" gelegen, von aller Steuer und Abgabe befreit, spricht ebenfalls dafür, daß Reichenbach eine Stadt war; denn die damalige Bezeichnung „Villa" darf wohl mit „Stadt" als gleichbedeutend angesehen werden. (Köhlers Codex diplomat., Seite 105.)

Dagegen wird Reichenbach in der Urkunde vom Tage Crispini und Crispiani 1346, mittelst deren die Brüder Kyrstan und Ramfold von Gersdorf, Besitzer von Reichenbach, die Artikel der Tuchmacher bestätigten, ausdrücklich als Stadt bezeichnet.

Ist hiernach auch die Erhebung Reichenbach's zur Stadt nicht genau nachzuweisen, so steht doch so viel fest, daß sie eine der ältesten Oberlausitzer Städte ist.

Daß Reichenbach vor Zeiten von größerem Umfange gewesen, als es gegenwärtig ist, läßt sich aus verschiedenen Gründen behaupten.

Einmal ist der Ort verhältnißmäßig hoch in den Steuern veranlagt gewesen, deren Veranlagung sich aus dem 16. Jahrhundert herschreibt. Ferner spricht dafür: die große Zahl der vorhandenen Gassen, die gegenwärtig nicht mit Häusern besetzt sind, von denen sich die Namen: Langen-, Vieh-, Schuppen-, Töpfer-, Färbergasse etc. erhalten haben. Es wird auch erzählt, daß auf dem Töpferberge und an der Straße nach Biesig zu (Badergasse) sich Wohnhäuser befunden hätten, die im Hussitenkriege eingeäschert worden wären. — Aus der bereits oben erwähnten Urkunde von 1346 ergiebt sich, daß damals eine Tuchmacher-Innung in Reichenbach bestand. Ebenso ist aus einer Urkunde von 1658 ersichtlich, daß Zünfte der Hutmacher, Bader, Tuchscheerer, Färber, Strumpfwirker, Tuchmacher, Bäcker, Fleischer, Schuhmacher, Schneider, Kürschner, Schmiede und Schlosser, Töpfer und Weber bestanden, und daß damals auch Tischler, Sattler, Seiler, Böttcher, Glaser, Kannengießer, Gerber, Stellmacher, Pfefferküchler, Seifensieder, Korduaner, Nadler, Buchbinder, Messerschmiede etc. hier existirten. Auch die Apotheke war bereits vorhanden; 1746 ließ sich ein Goldschmied hier nieder, 1747 errichteten die Maurer eine Zunft. Im Jahre 1346 bestand der Rath außer dem Bürgermeister aus 10 Personen. Auch befanden sich bis in die neuere Zeit hier 2 Kirchen.

Endlich wurde Reichenbach zu Ende des 14. Jahrhunderts mit den Städten Görlitz, Zittau, Lauban und Kamenz vom König Wenzel von Böhmen dem Herzog von Münsterberg für eine Schuld verpfändet, zu deren Bezahlung Reichenbach nachher ebenfalls beitragen mußte. Aus einer Urkunde vom 1. Januar 1585 ergiebt sich, daß Reichenbach einen eigenen Abdecker hatte, und der in Folge dessen einem Ackerstücke beigelegte Name „Abdecker-Plan" hat sich bis auf jetzige Zeit erhalten. Unterm 7. Februar 1722 wurde der Gutsherrschaft das Recht zur Abhaltung eines Viehmarktes und dessen Verbindung mit einem der drei bestehenden Jahrmärkte verliehen, welches Recht der damalige Besitzer George Ernst von Gersdorf unterm 18. April 1722 der Stadt abtrat. Unterm 12. März 1658 errichtete der damalige Besitzer Gottfried von Sander mit Zuziehung des Raths und eines Ausschusses der Bürgerschaft eine sogenannte „Willkühr", welche, wie es darin heißt, nur eine Revision und Abänderung einer „vor Alters" aufgerichteten Willkühr gewesen ist. Dieselbe enthält in 84 Artikeln eine Menge Bestimmungen zur Aufrechterhaltung der Gottesfurcht, Sittlichkeit und Ordnung, über Instandhaltung der kirchlichen Pfarr- und Schul-Gebäude, Straßen u. s. w., ferner aber auch Bestimmungen rein privatrechtlicher Natur über Käufe, Grenzstreitigkeiten, und ein besonderes Erbrecht. Auch wird darin der Wochenmärkte, wie sie von Alters her bestehen, erwähnt. In einem Vergleiche vom Jahre 1584 wird das Recht der Bürgerschaft zum Weinschank anerkannt. Ebenso ist vom Salzschanke in einer Urkunde vom Tage Elisabeth 1673 die Rede.

Da es mehrere Städte und auch eine Anzahl Dörfer des Namens Reichenbach giebt, so wird unsere Stadt „Reichenbach in der Ober-Lausitz", oder auch „Reichenbach bei Görlitz" genannt. Es giebt nämlich, außer der hiesigen Stadt und den beiden umliegenden Dörfern Ober- und Nieder-Reichenbach, noch die Kreisstadt Reichenbach in Schlesien, ein Dorf Reichenbach im Saganer Kreise, ein Dorf gleiches Namens im Gubener Kreise, einen Ort gleiches Namens im Kreise Preuß.-Holland, einen solchen im Kreise Pyritz, sowie im Kreise St. Wendel, ein Dorf Langen-Reichenbach im Kreise Torgau, ferner: eine Stadt Reichenbach im Sächsischen Voigtlande und ein Reichenbach im Königreiche Württemberg, u. s. w.

———————

III. Geographische und topographische, sowie statistische Nachrichten von Reichenbach.

———o———

Die Stadt Reichenbach liegt im Görlitzer Kreise, in dem Königl. Preuß. Antheile des Markgrafthums Ober-Lausitz, im Liegnitzer Regierungsbezirke, und gehört zur Provinz Schlesien. Reichenbach grenzt mit den Rittergütern und Dörfern Ober- und Nieder-Reichenbach, Mengelsdorf, Gersdorf, Deutsch-Paulsdorf und Sohland. Die beiden ersteren Dörfer hängen unmittelbar mit der Stadt zusammen; Ober-Reichenbach auf der Ostseite, Nieder-Reichenbach auf der Westseite. Die Gebäude und Ländereien liegen sogar zum Theil mit denen von Nieder-Reichenbach im Gemenge. Die Stadt ist mehr lang als breit, sie zieht sich von Ost nach West an dem Bach hin, der in den Königshainer Büschen entspringt und dann in den schwarzen Schöps fließt. Der Bach wird mitunter auch der „Goldbach" genannt. Die Chaussee von Breslau über Görlitz, Dresden nach Leipzig durchschneidet die Stadt in der ganzen Länge. Seit dem im Jahre 1864 vollendeten Bau der Reichenbach-Döbschützer Chaussee ist die Stadt auch mit Niesky, Muskau etc. durch Chaussee verbunden. Die Stadt befindet sich in einem Thale, in dem sie südlich durch den Töpferberg, südwestlich durch die Sohländer Anhöhe und nördlich durch die Anhöhe nach Biesig zu eingeschlossen wird. In weiterer Entfernung, zum Theil bis zu 1 ½ Meilen, befinden sich größere Berge ringsherum, als: die Mengelsdorfer Berge (Hut- und Kämpfenberge), die Königshainer Berge (1248 Fuß hoch), die Landeskrone (1321 Fuß hoch), die Jauernicker Berge (1202 Fuß hoch), der Spitzberg bei Deutsch-Paulsdorf (1153 Fuß hoch), der Rothstein bei Sohland (1404 Fuß), der Löbauer Berg (1373 Fuß hoch), und etwas entfernter auch die Sächsisch-Lausitzer Berge bei Bautzen. Nach Schumann's Lexiken von Sachsen (Band 9, Seite 25) liegt die Stadt Reichenbach 529 Pariser Fuß über dem Meere. Seit dem Jahre 1847 führt die Dresden-Görlitzer (Sächsisch-Schlesische) Eisenbahn hier vorbei, und befindet sich unweit der Stadt, zum Theil auf städtischer, zum Theil auf Ndr.-Reichenbacher Flur ein Bahnhof, der indeß zum Kommunal-Bezirke Nieder-Reichenbach geschlagen ist. Außer dem verhältnismäßig ziemlich großen, im Jahre 1866 mit Kastanienbäumen bepflanzten Marktplatze und dem damit verbundenen alten Ringe sind öffentliche Plätze innerhalb der Stadt nicht vorhanden. Beim Schießhause befindet sich der Schießplatz, der nächst den Vergnügungen der Schützengilde auch als Viehmarktplatz, als Turnplatz, Landwehr-Kontroll-Versammlungs-Platz u. s. w. benutzt wird.

Die zur Stadt gehörige Grundfläche ist bei der im Jahre 1863 zum Zweck der Grundsteuer-Veranlagung durch den Feldmesser Böhme erfolgten Vermessung auf 1298,42 Morgen festgestellt worden, worunter sich: 70,84 Morgen Hofräume und Hausgärten, 0,80 Morgen Wasser, 65,70 Morgen Wege, Eisenbahn, Begräbnißplätze etc. 81,01 Morgen steuerfreie und 1080,07 Morgen steuerpflichtige Liegenschaften befinden, letztere mit einem Reinertrage von 2001,88 Thalern und einem Grundsteuerbetrage von 191 Thalern 29 Sgr. 10 Pf. Von den steuerfreien Liegenschaften gehören: 2,12 Morgen der Kirche, 61,12 Morgen der Oberpfarre, 6,45 Morgen dem Diakonat, 2,59 Mrg. dem Rektorat, 0,95 Morgen dem Kantorat, 7,78 Mrg. dem Königl. Unterrichtsfiskus (Schullehrer-Seminar). Unter den steuerpflichtigen Liegenschaften befinden sich: 39,32 Morgen, welche der Stadtkommune gehören, 131,53 Morg. sogenannte Kommunscheffel, 55,02 Morgen der Sächsisch-Schlesischen Eisenbahn gehörig, und 853,90 Morgen im Privatbesitz der einzelnen Wirthe.

Durch die Verträge vom 24. Januar und die Beschlüsse vom 7. und 13. Februar 1866 — genehmigt durch Ministerial-Rescript vom 17. Oktbr. 1866 — sind 4,15 Mrg. (4 Morgen 27 □-Ruthen) von dem Gemeinde-Bezirke Nieder-Reichenbach abgezweigt und dem Stadt-Bezirke zugeschlagen worden, wovon 1,50 Morgen zur Errichtung einer Ober-Lausitzer Waisen-Anstalt verwendet und 2,65 Morgen in den Besitz des Maurermeisters Neumann übergegangen sind, welcher Baustellen daraus macht und deren bereits 5 bebaut hat.

An Gebäuden zählte die Stadt bei der Aufnahme am 3. Dezember 1864: 8 öffentliche (1 Kirche, 2 Pfarrhäuser, 2 Schulhäuser, 1 Hospital, 1 Armenhaus, 1 Polizei-Gefängniß), 154 Privat-Wohnhäuser, 18 zu Fabrikationszwecken dienende Gebäude und 164 Ställe, Scheunen, Schuppen etc. — Seit dem Jahre 1859 sind (außer dem Seminar, dem Waisenhause, der Flachsbereitungs-Anstalt von G. Taubert & Comp. und der Maschinen-Bau-Anstalt von A. Roscher) 16 neue Wohnhäuser resp. neue Possessionen errichtet worden, wovon allein der Maurer-meister Neumann 13 auf eigene Rechnung erbaut hat. An Stelle alter

Wohnhäuser sind in Folge Anlegung der Reichenbach-Döbschützer Chaussee 3 neue durch den Maurermeister Neumann ebenfalls auf eigene Rechnung errichtet worden. — Die Bauart ist vorherrschend massiv; doch existiren auch noch eine Menge Wohnhäuser aus früherer Zeit, deren erste Etagen aus Fachwerk erbaut sind. Die Bedachung ist, bis auf ein einziges Wohnhaus und einige, außerhalb der Stadt belegene Scheunen, welche mit Stroh gedeckt sind, durchweg von Ziegeln. In neuerer Zeit sind einige Pappdächer und 2 Cement-Dächer auf Nebengebäude gelegt und zwei neue Wohnhäuser mit Schiefer gedeckt worden. —

Was die Seelenzahl anbelangt, so enthalten die Akten des Magistrats erst vom Jahre 1816 an genaue Nachrichten. Damals betrug die Zahl 710, — im Jahre 1820: 744, — 1822: 792, — 1825: 1018 — 1828: 845, — 1831: 1048, — 1834: 1032, — 1837: 1069, — 1840: 1133, — 1843: 1237, — 1846: 1245, — 1849: 1181, — 1852: 1187, — 1855: 1197, — 1858: 1190, — 1861: 1234, — 1864: 1368, und bis zum 1. Oktober 1865 war sie auf 1426, — Anfang Oktober 1866 schon auf 1460 gestiegen.

Unter der, bei der Volkszählung 1864 festgestellten Zahl befanden sich 705 männliche und 663 weibliche Personen.

Dem Religions-Bekenntnisse nach befanden sich hier 1328 evangelische und 40 katholische Christen.

Nach Alter und Geschlecht bestand die Bevölkerung:

bis zum 6. Lebensjahre in 100 männl. und 87 weibl. Personen,
vom 6. bis zum 14. Jahre in 95 " 101 " "
vom 14. " 20. " 133 " " 56 " "
vom 20. " 30. " 97 " " 110 " "
vom 30. " 40. " 84 " " 94 " "
vom 40. " 50. " 83 " " 82 " "
vom 50. " 60. " 56 " " 64 " "
vom 60. " 70. " 40 " " 48 " "
vom 70. " 80. " 14 " " 20 " "
vom 80. " 90. " 3 " " 1 " "

In der Ehe lebten 242 Männer, 244 Frauen; verwittwet waren 25 Männer, 80 Frauen; geschieden und nicht wieder verheirathet 2 Männer und 5 Frauen; unverheirathete männliche Personen über 24 Jahre existirten 70, weibliche über 16 Jahren waren deren 124 vorhanden.

Geboren wurden hier: 1858 38, — 1859 43, — 1860 31, — 1861 41, — 1862 38, — 1863 50, — 1864 44, — 1865 57, — 1866 49 Kinder.

Gestorben sind: 1842 34, — 1843 23, — 1845 21, — 1846 41, — 1847 46, — 1848 28, — 1858 39, — 1859 30, — 1860 27, — 1861 38, — 1862 33, 1863 27, — 1864 41, — 1865 43 und 1866 37 Personen.

Ehen wurden: 1858 7, — 1859 10, — 1860 11 — 1861 14, — 1862 11, — 1863 10, — 1864 11, — 1865 9 und 1866 ebenfalls 9 geschlossen.

Ein Haupt-Erwerbszweig der Bewohner ist Ackerbau.

Unter den Handwerkern sind die Schuhmacher am stärksten vertreten. — Am Schlusse des Jahres 1866 existirten an Gewerbtreibenden in Reichenbach: 36 Kauf- und Handelsleute, 2 Gasthöfe („zur Goldenen Sonne" und „zum Schwan"), 2 Schankwirthschaften, 5 Getränke-Kleinhandlungen, 7 Bäcker, 4 Fleischer, 1 Brauerei, 2 Mühlen, 2 Maurermeister, 1 Ziegeldeckermeister, 1 Bildhauer, 3 Töpfer, 1 Uhrmacher, 2 Färber, 1 Schornsteinfeger, 21 Schuhmacher, 8 Schneider, 1 Buchbinder, 4 Böttcher, 1 Korduaner, 2 Gerber, 1 Feilenhauer, 1 Kupferschmied, 2 Klemptner, 5 Schmiede, 4 Messerschmiede, 1 Nagelschmidt, 4 Schlosser, 2 Korbmacher, 1 Seifensieder, 1 Maler, 3 Kürschner, 5 Riemer, 4 Sattler, 2 Seiler, 1 Strumpfwirker, 4 Stellmacher, 7 Tischler, 4 Weber, 2 Barbiere, 1 Konzipient, 1 Auktionator, 2 Gesinde-Vermietherinnen, 6 Feuer-, 7 Hagel-, 4 Lebens- und 2 Vieh-Versicher.-Agenten.

Die Zahl der stimmfähigen Bürger betrug am 1. Juli 1867: 183, wovon 21 mit einem Steuerbetrage von 569 rtl. der ersten, 48 mit einem Steuerbetrage von 566 rtl. der zweiten und 114 mit einem Steuerbetrage von 564 rtl. der dritten Abtheilung angehören. Bei der letzten Stadtverordneten-Wahl am 29. November 1865 waren von 176 Bürgern 10 aus der ersten, 12 aus der zweiten und 8 aus der dritten Abtheilung erschienen. —

Die Zahl der stimmberechtigten Urwähler für die Wahl der Abgeordneten betrug am 30. Mai 1866: 273, wovon 20 mit einem Steuerbetrage von 433 rtl. der ersten, 50 mit einem Steuerbetrage von

422 rtl. der zweiten, 203 mit einem Steuerbetrage von 420 rtl. der dritten Abtheilung angehören. Davon waren bei der Wahl am 25. Juni 1866 10 aus der ersten, 30 aus der zweiten, 62 aus der dritten Abtheilung erschienen.

Niederlassungen wurden 1858 13, — 1859 14, — 1860 19, — 1861 23, —1862 14, — 1863 24, — 1864 19, — 1865 21, — 1866 16 angemeldet.

Die Zählung des Viehbestandes am 3. Dezember 1864 ergab: 37 Pferde, 114 Stück Rindvieh incl. Kälber, 77 Schafe, 108 Schweine und 39 Ziegen.

Die hiesigen Gebäude sind gegen Feuersgefahr mit 24,980 rtl. bei verschiedenen Privat-Gesellschaften und mit 181,540 rtl. bei der Ober-Lausitzer Feuer-Societät versichert.

Auf hiesigem Territorium existirt von Gesteinen namentlich der Granit: besonders ist derselbe auf dem Töpferberge in nicht geringer Menge. Auch findet sich hin und wieder guter Lehm. Dagegen ist Kies fast gar nicht vorhanden. Im Jahre 1846, beim Bau der Eisenbahn, hatte man in dem Durchstich nach Gersdorf zu Bernstein gefunden. Auch nimmt man an, daß auf Gersdorf zu Braunkohlen zu finden sein würden; doch hat bis jetzt Niemand einen Versuch gemacht.

Die früher an die Gutsherrschaft zu entrichten gewesenen Real-Lasten, sowie die Laudemial-Pflicht sind abgelöst. Die Dienste sind bereits im Jahre 1536 aufgehoben worden.

Die Miethspreise für Wohnungen stehen, obgleich sie in den letzten 3 bis 4 Jahren einigermaßen gestiegen, verhältnißmäßig niedrig. Bei der, zur Veranlagung der Gebäudesteuer im Jahre 1863 vorgenommenen Schätzung des Nutzungswerths der steuerpflichtigen Gebäude (Wohnhäuser, Fabrik-Gebäude etc.) stellte sich der Gesammt-Nutzungs-Werth der hiesigen Gebäude auf etwa 4500 Thlr. Die seit jener Zeit stattgefundenen Neubauten und Veränderungen sind hierunter nicht mitbegriffen.

IV. Von den Besitzern Reichenbach's

Daß schon zu den Zeiten, als Reichenbach eine Burgwarte war, Ritter und Adlige hier ihren Sitz gehabt haben, ist nicht zu bezweifeln. Es fehlt indeß darüber, sowie über die ersten Besitzer von Reichenbach, an urkundlichen Nachrichten, da die alten Urkunden theils durch den Hussitenkrieg, theils durch Brände, theils durch mancherlei Veränderungen in den Besitzern selbst, verloren gegangen sein mögen. Soweit die Nachrichten reichen, sind die Besitzer aus den Geschlechtern der Herren von Gerdorf (ursprünglich Gyrhardsdorf genannt), von Warnsdorf, von Peschen, von Sander und von Kiesenwetter, und mit ihnen gewöhnlich die wichtigsten Aemter des Markgrafthums Ober-Lausitz besetzt gewesen.

Mit dem Jahre 1346 fangen die urkundlich nachweisbaren Besitzer an, und zwar waren es:

1. Die Brüder Kirstan und Ramfold von Gersdorf gemeinschaftlich, später Letzterer allein. Dieser starb 1387 und ihm folgte:

2. seine Gemahlin Margarethe und ihr Sohn Hans. Erstere erhielt später ein Leibgedinge auf Mengelsdorf, Goßwitz und Sohland, und ihr Sohn Hans besaß Mengelsdorf. Von den Brüdern Leuther und Heinze von Gersdorf, welche nach Ramfold's Tode seinen Erben den Besitz streitig zu machen suchten, war Heinze später Besitzer von Königshain, während:

3. Leuther von Gersdorf Reichenbach von 1393 bis 1400 besaß, der schon bei Lebzeiten Ramfold's die Lehn von Herzog Johann erhalten haben soll. Er bekam mit Jone von Gersdorf auf Kuhna einen Streit, der damit endete, daß er Kuhna, dagegen:

4. Jone von Gerdorf Reichenbach übernahm. Dieser mag ohne Leibes-Erben gestorben sein, denn Reichenbach kam in den Besitz:

5. der Söhne Leuthers: Tamm, Hans, Ramfold, Leuther, Nikolaus und Christoph von Gersdorf, von 1421 bis 1436. Von ihnen blieb Leuther 1428 bei Kratzau in Böhmen im Gefecht gegen die Hussiten. Hans war 1429 Hauptmann in Görlitz. Er sowohl, wie Tamm, waren

im Gefolge des Herzogs Ludwig von Brieg auf der Kirchenversammlung zu Kostnitz. Beide haben sich in dem damaligen Hussitenkriege tapfer gehalten. Ramfold war zugleich Pfarrer in Reichenbach bis 1444. Er soll bei der Churfürstin Margaretha von Sachsen, der Gemahlin Friedrich des Sanftmüthigen, in großen Gnaden gestanden haben. Die Gebrüder haben sich nach und nach vermindert, so daß Christoph zuletzt nur noch allein vorkommt, der dann auch 1433 mit Rutschil von Gersdorf zusammen die Succession auf Baruth erhalten hat. Diese Gebrüder von Gersdorf hatten eine Schwester Margarethe, welche an Hans von Schoff, Besitzer von Diehsa, verheirathet war, und so mag Reichenbach vorübergehend an die von Schoff, — welche auch Gotsche-Schoff und Schufgotsch genannt werden, — gekommen sein, da 1479 die Brüder Johann und Balthasar, bei Reichenbach (Ober-Reichenbach) gesessen, und 1483 Tham und Balthasar bezeichnet werden. (Käuffer II, Seite 402.) Die von Schoff's kommen auch als Besitzer von See (1389 bis 1480), von Ober-Horka (1391 bis 1404), von Mückenhain (1404 bis 1413) vor. Einer von ihnen soll um dieselbe Zeit auch Rothenburg und Noes besessen haben. Nach Christoph's Tode kommt Rutschil allein als Herr von Baruth vor, nach dessen Tode aber bekam:

6. der Sohn Christoph's, Christoph II., und Gotsche von Gersdorf Reichenbach. Sie erhielten 1454 die Lehn über Baruth und Reichenbach und ihre anderen Güter, vom König Ladislaus in Böhmen, so wie sie ihnen vom König Siegismund und Anderen war gereicht worden. Christoph starb um das Jahr 1474, hinterließ aber einen Sohn gleiches Namens, mit welchem Gotsche nachher gemeinschaftlich regierte.

7. Dieser Christoph III. und Gotsche von Gersdorf wurden 1474 vom König Matthias auf's Neue belehnt. Wenn sie auch gemeinschaftliche Besitzer waren, so soll doch Christoph die Baruth'schen, Gotsche aber die Reichenbach'schen Angelegenheiten übernommen haben, Ersterer auch einige Zeit Statthalter in der Nieder-Lausitz gewesen sein. Gotsche starb 1498 und nunmehr wurde:

8. genannter Christoph III. von Gersdorf alleiniger Besitzer von Reichenbach. Er war mit Anna geb. Burggräfin zu Dohna verheirathet, sehr reich, und besaß viele Güter, nämlich Reichenbach, Baruth, Boberlitz, Creba, Drehsa, Briesitz, Rakel, Weikersdorf, Förstgen, Dubrauke, Buchwalde, Saubernitz, Taubenheim, Tauer, Radisch,

Neudorfel, See, Petershain, Sproitz, Moholz, Horscha, Kosel, Neudorf in der Heide, Tschorne, Mücka, Stannewisch, Oelsa, Wurschen, Dürr-Hennersdorf, Schweinitz, Ottenhain, Kottmarsdorf, Ebersbach, die Lehnleute zu Priesig, 20 Schock Renten in der Stadt Löbau und das Burglehn zu Bautzen. Er starb 1509 und Hinterließ 7 Söhne, nämlich: Kasper, George, Christoph, Rudolph, Hans, Gotsche und Melchior, welche die Güter bis 1519 gemeinschaftlich besaßen, in diesem Jahre aber eine Theilung vornahmen, wobei Kasper und Melchior zusammen Baruth; Christoph: Petershain, Creba und See; George: Buchwalde und das Lehn über das Hospital in Reichenbach; Gotsche Mücka erhielt; Rudolph Kittlitz kaufte, während:

9. Hans von Gersdorf Reichenbach übernahm. Er ist 1501 geboren, 1567 gestorben. Am 5. Januar 1551 wurde er vom Landvogt von Dohna zum Amtshauptmann in Görlitz eingesetzt. Er kaufte 1527 das Gut Döbschütz, auf welchem er gewöhnlich wohnte, und 1531 resp. 1536 das Gut Arnsdorf, 1537 die Mühle in Melaune, und außerdem auch Dittmannsdorf und Biesig. Er ertheilte der Stadt mehrere Privilegien. (Käuffer, Abriß III, Seite 263.) Von seinen Söhnen, Joachim und Balthasar, hat nach seinem Tode Ersterer Döbschütz,

10. Balthasar von Gersdorf aber Reichenbach und Arnsdorf übernommen. Er kaufte auch von Peter von Gersdorf auf Mengelsdorf eine Anzahl Reichenbacher Bürger mit ihren Diensten, die nach Mengelsdorf gehörig gewesen, und verkaufte 1581 alle seine Güter, bis auf Arnsdorf, wo er am 10. August 1597 starb, an:

11. Hans von Warnsdorf, welcher dann auch noch Kuhna, Thielitz, Schönbrunn, Mengelsdorf, Schreibersdorf, Haugsdorf, Leschwitz, Kunnersdorf, Markersdorf, Posottendorf, Gersdorf und Dittmannsdorf besaß. Letzteres vertauschte er 1589 gegen Arnsdorf. Er war am 14. Februar 1549 zu Kuhna geboren, ein Sohn des Herrn George von Warnsdorf auf Kuhna, Thielitz, Schönbrunn und Wendisch-Ossig, und seiner Gemahlin Helene, geb. von Schaffgotsch, aus dem Hause Kynast. Er kaufte außerdem noch mehrere Güter, stand bei dem Kaiser Rudolph II. in großen Gnaden und erlangte daher auch von diesem Manches. So z. B. am Tage St. Galli 1599, daß alle seine Güter, und diejenigen, die er innerhalb 15 Jahren für 30,000 Thlr. dazu kaufen würde, aus Lehn in Erbe verwandelt wurden. Diese Güter

34

werden, wie folgt, genannt: Kuhna, Reichenbach, Thielitz, Schönbrunn, Haugsdorf, Schreibersdorf, Wendisch-Ossig, Leschwitz, Posottendorf, Kunnerwitz, Arnsdorf, Mengelsdorf, Ober-Reichenbach mit der Mühle in Nieder-Reichenbach, Oelisch, Siebenhufen, Neusorge (ein jetzt eingegangenes Dorf zwischen Reichenbach und Gersdorf,) und 2 Gärten in Biesig. Auch wurde ihm für seine Güter zugestanden, daß sie künftig niemals mit mehr Steuern belastet werden sollten, als sie damals hatten. Er wurde 1597 zum Landesältesten des Görlitzer Kreises erwählt, starb am 9. Sept. 1613, nachdem er mit 3 Frauen 14 Kinder gezeugt hatte. Aus seiner Besitzzeit rühren mehrere Urkunden her; z. B. von 1585 und 1587 wegen der Bierzinsen, von 1584 wegen des Weinschanks, von 1585 wegen der Abdeckerei und von 1589 wegen Abtretung zweier Brunnen an die Stadt. Auch erwarb er 1585 das Lehn über das Hospital zurück, welches 1519 an George von Gersdorf auf Buchwalde gekommen und inzwischen beinahe eingegangen war, und traf nun neue Einrichtungen über dasselbe. Er erhielt darüber am 18. Novbr. 1585 die Lehn.

12. Hans Georg von Warnsdorf, sein Sohn, geboren am 12. März 1584, erbte Reichenbach mit Oberdorf, Oelisch, Mengelsdorf, Schreibersdorf und Haugsdorf. Von seinem Bruder Siegismund (†1639) erbte er Kuhna, Thielitz, Wendisch-Ossig, Gersdorf, Leschwitz und Markersdorf; überdies hat er Hartmannsdorf besessen. 1602 verheirathete er sich mit Katharina geb. von Salza aus dem Hause Ebersbach, welche er am 27. März 1632 durch den Tod verlor. Nachdem er inzwischen seine Güter bis auf Hartmannsdorf und Schreibersdorf verkauft hatte, verstarb er am 12. März 1655 in Schreibersdorf.

13. Siegismund von Peschen und Trochau, ein Rittmeister, kaufte das Städtlein Reichenbach mit Oberdorf und Oelisch am 5. Oktober 1628 von Hans Georg von Warnsdorf für 17,000 Thaler und 100 Thaler Schlüsselgeld; wobei sich Herr von Warnsdorf das herrschaftliche Freihaus im Städtchen mit seinen Gerechtigkeiten, unter Einräumung des Vorkaufsrechts, vorbehielt, solches später der Stadt zum Rathause anbot, es aber dem Herrn von Peschen zu überlassen im Prozeß verurtheilt wurde. Herr v. Peschen vermachte in seinem Testamente 50 rtl. zur Wiederaufbauung des, 1620 vom Blitz eingeäscherten Kirchthurms und starb 1636 oder 1637. Während seiner

Besitzzeit mag das Gut schlecht bewirthschaftet worden sein, wozu der 30jährige Krieg und die 1631 erfolgte Belagerung Reichenbachs beitrug; denn sein Nachfolger

14. Gottfried von Sander, Oberst-Lieutenant im Gerdorf'schen Regiment, welcher Reichenbach mit Oberdorf und Oelisch von den v. Peschen'schen Erben für 11,000 Thaler und 100 Thaler Schlüsselgeld am 21. Januar 1638 kaufte, suchte 1646 bei dem Landvogte Verminderung der Steuern nach, weil er das Gut ganz wüste übernommen habe. Er war am 11. Dezbr. 1600 geboren, stand zuerst in Schwedischen Kriegsdiensten, verheirathete sich mit Susanna geb. von Eutenheim aus dem Hause Zehrbeutel, und nach deren Tode mit Anna Sabina gebornen von Kyau aus dem Hause Kemnitz. Aus erster Ehe hatte er 2 Kinder: Maximilian Ernst, Königlich Schedischer Oberstwachtmeister, welcher nachher Gerlachsheim kaufte, und Blondina Elisabeth, Gemahlin des Herrn George Friedrich von Tschirnhaus auf Nieder-Reichenbach, und aus zweiter Ehe eine Tochter: Sophie Tugendreich. Er bestätigte bei der Erbhuldigung am 10. Septbr. 1638 die städtischen Privilegien, ertheilte unterm 16. November 1644 eine neue Konfirmation, schloß mehrere Verträge mit der Stadt, insbesondere auch am 12. März 1658 einen Rezeß, wodurch die städtische „Willkühr" als ein ewiges Recht beim Städtlein eingeführt wurde, und starb 1662. Zu Walpurgis desselben Jahres kaufte

15. seine Wittwe Anna Sabina von Sander, geborne von Kyau, Reichenbach aus dem Erbe für 13,500 Thaler und wurde am 21. Juni beliehen. Von dieser erbte es

16. ihre Tochter Sophie Tugendreich von Sander, vermählte Hauptmann von Gersdorf, geb. 24. August 1644, gestorben den 8. Juni 1717; sie wurde am 7. März 1680 mit Reichenbach beliehen und verkaufte es ihrem Gemahl:

17. Hauptmann George Ernst von Gersdorf (geboren den 6. September 1640, vermählt am 10. Juli 1671) am 7. Januar 1682 für 14,000 Thlr. und 100 Dukaten Schlüsselgeld pro forma, nachdem es derselbe schon zu Lebzeiten seiner Schwiegermutter 1671 thatsächlich übernommen hatte. Er war ein Sohn des Herrn Casper von Gersdorf auf Mittel-Horka und seiner Gemahlin Anna Maria von Gersdorf aus dem Hause Ober-Horka. Sein Vater war 24 Wochen vor der Geburt dieses Sohnes erstochen worden; seine Mutter starb, als er 11 Jahre alt

war. Sein Vetter, der Ober-Berghauptmann des Königreichs Norwegen, Herr von Gedden, nahm ihn mit nach Norwegen, sandte ihn dann an den damaligen dänischen Residenten Herrn von Gulen, durch dessen Vermittlung er in die Leibgarde des Prinzen von Oranien aufgenommen wurde. Im Kriege zwischen Dänemark und Schweden (1657) wurde er Lieutenant, erhielt 1660 durch eine Kugel eine Verwundung, kehrte 1661 in sein Vaterland zurück, verkaufte Mittel-Horka an seinen Bruder, ging 1662 nach Frankreich, England, kam Ende 1664 nach Kopenhagen, wurde dem Könige vorgestellt und erhielt von diesem eine Kompagnie Infanterie, mit welcher er 1665 das Bombardement in Bergen aushielt, welches diese Festung von den Engländern zu erleiden hatte. Als er die Nachricht nach Hofe brachte, bekam er dafür 300 Dukaten. 1670 kam er auf Urlaub in seine Heimath und verlobte sich am 10. Juli mit Fräulein Sophie Tugendreich von Sander, worauf er seinen Abschied vom Militair nachsuchte, und nach vieler Mühe erhielt. Er starb den 10. Jan. 1713 und hinterließ 2 Söhne und 2 Töchter. Die Söhne waren: Gottfried, Königl. Polnischer und Churfürstl. Sächsischer Oberst-Lieutenant und Herr auf Deutsch-Paulsdorf, und George Ernst, Kammerherr und Amtshauptmann; die Töchter: Anna Sabina, vermählte Oberst-Lieutenant von Kronewald auf Groß-Krauscha, und Ernestine Tugendreich, vermählte Hauptmann von der Planitz. Von 1683 bis 1698 war ihm — dem oben erwähnten Hauptmann George Ernst v. Gersdorf — das Kriegs-Kommissariat von den Ständen des Fürstenthums Görlitz übertragen. Während seiner Besitzzeit wurde 1706 allhier die General-Accise eingeführt. Er erließ mehrere Verordnungen und schloß mehrere Verträge. Sein erstes und wichtigstes Werk aber war der Wiederaufbau der beim Brande am 11. September 1670 mit abgebrannten Johanniskirche. Mit Gersdorf, Mengelsdorf und Zoblitz wurden mehrere Wegestreitigkeiten und andere Differenzen in verschiedenen Urkunden regulirt und ausgeglichen, und unterm 10. Februar 1712 wurde der Schützengilde das zwar schon oft gesuchte, aber immer abgeschlagene Recht, ein freies Bier zu schenken, von ihm bewirkt, verliehen von dem Landeshauptmann Adolf von Ponikau und dem Oberamtshauptmann Fabian von Ponikau. Durch die Urkunde vom 23. Mai 1712 überließ er „der Gemeine" ein Fleckchen Wiese, (die sogenannte Königswiese), „damit dasselbe, so lange das Scheibenschießen zu Reichenbach währet, allezeit dem, der den nächsten Schuß hat, zu seinem Gebrauch gelassen werden und er usum fructum davon haben möge." —

18. George Ernst II. von Gersdorf, sein Sohn, Kammerjunker, später Kammerherr und Amtshauptmann zu Görlitz, geb. 29. Oktbr. 1676, erbte Reichenbach; ihm wurde am 21. Septbr. 1713 gehuldigt. Er besaß auch Oberdorf, Oelisch, Groß-Krauscha, Kuppritz und Wuischke, und kaufte am 1. Mai 1720 vom Major Heinrich Erhard von Oberländer auf Ober-Leukersdorf einen Theil von Nieder-Reichenbach für 14,200 Thlr. und 1734, am 19. April, von seinem Bruder auch den andern, sogenannten Paulsdorf'schen Antheil für 4800 Thlr. — Von seiner ersten Gemahlin Johanne Christiane Gottliebe geb. von Warnsdorf aus dem Hause Schönbrunn, geb. 21. Februar 1687, vermählt 7. Januar 1705, gest. den 8. April 1714, hatte er eine Tochter, Ernestine Gottliebe, geb. den 11. Juli 1708, die mit dem Appellations-Rath Karl Gottlieb v. Kiesenwetter († 21. Mai 1733) auf Leippa vermählt war und am 18. Mai 1770 starb. Seine zweite Gemahlin war Margarethe Eleonore Elisabeth geb. von Schwanitz. Er stiftete am 28. Januar 1737 und 17. Dezember 1739 das Familien-Fideikommiß und Majorat Reichenbach, und widmete dazu auch eine, von Frau Oberst-Lieutenant von Kronwald herrührende silberne Gießkanne nebst Becken. Auch ließ er auf die St. Annenkirche einen neuen Kopf aufsetzen und legte die Kirchen-Bibliothek an, welche sich in der Ober-Reichenbacher Loge befindet und über 300 Bände, zum Theil sehr werthvolle Bücher, und insbesondere auch einen sehr ausführlichen Atlas von der ganzen Erde enthält. Sein Nachfolger im Besitz von Reichenbach, mit Oberdorf, Niederdorf und Oelisch war nach seinem Tode (16. Dezember 1743) sein Sohn und Fideikommißerbe:

19. George Ernst III. von Gersdorf, Churfürstlich Köllnscher Kammerherr, Churfürstlich Sächsischer Geheimer Rath und Oberamts-Hauptmann des Markgrafthums Ober-Lausitz, des Domstifts zu Meißen Domdechant, Domherr zu Merseburg, Ritter des St. Johanniter-Ordens. Er war am 29. Juni 1720 geboren, bekleidete noch mehrere andere hohe Posten, machte viele Reisen, wohnte 1742 der Krönung des Kaisers Karl VII. in Frankfurt a. M. bei, wurde von diesem zum Ritter des heiligen Römischen Reichs geschlagen, vermählte sich 1770 mit der verwittweten Frau Geheimräthin und Obersteuer-Direktorin Johanne Christiane von Schönberg und starb

am 7. Oktober 1772 ohne Descendenz. Nach ihm erbte das Fideikommiß Ober-Reichenbach mit der Stadt und Oelisch seine Schwester:

20. Sophie Erdmuthe geb. von Gersdorf, Wittwe des Geheimen Raths und Amtshauptmanns Johann August Adolf von Warnsdorf auf Arnsdorf und Hilbersdorf. Ihr wurde am 17. August 1773 in Reichenbach gehuldigt; während Nieder-Reichenbach, der Fideikommißstiftung zuwider, die Wittwe ihres Bruders übernahm, und auch ihrer Nichte Anna Henriette Charlotte von Boyn, vermählten von Bölzig, vermachte, welche zwar 1787 damit beliehen, aber durch Prozeß zur Herausgabe gezwungen wurde. Frau von Warnsdorf war am 21. Dezbr. 1717 geboren, vermählte sich 1744 mit dem damaligen Landesältesten von Warnsdorf auf Reichwalde, der 1747 Arnsdorf mit Hilbersdorf kaufte und in Arnsdorf wohnte. Sie starb am 7. August 1786 ohne Kinder, und es folgte ihr im Fideikommiß der Enkel ihrer Schwester:

21. Ernst Adolf von Kiesenwetter, Prem.-Lieutenant, geboren am 25. März 1756, Sohn des am 17. März 1719 geborenen, am 22. August 1778 verstorbenen Landeskammer-Raths und Amtshauptmanns Ernst Gottlieb von Kiesenwetter auf Wilkau, Borau etc. und der Sybille Elisabeth Johanne von Wiedebach, aus dem Hause Beitzsch. Er wohnte 1778 dem Bayrischen Erbfolge-Kriege bei, gab viele Beweise seiner Tapferkeit und militairischen Kenntnisse, und erwarb sich die Liebe der Bewohner Reichenbach's durch mancherlei Anordnungen. Er war nicht verheirathet, starb am 21. Oktober 1791 und es folgte ihm sein Bruder:

22. Ernst Karl Gotthelf von Kiesenwetter, Churfürstlich Sächsischer Hofrath, Amtshauptmann und zuerst Landesbestallter, dann Landesältester des Bautzener Kreises. Er war am 4. Juni 1757 geboren, vermählte sich am 6. Mai 1787 mit Fräulein Albertine Friederike Leopoldine von Buch, aus welcher Ehe 3 Kinder entsprossen: Ernst Philipp, geboren am 27. Januar 1792; Ernst August, geboren am 18. Oktober 1794, und Ida Amalie, geboren am 6. September 1797. — Während seiner Besitzzeit wurde Reichenbach mit Ober- und Nieder-Reichenbach zum Königreich Preußen geschlagen, Oelisch aber blieb sächsisch. Er starb am 30. Dezember 1823 und sein Nachfolger wurde sein Sohn:

23. Ernst Philipp von Kiesenwetter, Stiftsverweser des adeligen Fräuleinstifts Joachimstein zu Radmeritz. Er vermählte sich am 23. Juli 1818 mit Adelhaid Ernestine Mathilde geb. Comtesse Reuß-Köstritz. — Während seiner Besitzzeit wurde in Reichenbach die Städte-Ordnung von 1808 eingeführt, in Folge deren auch die, bis dahin der Herrschaft zugestandene Ausübung der Polizei auf den Magistrat und speziell auf den Bürgermeister überging. Am 16. Mai 1836 wurden durch Rezeß die gegenseitigen Hutungsgerechtsame aufgehoben und von ihm das Eigenthum der Stadtkommune an mehreren Grundstücken, als seit über 100 Jahre bestehend, anerkannt. Er starb am 12. Dezember 1840 und hinterließ 6 Kinder: Hedwig Marie Henriette, Ernst Philipp, Albertine Adelhaid, Clemens, Konstanze und Irmgard. — Nach einem mehrjährigen Successionsstreite und nachdem inzwischen Oelisch verkauft worden war, trat in den Besitz des Fideikommisses Reichenbach — Ober- und Nieder-Reichenbach — seine älteste Frau Tochter und gegenwärtige Besitzerin:

24. Frau Hedwig Marie Henriette von Kiesenwetter, vermählt am 7. März 1844 mit dem früheren Landesbestallten und Königlichen Landrath des Görlitzer Kreises, jetzigen Landesältesten des Preußischen Markgrafthums Ober-Lausitz, Herrn Otto Theodor v o n S e y d e w i t z auf Biesig. Diese Ehe ist bis jetzt mit folgenden Kindern gesegnet worden: Curt Friedrich Ernst O t t o D a m m, (welcher 1866 an dem Feldzuge gegen Oesterreich als Freiwilliger beim 2. Garde-Dragoner-Regiment Theil genommen hat und 1867 zum Landwehr-Offizier beim 5. schweren Landwehr-Reiter-Regiment ernannt worden ist) — Curt Friedrich Clemens Heinrich Damm, welcher bald nach seiner Geburt starb, — Curt Friedrich M a x i m i l i a n Damm, — Curt F r i e d r i c h Wilhelm Damm, — und H e d w i g Marie Henriette Juliane Adelhaid von Seydewitz.

Bezüglich des Rittergutes N i e d e r - R e i c h e n b a c h, welches sich erst seit 1734 mit Ober-Reichenbach in Einer Hand befindet, ist zu bemerken, daß dasselbe 1587 einem Matthäus von Gersdorf gehörte, daß der spätere Besitzer Karl von Fürstenau auf Döbschütz und Arnsdorf einen Theil am 20. Oktober 1608 und den Rest am 7. März 1613 an Abraham von Uechtritz und Steinkirch auf Paulsdorf, Mittel-Sohland und Holzkirch verkaufte, und daß es nach seinem Tode (1639) sein Sohn Hans Wilhelm von Uechtritz erbte. Dieser verkaufte das eigentliche Hauptgut an seine Stiefmutter Marie Helene von Eberhard geb. von Jornitz und behielt sich einen von da an als das Paulsdorfer Gut oder der Paulsorfer Antheil bezeichneten Theil desselben vor. Das Hauptgut verkaufte Frau von Eberhard am 19. Februar 1649 an den Oberstlieutenant Gottfried von Sander, dieser am 14. Mai 1658 an seinen Schwiegersohn, den Königl. Schwedischen Cornet George Friedrich von Tschirnhaus. Nach seinem Tode (3. April 1681) erbten es seine Brüder George Ernst und Johann Gottfried von Tschirnhaus, welche es bald darauf an den Churfürstl. Sächs. Stiftsrath und Domherrn zu Meißen, Heinrich Gottlob von Oberländer verkauften, der am 24. Septbr. 1681 damit belehnt wurde, und am 30. Juni 1715 starb. Von ihm erbte es sein Sohn, der Churfürstl. Sächs. Oberstwachtmeister Heinrich Erhard von Oberländer, welcher dasselbe an den oben unter No. 18 genannten George Ernst von Gersdorf verkaufte. Den Paulsorfer Antheil erbte von Hans Wilhelm von Uechtritz († 20. Januar 1662) sein Sohn Abraham Eberhard von Uechtritz. Später wird der Oberstlieutenant Christoph Gottlob von Schwanitz als Besitzer desselben genannt. Der nachfolgende Besitzer, Oberstwachtmeister Gottfried von Gersdorf verkaufte es am 6. Mai 1734 an seinen genannten Bruder George Ernst von Gersdorf. Er hatte in seinem Kodizill vom Jahre 1739 bestimmt, daß die beiden Antheile von Nieder-Reichenbach jederzeit derjenige, dem die Fideikommißgüter Reichenbach, Oberdorf und Oelisch zufallen würden, um den bestimmten Preis bekommen solle und müsse. Nach seinem Tode gelangte daher der oben unter No. 19 genannte Sohn George Ernst von Gersdorf auch in den Besitz von Nieder-Reichenbach. Dieser vermachte dasselbe zwar seiner Gemahlin Johanne Christiane von Gersdorf geb. von Schönberg, und diese († 7. Juli 1787) ernannte zu ihrer Universalerbin die Frau Hauptmann Anna Henriette Charlotte von Bölzig geb. von Boyn. Die berechtigte Frau von Warnsdorf geb. von Gersdorf hatte auch ihre Schwägerin im Besitz von Nieder-Reichenbach gelassen. Allein ihr Nachfolger im Fideikommiß, Ernst Adolf von Kiesenwetter erstritt demnächst auch Nieder-Reichenbach; Frau von Bölzig wurde zur Herausgabe verurtheilt, die demnächst auch, nachdem inzwischen Ernst Adolf von Kiesenwetter verstorben war, an seinen Nachfolger Ernst Karl Gotthelf von Kiesenwetter am 14. Mai 1792 erfolgte. Seit jener Zeit sind nun die Güter Ober- und Nieder-Reichenbach und Oelisch in Einer Hand geblieben, bis, nach dem Tode des Herrn Vaters der jetzigen Besitzerin, Oelisch verkauft wurde.

———

V. Kirche, Pfarre und Schule

Wie die Entstehung Reichenbach's überhaupt der Zeit nach sich nicht genau ermitteln läßt, so fehlt es auch an Nachrichten über die Errichtung der Kirche.

Wenn jedoch, wie bereits erwähnt, mit der, im Jahre 965 erfolgten Gründung des Bißthums Meißen die Errichtung erzpriesterlicher Stühle (sedes) Hand in Hand ging, und da, wo eine Burg mit einem advocatus bestand, in der Regel auch ein erzpriesterlicher Stuhl existirte, Reichenbach aber bereits im Jahre 1239 als der Sitz eines Burgvogtes (advocatus) erwähnt wird, so ist wohl unzweifelhaft, daß auch schon damals (1239) ein solcher erzpriesterlicher Stuhl in Reichenbach bestanden hat.

Die Bischöfe von Meißen übten durch den Archidiakonus der Lausitz die geistliche Gerichtsbarkeit aus. Unter diesen standen die Archipresbyter oder Erzpriester, welche wiederum über die Pfarrer der zu ihrem Stuhle geschlagenen Kirchen die Aufsicht führten. Die Matrikel der Diözese Meißen nennt, wie bereits im II. Abschnitt erwähnt ist, auch Reichenbach als erzpriesterlicher Stuhl (sedes), und bezeichnet die Ortschaften, welche diesem Bezirke angehörten.

Bis zu den Zeiten der Reformation Luthers (1517) wurden auch hier die Gesetze der römischen Kirche gehandhabt. Die Erzpriester der Stühle Görlitz, Reichenbach und Seidenberg hielten sich besonders zusammen, vereinigten sich zur Haltung von Seelenmessen für die verstorbenen Könige von Böhmen und ihre Verwandten, und kamen jährlich zweimal in Görlitz zusammen. Dafür erhielten sie im Jahre 1454 vom Könige von Böhmen die Bestätigung, daß sie und ihre Wiedemuthsleute von aller Berne oder Steuer frei sein sollten. Dieses Privilegium wurde 1511 vom Könige Wladislaus bestätigt. Beide Urkunden sollen im Stadt-Archiv zu Görlitz vorhanden sein. (Käuffer's Abriß der Oberlausitzer Geschichte Theil II, Seite 169 und Theil III, Seite 55.)

Am 27. April 1525 (Donnerstag nach Misericordias domini) hielten die Prediger der gedachten 3 erzpriesterlichen Stühle in Görlitz eine Konferenz, in welcher im Hinblick auf die Lehren Dr. Martin Luther's einmüthiglich beschlossen wurde: dem Bischof von Meißen fernerhin keine Jurisdiktion mehr einzuräumen, keine Seelenmessen mehr zu halten, und das Evangelium ohne Einmischung Römischer Kirchensatzungen lauter und rein nach Vorschrift des göttlichen Wortes zu predigen. Der Durchführung dieses Beschlusses stellten sich aber mancherlei Hindernisse engegen, so daß die Reformation nicht in allen Kirchen zu gleicher Zeit eingeführt werden konnte. So stieß auch der damalige Plebanus in Reichenbach, Johannes Czertiz, auf Widerstand, und es gelang erst, als im Jahre 1548 M. Franziskus Fleischer von Markersdorf als Prediger hierher berufen wurde, die evangelische Lehre hier einzuführen.

Seit jener Zeit existirt hier ein zweiter Geistlicher; ob schon früher ein solcher hier war, ist nicht bekannt.

Es befanden sich früher zwei Kirchen hier; die St. Johanniskirche und die St. Annenkirche. Die Kollatur oder das Patronat steht der Gutsherrschaft von Ober-Reichenbach zu. Zur Parochie gehören die eingepfarrten Dorfschaften: Ober- und Nieder-Reichenbach, Mengelsdorf mit Löbensmüh, Biesig, Dittmannsdorf, Krobnitzer Lehnhäuser, Borda, Gurigk, Schöps, Oelisch und Goßwitz, letztere Beide dem Königreich Sachsen angehörend. Früher waren auch Meuselwitz, Melaune und Prachenau hier eingepfarrt. (conf. Janke's Sammlungen.)

In der Oberlausitzer Abtheilung von Sachsen's Kirchen-Gallerie berichtet Pfarrer Tubesing Seite 172 und 173, daß in früheren Zeiten (vor 1439, weil damals bereits ein eigener Pfarrer genannte werde,) Sohland ein Filial von Reichenbach gewesen sein soll, und daß es im Werke sei, das nach Sohland gastweise sich haltende Deutsch-Paulsdorf in ein Preußisches Kirchspiel einzupfarren, Sohland dagegen die jetzt nach Reichenbach gewiesenen Sächsischen Orte Oelisch und Goßwitz in seinen Kirchen- und Schulverband aufnehme. Diese Aenderung ist jedoch bis jetzt nicht zur Ausführung gekommen.

Die **St. Johanniskirche,** deren Erbauungszeit beim Mangel aller älteren Urkunden nicht angegeben werden kann, die aber bereits im 11. oder 12. Jahrhundert errichtet worden sein soll, diente im Hussitenkriege bei der Belagerung Reichenbach's (vom 26. Dezember 1430 bis 19. Januar 1431) den Bewohnern der Stadt zur Verschanzung. Am 2. August 1620 schlug der Blitz in den Thurm und tödtete 2

Männer beim Lauten. Am 8. Juli 1629 wurde durch Blitzschlag der Thurm in Flammen gesetzt, so daß er bis auf die Mauern abbrannte. Die Drangsale des 30jährigen Krieges verspäteten den Wiederaufbau, so daß derselbe erst am 28. Juli 1646 beendet und am 11. Sonntage nach Trinitatis vom Diakonus Kirchhof eingeweiht wurde.

Am 11. September 1670 aber ging die Kirche mit der Stadt zugleich in Flammen auf und brannte Erstere bis auf die Mauern nieder. Dieselbe wurde unter dem Kollator Hauptmann George Ernst v. Gersdorf wieder aufgebaut und am 23. Sonntage nach Trinitatis 1674 mit vielen Feierlichkeiten eingeweiht. Zur Erinnerung hieran wird noch heute das Kirchweihfest am Sonntage nach Martini gefeiert.

Der Thurm aber wurde nur mit Schindeldach versehen, bis dasselbe 1756 abgeworfen, die Mauer um einige Ellen erhöht, und Ziegeldach aufgelegt wurde. Der Knopf mit Fahne wurde erst am 18. Oktober 1774 aufgesetzt, nachdem verschiedene Umstände dies so lange verzögert hatten. In den Knopf wurde folgende, auf Pergament geschriebene Urkunde, nachdem sie der versammelten Gemeinde vorgelesen worden, gethan:

I. R. I.

Mit Gott laßen sich Thaten thun, und aus eben dieser Macht auch Kirchthürme erbauen.

Mit diesem einigen, wahren lebendigen Gott, und seiner unverkürzten Hülfe ist es der Hochadlichen Lehnsherrschaft Herrn George Ernst v. Gersdorf auf Reichenbach, Oberdorf, Oelisch, Niederdorf, Rattwitz und Muschelwitz, Churfürstl. Sächsischen Geheimen Rath und Ober-Amts Hauptmann, des Stifts zu Meißen Dom Dechant etc. und dessen Mandatario, Herrn Hauptmann von Bohse auf Ober-Rudelsdorf gelungen, daß im Jahre nach der heilsamen Menschwerdung Jesu Christi unsers geliebtesten Heylandes 1756 dieser Thurm als ein Deo et Ecclesiae Sacrum, das ist Gott und der Kirchen gewidmetes Werk erhöhet, der Glockenthurm von neuem erbaut, und der ganze Thurm reparirt worden. Dies war das betrübte Jahr, als Friedrich II. König von Preußen mit seinem sämmtlichen Kriegsheer das ganze Sachsen-Land überzog, und bis ins 7te Jahr unter seiner Bothmäßigkeit erhielt. Weilen nun diese Kriegesjahre hindurch die Calamität aufs höchste stieg, maaßen der Scheffel Korn 18 bis 20 Thaler galt, so wurde zwar das Dach auf dem Thurme zugedeckt, der Knopf aber und Fahne wurden zurück behalten, bis auf schicklichere Zeiten, und dies dauerte :/weil die Jahre hernach noch traurig genug waren, und im Jahre 1771 und 1772 der Scheffel Korn mit 9 Thalern bezahlet wurde/: bis 1774, da denn unterdessen , nehmlich im Jahre 1772 obangedachter Lehnherr die Zeitlichkeit verließ, und die

Güther nebst Collatur an dero Frau Schwester Frau Sophia Erdmuth verwittwete Geheimde Räthin und Amtshauptmannin von Warnsdorf gebohrne von Gersdorf auf Arnsdorf und Hilbersdorf fielen. Nachdem Hochdieselben der Nothwendigkeit erachtet, dem Thurme die völlige Zierde durch den Knopf und Fahne zu geben, so veranstalteten Selbige, daß der Knopf nebst der Fahne aufgesetzt wurde, welches denn in dem 1774sten Jahre geschahe.

Zu dieser Zeit verehrten wir in der Person

Friedrich Augusts unsern theuersten Churfürsten, welcher nun in's 4te Jahr das Land regiert.

Die Landvoigtey-Stelle bekleidet:

Herrn Hieronymus Friedrich von Stammer auf Preititz, Groß-Hermsdorf und Hartmannsdorf, Sr. Churfürstl. Durchl. Conferenz Minister und Geheimder Rath.

Amtshauptmann im Fürstenthum Görlitz war Herr Ernst Gottlob von Kiesenwetter auf Wilke, Bore und Scheibe, Churfürstl. Sächsischer Land Cammerrath.

Die Landesältesten waren:

Herr Ernst Ludewig von Kiesenwetter auf Wanscha und Nieda, Churfürstl. Sächsischer Geheimde Rath.

Herr Carl Gottlob von Üchtritz auf Mittel Sohland, Churfürstl. Sächsischer Justitien Rath.

Die Lehnsherrschaft der Kirchen war:

Frau Sophie Erdmuth verwittwete Geheimde Räthin und Amts Hauptmannin von Warnsdorf gebohrne von Gersdorf als alleinige Collatricin auf Reichenbach, Oberdorf, Oehlisch, Arnsdorf und Hilbersdorf.

Die eingepfarrten Herrschaften waren:

1. Die verwittwete Frau Geheimde Räthin, Johanne Christiana von Gersdorf gebohrne von Schönberg auf Niederdorf, Rattwiz und Muschelwitz.

2. Domina Anastasia Roeslerin, Abbatißin in dem Jungfräulichen Stift Marienthal, eingepfarrt mit Porda und Gurk.

3. Herr Wolf Christian Albrecht von Loeben auf Mengelsdorf, Schönbrunn und Ober Lichtenau.

4. Frau Henriette Caroline vermählte Frau Majorin von Hohenstein geb. von Einsiedel auf Dittmannsdorf.

5. Herr Friedrich Wilhelm von Üchtritz auf Crobnitz, Kayserl. Kämmerer.

6. Herr Karl Gottlob von Gersdorf auf Techritz, Gloßen, Meuschwitz, Schöps und Goßwitz, des Budißinischen Creißes Landes Commißarius.

7. Herr Adolph Ferdinand von Runkel, Churfürstl. Sächsischer Hauptmann von der Cavallerie auf Biesig.

Ins 4te Jahr war verordneter Oberpfarr allhier Herr Johann Gotthelf Strauß aus Budissin.

Drei Jahr war verordneter Diaconus Herr M. Heinrich Wilhelm Götz Lucc.

Der Herr Rektor war zu der Zeit Malachias Immanuel Becker von Ober-Seyffersdorf.

Organist war Herr Gottlieb Rönsch, welcher beynahe bey der Mädchen Schule 40 Jahre gestanden, von Daubitz.

Verordneter Bürgermeister war Herr August Ernst Fleischer, Mügeln.

Der Stadtrichter Herr Christian Gottlob Riese, Reichenbach.

Der Zimmermeister bei dem Thurmbau war Geßner Gorlicens., und der, welcher den Knopf aufsetzte: Bähr. Reichenb.

der Maurermeister Böhme.

Der Kirchenvorsteher war zu der Zeit Herr Bucher und der Hospital-Vorsteher Herr Fleischer.

In diesem 1774 Jahre schenkte uns der Herr die Gnade, daß, obgleich vorhergehende Jahre große Theuerung gewesen, maßen wie oben gedacht im 1771sten und 1772. Jahre der Scheffel Korn auf 9 Thaler und drüber kam, doch wiederum der Scheffel vor 1 Thlr. 20 gl. bis 2 Thlr. 4 – 6 gl. gekauft wurde.

votum generale
Erhalt uns Herr in dem Tempel bey deinem Worte etc.

votum speciale.

Unserm theuresten Landesherrn und Churfürsten gieb o Herr die Weißheit Salomonis und die Gottseligkeit des frommen Josias. Bereite seine Seele zu einem Tempel, und seinen Leib zu einer Wohnung deines Geistes, der von dir o Vater der Lichter herkommt. Die Weißheit, die vor deinem Thron ist, erfülle ihn durch und durch, um sein Volk zu regieren, deßen Glückseligkeit mit seiner Glückseligkeit, und deßen Wohl mit seinem Wohl aufs genaueste verbunden. Sein Herz müße gerührt werden bey den Thränen der Elenden, und den Seufzern derer, die keinen Helfer haben. Mache uns alle unter dessen Regiment glücklich an Seel und Leib zeitlich und ewiglich. Amen. Der Lehnsherrschaft gebe Jesus allemahl ein Herze, welches Gott bey dieser Würde fürchte. Laß Ihre edle Seele einen Tempel und Sitz der Heiligkeit und Furcht des Herrn, der Liebe und der Erbarmung gegen den Unterthan seyn und bleiben. Ja gieb o Herr! daß sich die Kirche und deren Priester allezeit Ihrer als Pflegerin und Säugamme zu erfreuen haben. Alle übrige Obrigkeiten und eingepfarrte Herrschaften regiere und führe der Geist Gottes, damit sie Jesum ihren Heyland so kennen lernen, daß Sie ihr ganzes Vertrauen auf ihn setzen, und sich seiner freuen und trösten können. Er lehre sie selbst mit gutem Exempel Ihren Unterthanen vorgehen.

Solche Prediger setze der Herr an diesem Orte zu Wächtern bis auf die Erscheinung Christi, die ihr Amt redlich ausrichten, die nicht andern predigen und selbst verwerflich werden. Die ganze Gemeine erhalte Gott im Segen. Er bewahre sie für Krieg, Pest, Hunger, Feuer und Wassersnoth. Er befestige die Seelen in der evangelischen Lehre, und helfe ihnen als ein Gott des Friedens den Satan mit allem seinem Wesen und Werken unter die Füße treten. Gott bleibe aller Zuversicht ein starker Thurm für ihren Frieden. Psalm 61. —

Bei dem Brande (1670) waren auch die auf dem Thurme befindlichen 4 Glocken geschmolzen. An deren Stelle wurden — mit Hilfe der Stände der Oberlausitz, die auch zum Wiederaufbau der Kirche 250 Thlr. bewilligt hatten, — nach und nach 3 neue Glocken angeschafft, und zwar zuerst 1672 die große im Gewicht von 30 Centner, 1728 die kleine im Gewicht von 4 Centner und 20 Pfund, 1755 die mittlere im Gewicht von 15 Centner 51 ½ Pfund. Die Letztere ist um das Jahr 1800 zersprungen; man vermuthet, daß bei dem großen Brande am 29. November 1799 einer der Stürmenden mit einer Spitzhaue auf dieselbe geschlagen hat.

Der Gedingebauer Johann George Marx in Borda schenkte in Folge einer ihm gewordenen Erbschaft 500 Thlr. zum Umguß der Glocken; auch das im August 1832 hier verstorbene Fräulein Erdmuthe von Ingenheim vermachte zu diesem Zweck ein Legat, und in der Kirchgemeinde wurde für denselben Zweck eine Kollekte gesammelt. Der Umguß der 3 Glocken erfolgte durch den Glockengießer Gruhl in Klein-Welka bei Bautzen. Dieselben wurden am 15. Oktober 1833 in feierlichem Zuge von der Landesgrenze abgeholt und am folgenden Tage aufgezogen und zu dem, um 2 ½ Uhr desselben Nachmittags veranstalteten Dankgottesdienste eingeläutet.

Die große Glocke, im Gewicht von 27 Centner 102 ¾ Pfund, zeigt einen Christuskopf, mit den Worten: Kommet, es ist alles bereit. Darunter befindet sich folgende Inschrift:

„Die große, mittle und kleine Glocke wurde unter mildthätiger Beiwirkung des Gedingegärtners Johann George Marks aus Borda, Reichenbacher Kirchfahrt, welcher zum Umgusse dieser drei Glocken Fünfhundert Thaler geschenkt hat, der Patronats-, sowie eingepfarrten Herrschaften, auch übrigen Mitglieder der Reichenbacher Kirchenkommun und unter Leitung des patronatsherrlichen Stellverteters, Justizverwesers und Stadtschreibers Pfennigwerth zu Reichenbach im Jahre 1833 umgegossen und vergrößert von dem Glockengießer Friedrich Gruhl aus Kleinwelka in der Köngl. Sächs. Ober-Lausitz.

Ernst Philipp von Kiesenwetter, Majoratsherr auf Reichenbach, Kirchenpatron. Johann Karl Kober, Oberpfarrer. Immanuel Friedrich Marsch, Diakonus. Benjamin Gottlieb Schmidt, Bürgermeister und Kirchen-Vorsteher. Johann Gottlieb Schulze und Johann Christian Traugott Gebhardt aus Reichenbach, Johann Christian Neumann aus Nieder-Reichenbach, Johann Gottlieb Günzel aus Mengelsdorf, Johann George Urban aus Biesig, Johann Gottfried Rensch aus Dittmannsdorf, die Communrepräsentanten.

> Zur Andacht in des Tempels Räumen
> Versammle sie der Christen Schaar.
> Sie wecke, die in Weltlust träumen,
> Und rufe nimmer zur Gefahr,
> Sie lade zu des Himmels Frieden
> Wer ausgekämpft auf Erden hat,
> Ihr Schlag verkünde Ruh' den Müden,
> Und Friedens-Segen Land und Stadt.

Die mittlere Glocke, 13 Centner 12 ½ Pfund schwer, zeigt das Brustbild Dr. Martin Luthers, mit den Worten: Haltet fest am Glauben! Darunter folgende Inschrift:

> Auf! höret die Glocke, sie ruft zum Altar,
> Daß betend sich weihe ein liebendes Paar
> Voll Hoffnung dem ehelichen Bunde;
> Sie ruft zum Gebet für König und Land;
> Ihr Zuruf ist: Segne Herr jeglichen Stand
> In banger und fröhlicher Stunde.

Friedericke Auguste von Ziegler und Klipphausen geb. Prenzel von Bucherfeld auf Mengelsdorf. George Hennig von Oertzen, Rittmeister und Landrath auf Dittmannsdorf, Crobnitzer Antheils. Theodor Crusius, Lieutenant, auf Biesig. Samuel Friedrich Meurer auf Dittmannsdorf. Johann Friedrich Schmalz auf Schöps und Goßwitz, als eingepfarrte Herrschaften. Benjamin Gottlieb Schmidt, Bürgermeister, Heinrich Karl Müller, Kämmerer, Karl Benjamin Ueberschaar, Johann Gottlieb Schulze, Karl Gottfried Zacharias Wiedemann, als Rathsmitglieder in

Reichenbach. Friedrich Halm, Vorsteher der Stadtverordneten, Karl August Ferdinand Mende, Friedrich Traugott Lehmann, Christian August Richter, Karl August Hase, Christian Gottlieb Schulz, Andreas August Miethe, Johann Gottfried Deckbar, Johann Gottlieb Hamann, Stadtverordnete in Reichenbach.

Die kleine Glocke, 7 Centner 35 ¾ Pfund schwer, zeigt das Brustbild Melanchthon's mit den Worten: Alles und in Allen Christus, und folgende Inschrift:

> Mit neuer Kraft und Harmonie
> Hebt in der Schwestern Chor,
> Mein Ton die Herzen, gleich wie sie,
> Zum Herrn der Welt empor.

Johann Christian Pfeil, Johann George Herkner, Johann Gottfried Titzig, Ortsgerichte in Ober-Reichenbach. Johann Gottlieb Schäfer, Gottlieb Richter, Johann Gottlieb Trautmann, Johann Traugott Hänsch, Ortsgerichte in Nieder-Reichenbach. Johann George Träger, Johann George Günzel, Gottlieb Träger, Ortsgerichte in Mengelsdorf. Johann Christian Stübner, Johann George Urban, Ortsgerichte in Biesig. Johann George Tilz, George Urban, Ortsgerichte in Dittmannsdorf. Johann Gottlieb Hartmann, Gerichtsmann in Borda. Johann Jenke, Gottlieb Ay, Ortsgerichte in Schöps. Johann Gotthelf Kanter, Johann Friedrich Müller, Ortsgerichte in Oelisch. Jakob Heinze, Gerichtsmann in Goßwitz.

Bei Gelegenheit dieser Glockenweihe wurde an Stelle des bis dahin auf dem Thurme befindlich gewesenen Knopfes der Knopf von der St. Annenkirche auf die Johanniskirche aufgesetzt, nachdem zu den in letzterem befindlichen Schriftstücken auch noch die in dem früheren Knopfe vorgefundenen Nachrichten beigefügt worden waren.

Auf dem Thurme befindet sich auch eine, der Stadt gehörige, eiserne Thurmuhr; die Zeit der Anschaffung derselben ist nicht bekannt. Aus einer Urkunde vom 24. Januar 1584 geht hervor, daß damals bereits ein „Seiger" vorhanden war.

Die Kirche ist ein schönes, großes, von Steinen erbautes Gebäude, mit Ziegeldach versehen, welches 1784 umgedeckt worden ist. Die innere Länge derselben, ausschließlich des Thurm-Raumes, von der inneren Thurmmauer bis an die äußerste Mauer hinter dem Altar beträgt 70 Dresdener Ellen; ihre Breite von einer Mauer bis zur anderen 24 Ellen. Sie ist zweischiffig, und die beiden Pfeiler, welche die Gewölbe tragen, stehen in der Mitte in einiger Entfernung von einander. Durch zwei vorspringende Pfeiler, an deren einem die Kanzel angebracht ist, und die oben in einem hohen Bogen zusammenlaufen, ist das Doppelschiff der Kirche von dem hohen Chor gesondert. Die Decke desselben bilden zwei Kreuzgewölbe; unter dem ersten befindet sich der Altarraum, Apsis, zu welchem man auf drei Stufen emporsteigt; unter dem zweiten ein freier Raum vor den Altarstufen, der unten an den Seitenmauern Kirchstände und die Thür zur Sakristei enthält; oben einander gegenüber die Patronats- und die Nieder-Reichenbacher herrschaftliche Loge. Beide sind mit künstlichem Holzschnitzwerk und Dartstellungen aus der biblischen Geschichte geziert und nicht ganz 200 Jahre alt. Kanzel und Altar von gleicher Arbeit sind nach dem Brande der Kirche (1670) in den Jahren 1685 und 1688 errichtet. Eine Inschrift an der Kanzel nennt die Meister und das Jahr 1685; die Staffirung derselben ist in Gold und Grün, und die 4 oberen Felder zeigen die 4 Evangelisten. Auf der Decke steht Johannes der Täufer und weist mit dem Finger nach dem auferstandenen Christus auf dem Altar. Letzterer hat eine bedeutende Höhe. Der Fuß bildet die Einsetzung des heiligen Abendmahls, auf dem Hauptfelde ist die Kreuzigung dargestellt, eingefaßt von 2 Säulen auf jeder Seite, an welche sich Arabesken mit den Marterwerkzeugen reihen. Ueber der Kreuzigung, auf einem etwas schmäleren Felde sieht man die Grablegung, und gekrönt wird der Altar durch den auferstandenen Christus, der die rechte Hand erhoben hält und in der linken die Siegesfahne trägt. Zu seinen Füßen knieen zwei Engel, die ein Blumengewinde halten, das ihm als Pidestal dient.

In der südöstlichen Ecke des Altarplatzes steht das hölzerne Taufbecken, auf welchem am 16. März 1682 die ersten Kinder, und zwar Zwillingskinder des Gärtners Martin Ritter in Biesig, getauft worden sind.

In der gegenüber liegenden Ecke des Altarraumes befindet sich ein alter, künstlich geschnitzter, mit biblischen Bildern geschmückter, zweisitziger Beichtstuhl.

Auf der Mittagsseite des Altarraumes befindet sich noch das Magistratsgestühl, dessen Brüstung und Rücklehne ebenfalls biblische Darstellungen enthalten, und gegenüber eine Eingangsthür. Unter dem Altar ist eine Gruft, zu welcher der Eingang in der Nähe der Kanzel sich vorfindet; doch ist Alles vermauert und unzugänglich. An den

Wänden des Altarplatzes sieht man die betreffenden Grabmonumente, in höchst kunstvoller Arbeit aus Stein gehauen, bunt und mit reicher Vergoldung. Sie zeigen die Köpfe und Bildnisse der dort Ruhenden, und eine reiche Anzahl von Waffen und mancherlei Emblemen. Eins hat den Wahlspruch: Virtute praevia, ein anderes ein aufgeschlagenes Psalmbuch mit der Stelle: 73, 25. —

Mit dem Gesicht nach dem Altar gewendet, hat man rechts das größte Epitaphium, welches dem Landesältesten und Amtshauptmann George Ernst von Gersdorf auf Reichenbach etc. gewidmet ist, der 1743 in Görlitz starb. Errichtet ist es von seiner zweiten Gemahlin Margarethe Eleonore Elisabeth von Schwanitz aus dem Hause Kuppitz, gestorben 1745. Auf der einen Seite ist ihr Bildniß, auf der andern das der ersten, 1714 sehr jung verstorbenen Gemahlin Johanne Christiane Gottliebe von Warnsdorf aus dem Hause Schönbrunn. Auf derselben Seite ist ein Monument für den churfürstlich sächsischen Oberst-Lieutenant Christoph Siegismund von Cronewaldt († 1722) und seine Gemahlin Anna Sabina von Gersdorf aus dem Hause Reichenbach, welche 1731 starb; die Leichname ruhen in der (ehemaligen) St. Annenkirche.

Links vom Altar befindet sich, gegenüber dem ersten, das Monument des Vaters: des Ritters und Hauptmanns George Ernst von Gersdorf, gestorben 1713, und seiner Gemahlin Sophie Tugendreich geb. von Sander; darneben, über der Eingangsthür, ist noch ein „Ehrengedächtniß" für letztere, ein kleines Grabdenkmal, der Mutter von 2 ihrer Kinder errichtet, dem obengenannten Landesältesten George Ernst von Gersdorf und Fräulein Anna Sabina von Gersdorf auf Groß-Krausche.

Endlich trägt der erste Pfeiler noch das Monument des — jedoch hier nicht begrabenen — Herrn Heinrich Gottlob von Oberländer, Erb- und Lehnsherrn auf Nieder-Reichenbach, Hochfürstlich Sächsisch Merseburger Stiftsrath, Präpositus zu St. Siati, und Kanonikus des hohen Stiftes daselbst, gestorben 1715 zu Nieder-Reichenbach. Das Monument ist im Jahre 1717 von dem Bruder errichtet.

In der Patronats-Loge befindet sich eine Bibliothek, welche 1724 von dem Amtshauptmann George Ernst von Gersdorf angelegt wurde. Der jedesmalige Diakonus ist zum Bibliothekar bestimmt.

In der Kirche sind auf jeder Seite zwei Emporen übereinander. Die Felder der untern, gegenüber der Kanzel, sind mit bunten Darstellungen aus der evangelischen Geschichte geschmückt; das Orgelchor enthält ähnliche aus dem alten Testament. Die erste Hälfte der unteren Empore rechts, zunächst der Kanzel, ist den eingepfarrten Herrschaften eingeräumt. Die darüber befindliche, in der ganzen Länge der Mittagsseite, ist erst im Jahre 1865 erbaut, und sind Zwei Drittel der Plätze derselben an das hier begründete Königliche evangelische Schullehrer-Seminar vermiethet.

Die Zahl aller Kirchstände, mit Einschluß der Logen, beläuft sich auf etwa 1000. — Die Kirche hat 4 Eingänge, zwei Hauptthüren an der Abend- und Mitternachtsseite, die oben erwähnte, auf den Altarraum führende kleine Thür, und eine ebensolche an der Mittagsseite, die zur Sakristei geht. Die Sakristei ist geräumig, hell, gewölbt, und hat einen Altar. —

Die bald nach dem Wiederaufbau der Kirche errichtete, 1791 verbesserte Orgel ist 1865 beseitigt und an deren Stelle eine neue, vom Orgelbaumeister Ladegast in Weißenfels erbaute aufgestellt worden, welche am 11. März 1866 eingeweiht wurde. Die Kosten der Orgel, der Veränderung des Orgelchors und der Errichung der oben erwähnten Empore, im Betrage von 1669 Thlr. 3 Sgr. wurden theils durch freiwillige Beiträge, theils durch die, einige Jahre vorher begonnene Ansammlung eines Fonds, theils durch Repartition auf die Gemeinden aufgebracht. Im Jahr 1853 wurde die Kirche im Innern mit einem Kostenaufwande von 344 Thlr. 16 Sgr. 8 Pf. renovirt.

In dieser Kirche wurden von je her alle Religions- und Amtshandlungen verrichtet, außer daß an den Aposteltagen und am Kirchweihfeste in der St. Annen-Kirche gepredigt wurde. Seit dem Jahre 1730 ist die Christnachtfeier eingeführt.

An Stelle des um die Kirche gelegenen Begräbnißplatzes (Kirchhofs) wurde 1826 ein besonderer Begräbnißplatz auf dem Sandberge angelegt und derselbe bereits 1837 erweitert. Die Kollatur und die eingepfarrten Herrschaften haben das erforderliche baare Geld hergegeben und die Umzäunungen und Baumpflanzungen gewährt; von den Gemeinden sind die Fuhren und Handdienste geleistet worden.

Die St. Annen-Kirche, eine aus der katholischen Zeit herstammende Kapelle, welche im Innern 30 Ellen lang, 15 Ellen breit, von Steinen erbaut, mit Schindeln gedeckt war und welche 3 Altäre hatte, die im Jahre 1520 eingeweiht worden waren, wurde 1796 geschlossen, einstweilen der Tuchmacher-Innung zu einem Woll-Magazin eingeräumt, 1825 aber, als gefahrdrohend, veräußert und — leider — in eine Scheune umgewandelt. In derselben wurden, wie bereits erwähnt, die Aposteltage und das Kirchweihfest gefeiert; auch hielt in der Zeit von Ostern bis Michaelis der Rektor, der deshalb das Prädikat eines Katecheten führte, wöchentlich eine Predigt und Examen mit der Schuljugend in derselben. Während des Baus der Johannis-Kirche diente sie zur Abhaltung des gesammten Gottesdienstes. Der 1588 erbaute Thurm mußte 1740 umgebaut werden. Der damals aufgesetzte Knopf wurde, wie schon Seite 44 erwähnt ist, 1833 auf den Thurm der St. Johannis-Kirche gesetzt. In den Knopf war folgende, jetzt ebenfalls auf dem Thurme der Johannis-Kirche befindliche Urkunde gelegt worden:

„Der künftige Leser dieser sich in gegenwärtigem Thurm Knopf Gott gebe bis in die spätesten Zeiten der Welt verbergenden Merk-würdigkeiten, wird bald bey dem ersten Anblick ersehen, daß mit nichten die Begierde eines großen Nahmens, sondern die wohlanständige Herrschaftl. Sorgfalt für die Erhaltung der Kirchen, eines derselben gewürdigten Hochansehnlichen Patroni hiesigen Orts diesen in einer mäßigen Höhe bestehenden Thurmbau denen Augen derer Vorbeygehenden und Aufsehenden darzustellen angeordnet hat. Es war dieses

Ihro Excellenz und Gnaden der Hochwohlgebohrne Herr

Herr George Ernst von Gerßdorf,

Herr auf Reichenbach Ober- und Niederdorf, Groß Krauscha und Oehlisch. Sr. Königl. Majestät in Pohlen, und Churfürstl. Durchl. zu Sachsen Hochbestallter Kammerherr, Hoch ansehnlicher Rath, und des Fürstenthums Görlitz Hochverordneter Amtshauptmann, der Kirchen alleiniger Herr Collator. Wäre es ihm um einen großen Nahmen zu thun gewesen, so würde er durch Vermögens Anstalten einen Thurm gebauet haben, deßen Spitze würde an den Himmel näher kommen, so aber wollte er Jesu den Nahmen und die Ehre eines Thurms laßen, deßen Höhe über alle Himmel reiche. Ihm war genung das gute im Land zu sehen, daß Kirchen bauen, und dieselben mit Thürmen zieren, eine bisher ungekränkte Freyheit evangelischer Religions-Verwandten blieben war,

53

die unter der preißwürdigen Regierung des Großmächtigsten Fürsten und Herrn Friedrichs Augusts König in Pohlen und Churfürsten zu Sachsen, so viel Sicherheit ferner zu hoffen als gegenwärtig zu rühmen hatte. Damahls war Besitzer der Landvoigtheylichen Herrlichkeiten und Revenuen der Cron und Churprinz Herr Friedrich Christian.

Amtshauptmann im Fürstenthum Görlitz war der obgedachte Herr Patronus und alleiniger Collatur hiesiger Kirchen.

Als Landesältesten lebten die Hochwohlgebohrnen Herrn Herr Ernst Christoph Gottlob von Warnsdorf auf Tauchritz und Herr Ernst Rudolph von Schönberg auf Oberneundorf.

Die Ehre, das Markgrafthums Landesbestallter zu sein, hatte nach der unter denen Herrn Landes Ständen beyder Kreiße recipirten Alternative der Hochwohlgebohrne Herr Carl Friedrich von Gersdorf auf Alt Seidenberg im Fürstenthum Görlitz gelegen.

Parochiani oder eingepfarrte Herrschaften mit ihren Unterthanen waren: Ihro Excellenz der Hochwohlgebohrne Herr Wolf Christian Albrecht von Löben auf Mengelsdorf und Biesig, Churfürstl. Sächs. Kammerherr und Landeshauptmann. Der Hochwohlgebohrne Herr Carl Moritz von Carlowitz, Herr auf Dittmannsdorf, Königl. Pohlnischer und Churfürstl. Sächsischer Obrister. Der Hochwohlgebohrne Herr Herr Johann Adolph von Gersdorf auf Schöps und Goßwitz. Der Hochwohlgebohrne Herr Herr Carl Heinrich von Üchtritz auf Crobnitz und ein Theil von Dittmannsdorf. Die Hochwürdige Frau Ihro Gnaden Frau Theresia Senftleben Abbatissin des Jungfräul. Stifts Marienthal Cistercienser Ordens auf Porda und Gurk.

Als Pastor hat bereits bis ins 23ste Jahr gedient Herr Johann Heinrich Schümberg Daubiciensis und bis ins 7te als Diaconus Herr Christian Friedrich Menzel Bischdorfiensis.

Als Rector der Schule Herr Johann Andreas Sorweide Budiss.

Als Organist Herr Gottlieb Rönsch Daubiciensis.

Bürgermeister war Herr Christian Fritsche Bernstadiensis.

Richter Herr Gottfried Arnold Reichenbachensis.

Bei dem Thurm hat die Aufsicht gehabt Herr Jeremias Gottlob Rüdinger Reichenbachensis welcher zugleich Kirchenvorsteher war.

Kirchenväter waren Herr Hanns Christoph Arnold, welcher zugleich das Hospital Vorsteheramt hatte, und Herr Christian Richter beyde Reichenbachensis.

Den alten Thurm hatte Ao. 1588 gebaut Hans Arlt. Reichenbach. den gegenwärtigen aber Mstr. Hanns Gottfried Tischer Bernstadensis Mitgehülfe war Mstr. Christian Walther Reichenbach.

Es war dieses Jahr, welches einen ungewöhnlichen Winter durch alle Theile der Welt hatte, und obgleich der 1709 gewesene heftige Winter den Menschen und Vieh nicht wenig empfindlich war, so währte er doch nur 8 Wochen, der letztere aber 4 Monathe und wurden Menschen und Vieh von der Kälter erbärmlich zugerichtet. Dazu kam auch daß nach diesem Winter der Jahrgang nicht der beste war, darum auch bis zur Erndte das Korn über 3 Thaler, der Scheffel Weitzen 4 Thaler, die Gerste fast 2 Rthlr. 12 Gr. und der Hafer 1 Rthlr. 8 Groschen galt.

Der diese Nachrichten enthaltende Thurmknopf ward aufgesetzt den 26sten Oktober 1740. Wenn und von wem dieses künftig wird sein gelesen worden, der seufze wie die bey der Einlage des Niedergeschriebenen: Gott bleibe unserer Zuversicht ein starker Thurm für unsere Feinde. Psalm 61 v. 4.

––––––––

Das **Vermögen der Kirche** besteht, außer 450 Thalern Stiftungs-Kapitalien, wegen deren im Abschnitt XVI das Nähere erwähnt ist, nach der Rechnung ultimo 1866 in 1393 Thalern und 29 Sgr. —

Die Einnahmen der Kirch-Kasse bestehen hauptsächlich in dem Ertrage der von der Kirchgemeinde aufzubringenden Kirchensteuern, den Zinsen des Vermögens, und der Miethe für die, der Kirche eigenthümlich gehörigen Kirchenstellen.

Für die „Verwaltung der Kirchen-Angelegenheiten" ist das nachfolgende Statut maßgebend:

Lokal-Statut

für

die Kirchgemeinde Reichenbach,

Görlitzer Kreises.

––––––––

§. 1.

Die evangelische lutherische Kirchgemeinde Reichenbach hat die Aufgabe, unter der Leitung und Anregung des in ihr bestehenden geistlichen Amtes sich zu einer Pflanzstätte christlicher Gesinnung und christlichen Lebens zu gestalten.

Als Glied der evangelischen Kirche bekennt sie sich zu der Lehre, die in Gottes lauterem und klarem Wort, den prophetischen und apostolischen Schriften Alten und Neuen Testaments begründet und in den drei Hauptsymbolen und den Bekenntnissen der Reformation bezeugt ist, namentlich in der Augsburgischen Confession und in den übrigen Bekenntnissen der evangelisch-lutherischen Kirche, und unterwirft sich den allgemeinen kirchlichen Gesetzen und Ordnungen. —

§. 2.

Die Gemeindeglieder und ihre Beamten sind verpflichtet, sich eines christlichen Wandels zu befleißigen, durch Theilnahme an Wort und Sakrament sich als Glieder der Kirche zu bekennen und durch Leistung der erforderlichen Beiträge zur Erhaltung der kirchlichen Gemeinde-Anstalten und ihrer Beamten Handreichung zu thun.

§. 3.

Die Gemeindemitglieder haben daher geordneten Antheil an den kirchlichen Gnadenmittteln, Anstalten und Einrichtungen in der Gemeinde.

§. 4.

Die Gemeinde-Angehörigkeit wird nach der allgemeinen gesetzlichen Bestimmung durch den festen Wohnsitz im Pfarrbezirke bedingt.

Zum hiesigen Pfarrbezirk gehören die nachbenannten, insgesammt eingepfarrten Ortschaften: „Stadt Reichenbach, Ober- und Nieder-Reichenbach, Mengelsdorf mit Löbensmüh, Biesig, Dittmannsdorf, Crobnitzer Lehnhäuser, Gurick, Borda, Schöps, Goßwitz, Oelisch." —

Personen, welche von außen her in die Gemeinde einziehen, haben sich darüber, daß sie der evangelische Kierche angehören, vor der im §. 6 genannten Gemeindebehörde durch mündliche oder schriftliche Zeugnisse glaubhaft auszuweisen, bevor sie an den Rechten der Gemeinde-Glieder Antheil nehmen.

§. 5.

Stimmberechtigt in der Gemeinde sind die ansäßigen und alle selbstständigen Familienhäupter und Hausväter, insofern sie das 24ste Lebensjahr vollendet haben, im vollen Besitze der bürgerlichen Ehrenrechte sind und mindestens in der 2ten Stufe der 1ten Hauptklasse der Klassensteuer stehen, auch bereits seit einem Jahre ihren festen Wohnsitz in der Parochie genommen haben. Wenn sich unter den Gemeinde-Angehörigen solche befinden, welche durch lasterhaften Lebenswandel oder durch thatsächlich bekundete Verachtung der Religion oder der Kirche öffentlichen Anstoß gegeben haben, und denen die Theilnahme an dem kirchlichen Stimmrecht aus der Gemeinde um dieses Grundes willen bestritten wird, so hat darüber die kirchliche Gemeindebehörde (§. 6) zu befinden, den gedachten Personen aber soll ebenso, wie den Urhebern der Einwendung, der Rekurs an die höhere Instanz (Kreissynode) vorbehalten sein. Für die erste Wahl der Mitglieder der Gemeindebehörde wird die Beurtheilung erhobener Einwendungen durch die im §. 8 genannten Personen erfolgen. In der höhern Instanz entscheidet bis zur Organisation der kirchlichen Kreise das Consistorium. —

§. 6.

In der Gemeinde wird als Organ für die im §. 12 näher bezeichneten kirchlichen Gemeinde-Angelegenheiten ein Gemeinde-Kirchenrath gebildet. Derselbe besteht aus den beiden Geistlichen und 9 weltlichen Mitgliedern, von denen 3 auf die Stadt Reichenbach, 1 auf Oelisch und Goßwitz, 1 auf Schöps, Borda und Gurigk, 1 auf Dittmannsdorf und Crobnitzer Lehnhäuser, 1 auf Biesig und Ober-Reichenbach, 1 auf Mengelsdorf mit Löbensmüh, und 1 auf Nieder-Reichenbach gerechnet wird. —

Die Hülfsprediger nehmen an den Geschäften des Gemeinde-Kirchenraths mit berathender Stimme Antheil. — Die vom Patronat ernannten Kirchenvorsteher gehen, nach Vorschrift des Entwurfs, in den Gemeinde-Kirchenrath über. —

§. 7.

Die Wahl zu dem Gemeinde-Kirchenrath erfolgt durch die stimmberechtigten Mitglieder (§. 5) auf den Vorschlag des Gemeinde-Kirchenraths, welcher mindestens die doppelte Anzahl der zu Wählenden namhaft machen muß. Für das erste Mal wird dieser Vorschlag durch den Pfarrer, den Patron und die Kirchennvorsteher gemeinschaftlich unter der Oberleitung des Superintendenten geschehen. Bei den Landesherrlichen Patronaten werden die Consistorien zur Theilnahme an dieser Designation an geeignete Personen Auftrag ertheilen. —

§. 8.

Als Mitglieder des Gemeinde-Kirchenrathes sind wählbar die im §. 5 als stimmberechtigt bezeichneten Parochianen; insofern sie 30 Jahre alt sind. Ferner haben die Vorschlagenden nur auf solche Personen ihr Absehen zu richten, welche an den kirchlichen Gnadenmitteln Theil nehmen und sich durch ihr bisheriges sittliches Verhalten des kirchlichen Ehrenamtes in der Gemeinde würdig erwiesen haben. Für die Erfüllung dieser Pflicht sind dieselben der Gemeinde und der Kirche verantwortlich und es ist deshalb gegen etwaige Verletzungen eine Beschwerde bei der höhern Instanz zulässig. — Abgelehnt darf die Wahl zum Mitgliede des Gemeinde-Kirchrathes nur unter den gesetzlichen Bestimmungen werden, unter welchen das Amt eines Vormundes ausgeschlagen werden kann. —

§. 9.

Die Wahl zu dem Gemeinde-Kirchenrath ist in Gemäßheit der für die Convocation der Kirchgemeinden bestehenden gesetzlichen Bestimmungen an drei aufeinander folgenden Sonntagen von der Kanzel abzukündigen. Ebenso werden die Namen der vorgeschlagenen Personen veröffentlicht.

§. 10.

Die Wahlhandlung wird durch den Oberpfarrer geleitet und in der Kirche vollzogen. Sie wird durch ein Ansprache vom Altar aus eröffnet, in welcher die Gemeindeglieder aufgefordert werden, ihrer Pflicht eingedenk zu sein, und zur Fürbitte sich zu vereinigen. — Dem Schlußgebet folgt die Wahl durch mündliche Stimmgebung zu Protokoll. —

§. 11.

Die Wahl wird durch absolute Stimmenmehrheit entschieden. Das Ergebniß derselben wird sofort oder wenigstens am nächsten Sonntage von der Kanzel verkündigt, und es werden hierauf die gewählten Mitglieder vor der Gemeinde am nächstfolgenden sonntäglichen Gottesdienst zu treuer Erfüllung ihrer Obliegenheiten feierlich durch Handschlag verpflichtet.

§. 12.

Dem Gemeinde-Kirchenrath liegen folgende Pflichten ob:
1. die Förderung christlicher Gesinnung und Sitte in der Gemeinde durch Ermahnung, Warnung u. Berichterstattung.

2. die Sorge für Erhaltung der äußeren gottesdienstlichen Ordnung und Heilighaltung des Sonntages, die Mitwirkung bei den örtlichen liturgischen Einrichtungen;

3. die Beaufsichtigung und Verwaltung des kirchlichen Vermögens und die Vertretung der Gemeinde in den darauf bezüglichen Rechstangelegenheiten, insoweit § 14 nicht etwas Anderes bestimmt. — Derselbe hat aber, wenn ihm nicht durch die Gemeinde besondere erweiterte Vollmachten ertheilt sind, in allen den Fällen den Beschluß der Gemeinde einzuholen, in denen die Gesetze es erfordern (cf. A. L. R. Theil II. Tit. 11 §§. 219, 227, 645, 647, 707, 756). Auch in den Verhandlungen über das Patronat, welche nach Maaßgabe des durch die Verfassungs-Urkunde angekündigten Gesetzes erfolgen werden, wird die Gemeinde bis zu dem von ihr selbst zu fassenden Endbeschlusse durch den Kirchenrath vertreten; —

4. die Führung einer Liste der Gemeindemitglieder nöthigenfalls unter Vermittlung der Ortsvorstände; —

5. die Anzeige eingetretener Pfarrvakanzen und Ausführung der diesfalls ergangenen provisorischen Anordnungen;

6. die Mitwirkung bei Vollziehung und Feststellung der Vokationen nach Maaßgabe der diesfalls bestehenden Berechtigung, sowie der Vorschlag zur Ergänzung des Gemeinde-Kirchenrathes, (cf. §. 7).

7. die Ernennung der niedern Kirchendiener, soweit nicht diesfalls wohlerworbene Rechte bestehen.

8. die Vertretung der Kirchengemeinde in ihren Beziehungen zu der Schule;

9. die Leitung der kirchlichen Einrichtung für Armen- und Kranken-Pflege, insofern ein Bedürfniß hierfür eintreten sollte;

10. die Vertretung der Gemeinde auf der Kreissynode. Die Gemeinde dagegen wird in ihrer Gesammtheit auch ferner wirksam:

   1. bei der Besetzung der geistlichen Aemter nach Maaßgabe der bestehenden Berechtigung, insofern sich dieselbe nur auf die Erklärung über des zu Vocirenden Lehre, Leben und Wandel bezieht;

2. bei der Wahl der Mitglieder des Kirchenrathes (cf. §. 7 sequ.) und in den oben unter No. 3 genannten Fällen.

§. 13.

Den Vorsitz führt der Ober-Pfarrer in dem Gemeinde-Kirchen-Rath. Die Versammlungen des Gemeinde-Kirchenraths finden aller zwei Monate statt, jedoch mit Vorbehalt außerordentlicher Zusammenkünfte bei triftigen und dringlichen Vorlagen oder auf besonderen Antrag eines Mitgliedes des Kirchenraths.

Ihm (dem vorsitzenden Geistlichen) steht das Recht zu, Beschlüsse des Gemeinde-Kirchenraths, welche er für unüberlegt und (oder) kirchenwidrig erachtet, bis zu eingegangener Entscheidung der kirchlichen Vorgesetzten zu suspendiren. —

§. 14.

Es bleibt dem Gemeinderath überlassen, unter seine Glieder die Verwaltung der Gemeinde-Angelegenheiten angemessen zu vertheilen. So lange das Patronat besteht, verbleibt aber die Vermögens-Verwaltung den vom Patronat ernannten Kirchenvorstehern (§. 6), wie denn, so lange als die bisherigen Patronats-Rechte bestehen, dem Patron alle seine Rechte ungeschmälert verbleiben.

Reichenbach, Görlitzer Kreises, den 16. Juli 1851.

Das Patrocinium.
von Seydewitz.
Schmidt.

Kober, Oberpfarrer,
Scheuner, Diakonus,
Scholz, Michler,
Häntsch

} sämmtlich Mitglieder des bisherigen Kirch-Collegii.

Bestätigt:
Cunnerwitz, den 5. August 1851

Der Königliche Superintendent.
(L. S.) Haußer.

Der Gemeinde-Kirchenrath (§. 6 des Statuts) besteht aus den beiden Geistlichen dem Kantor Schulz, dem Korduanermeister Biedermann und dem Stellmachermeister Backoff aus Reichenbach,

dem Ortsrichter Eifler aus Ober-Reichenbach,

dem Ortsrichter Neumann aus Nieder-Reichenbach

dem Gärtner Eichler aus Mengelsdorf,

dem Ortsrichter Eichler aus Dittmannsdorf,

dem Bauergutsbesitzer Zwahr aus Borda,

dem Ortsrichter Schönfelder aus Biesig und

dem Ortsrichter Häntsch aus Oelisch,

von denen der Oberpfarrer, der Kantor Schulz als Rendant, der Korduanermeister Biedermann und die Ortsrichter Schönfelder und Häntsch das frühere Kirchen-Kollegium, jetzt nach §. 14 des Statuts, die Abtheilung für die Vermögens-Verwaltung bilden.

Reichenbach gehört zum zweiten Görlitzer Kirchenkreise (Diözese), an deren Spitze ein Superintendent steht. Als solcher wurde ernannt: 1818 der Pastor Dreßler in Nieda, 1821 der Ober-Pfarrer Käuffer in Reichenbach, 1834 der Ober-Pfarrer Gerdessen in Seidenberg, 1845 interimistisch und 1846 definitiv der Pastor Haußer zu Cunnerwitz, welcher noch gegenwärtig amtirt.

Als Gesangbuch ist in hiesiger Kirche das alte Bautzener im Gebrauch.

Das Pastorat, die **Oberpfarre,** befindet sich in der Nähe der Kirche, nach Morgen zu. Das nach dem Brande von 1670 aufgebaute Wohnhaus wurde 1858 fast ganz abgebrochen und ein neues, ganz massives durch den Maurermeister Nestler erbaut, zu dessen Kosten der Patron 291 Thlr. 20 Sgr., die eingepfarrten Dominien 120 Thaler, und die Gemeinden 888 Thlr. 10 Sgr. beitrugen. Es gehören dazu: eine Scheune und ein Wirtschafts-Gebäude nebst Wirthschafter-Wohnung, ein Garten und 61,12 Morgen Acker, Wiese und Forst.

Als sogenannte Wiedemuthsleute hatten früher 1 Bauer in Meuselwitz, 2 Bauern und 2 Gärtner in Markersdorf, sowie 1 Bauer, 1 Gärtner und 4 Häusler in Ober-Sohland Dienste zu leisten, die aber jetzt aufgehoben sind.

Die Einkünfte des Ober-Pfarrers bestehen in der Nutzung der Wiedemuth, in Dezem (zu welchem die Gemeinden Meuselwitz, Melaune und Prachenau beitrugen, die aber jetzt statt dessen Rente zahlen), in Stol-Gebühren und in jährlich vier Offertorien, die an Ostern, Pfingsten, Weihnachten und Erndtefest gebracht werden.

Seine Amts-Verrichtungen sind in der Kirchen-Ordnung vom Jahre 1663 und in der Vokation angegeben.

Das Diakonat befindet sich auf der Mittagsseite der Kirche, neben dem Rektorat. Dasselbe ist, nachdem die früheren Gebäude 1670 und 1799 abgebrannt waren, 1800 neu erbaut, massiv, mit Ziegeln gedeckt. Zu demselben gehört ein Garten und 5,42 Morgen Acker und Wiese.

Die Amts-Verrichtungen des Diakonus, sowie die ihm zugesicherten Stol-Gebüren sind ebenfalls in der Vokation bestimmt.

Die Pfarre (resp. Ober-Pfarre) und das Diakonat besaßen früher kein besonderes Vermögen. In neuerer Zeit aber hat hin und wieder eine Vakanz stattgefunden und es sind während derselben die Einkünfte, soweit sie nicht zur einstweiligen Verwaltung der Stellen erforderlich waren, zu einer Vakanz- resp. Dotations-Kasse aufgesammelt worden, deren Zinsen, soweit sie nicht zu Kapital geschlagen werden, zur Verbesserung des Einkommens der Stellen dienen.

Laut Rechnung ultimo 1866 betrug das Vermögen der Pfarr-Dotations-Kasse 770 Thlr. 2 Sgr. 3Pf., das der Diakonats-Dotations-Kasse 840 Thlr.

Was **die Schulen** betrifft, so ist deren Gründung hierorts ebenfalls nicht genau bekannt. Daß aber die Errichtung von Schulen überhaupt in die allerältesten Zeiten zurückfällt, ist eben so unzweifelhaft, als daß nach der Reformation eine bedeutende Veränderung in den Schulen eingetreten ist.

So viel aus den vorhandenen Nachrichten zu entnehmen, haben bereits zur Zeit der Reformation zwei Schulen (eine für Knaben, die andere für Mädchen), hier existirt. Janke erwähnt einer Schul-Ordnung des erzpriesterlichen Stuhls zu Reichenbach schon aus dem Jahre 1328.

Die Knabenschule hat sich bis zum Jahre 1774 auf dem Diakonat befunden, wo auch der Lehrer, der seit dem Jahre 1657 den Titel Rektor führte, früher aber „Ludimoderator", d. i. Meister der Schule, hieß, und der früher gleichzeitig das Amt des Stadtschreibers verwaltete, nach Trennung desselben aber Katechet zur St. Annenkirche wurde, seine Wohnung hatte. Im Jahre 1774 kaufte Frau Geheime Räthin von Warnsdorf das zwischen beiden Kirchgassen mitten inne gelegene Schneppengrill'sche Haus (jetzt Haus Nr. 73) und richtete es zur Rektorwohnung und Bürger-Knaben-Schule ein. Nachdem dasselbe beim Brande 1799 mit abgebrannt war, wurde die Brandstelle weiter verkauft und statt dessen ein Stück Garten von dem Schneider Bahr (jetzt Nr. 79) neben dem Diakonat erworben und das jetzige Schulhaus (Rektorat) erbaut.

Zum Rektorat gehören 1,68 Mrg. Acker u. Wiese u. ein Garten.

Der Organist und Schulkollege, welches Prädikat er bis zum Jahre 1780 hatte, wohnte bis zum Jahre 1706 ebenfalls auf dem Diakonat. Von da an bekam er jährlich 3 Thaler 12 Gr., um sich eine eigene Wohnung zu miethen. Im Jahre 1780 kaufte Frau Geheime Räthin von Warnsdorf das vom Organisten Rönsch hinterlassene Haus nebst Gärtchen am Eingange des Kirchhofs und bestimmte es zur Kantor-Wohnung und Schule.

Im Jahre 1836 wurde eine dritte Schule in gemietheten Räumen eingerichtet.

In den Einrichtungen der Schule haben in den letzten Jahren vielfache Veränderungen stattgefunden. Die in dem hier begründeten Königl. evangelischen Schullehrer-Seminar zuerst interimistisch eingerichtete Uebungsschule ist mit dem 1. Oktober 1863 definitiv organisirt, und von dieser Zeit ab ist die dritte Lehrerstelle resp. Schule eingegangen und es haben die Schulverhältnisse überhaupt wieder eine festere Gestalt angenommen.

Nach dem mit dem Seminar getroffenen Abkommen werden demselben ein Drittel der Kinder, deren Zahl jedoch 130 nicht übersteigen darf, aus allen Altersklassen und beiden Geschlechtern zur Uebungsschule überwiesen. Die Schulkasse erhebt auch von diesen Kindern das übliche Schulgeld und zahlt jährlich 200 rtl. an das Seminar, welches dafür den Unterricht giebt, resp. für Besoldung event. auch für die Pensionirung des Lehrers, für das Lokal und für alle Schulbedürfnisse, welche bisher aus der Schulkasse zu bestreiten waren, zu sorgen hat.

Die übrigen, der Stadtschule verbliebenen Kinder sind in drei Klassen, jedoch ohne Trennung der Geschlechter, getheilt, wovon der erste Lehrer, der den Titel Kantor führt, die erste Klasse, in der Regel die Kinder von 10 – 14 Jahren, — die demzufolge Vor- und Nachmittags Unterricht haben, — der zweite Lehrer und Organist die zweite Klasse, mit Kindern im Alter von 8 – 10 Jahren, und die dritte Klasse mit 6 – 8 jährigen Kindern hat.

Die Seminar-Uebungs-Schule ist ebenfalls eine dreiklassige.

Die Zahl der Schulkinder beträgt gegenwärtig durchschnittlich:

A. in der Stadtschule:

Klasse I .... 34 Knaben,   31 Mädchen,
Klasse II .... 23 Knaben,   37 Mädchen,
Klasse III .... 41 Knaben,   29 Mädchen

B. in der Seminar-Schule

Klasse I .... 20 Knaben,   22 Mädchen,
Klasse II .... 12 Knaben,   15 Mädchen,
Klasse III .... 16 Knaben,   12 Mädchen

zusammen 292 Kinder, nämlich 146 Knaben , 146 Mädchen.

An Schulgeld wird in der ersten Klasse 1 Sgr. 3 Pf. in den beiden anderen Klassen 1 Sgr. pro Kind und Woche erhoben. Außerdem entrichtet jedes Kind jährlich 1 Sgr. 3 Pf. Holzgeld. —

Das Vermögen der Schulkasse beträgt nach der Rechnung ultimo 1866: 326 Thlr. 14 Sgr. 6 Pf.

Für die beiden Schulstellen sind während ihrer interimistischen Verwaltung Vakanz-Kassen in gleicher Weise wie bei den Geistlichen gebildet worden, welche unter Verwaltung der Kirch-Kasse resp. des Kirchen-Kollegiums stehen. Es beträgt laut Rechnung ultimo 1866 das Vermögen der Rektorats-Vakanz-Kasse 122 Thlr., das der Kantorats-Vakanz-Kasse 78 Thlr.

Zur Schulgemeinde gehören, außer der Stadt, die Dörfer Ober- und Nieder-Reichenbach und Oelisch.

Das Patronat über die Schule steht der Majoratsherrschaft zu. Revisor der Stadt-Schule ist der Ober-Pfarrer. An der Seminar-Uebungs-Schule ist der Seminar-Direktor Revisor, der Ober-Pfarrer Corevisor.

Die Schul-Deputation besteht zur Zeit — außer dem Revisor — aus dem Bürgermeister Richter, dem Stadtverordneten, Sattlermeister Rödel, dem Strumpfwirkermeister Gebhardt von hier, dem Ortsrichter Eifler aus Ober-Reichenbach, dem Ortsrichter Neumann aus Nieder-Reichenbach und dem Bauergutsbesitzer und Gemeindevorstand Unger aus Oelisch.

Als **Pastoren** oder **Ober-Pfarrer** (wie sie später hießen), haben in Reichenbach fungirt:

      1.   Petrus Lesnaw, im Jahre   1391.

2.	Nikolaus Libny oder Libnig,	1415
3.	Balthasar von Gersdorf.	1421.
4.	Ramfold von Gersdorf.	1430 bis 1436.
5.	Johannes Czertiz.	1522 bis 1538.
6.	George von Woltersdorf.	1539.
7.	Christoph Schoff.	1539.
8.	Franziskus Fleischer, war hier der erste evangelische.)	1548 bis 1567. (Er
9.	Blasius Gallus.	1568.
10.	Bartholomäus Hennig.	1568 bis 1582
11.	Hieronymus am Ende.	1582 bis 1585
12.	George Carpus.	1585 bis 1595.
13.	Matthäus Griphius o. Greif.	1595 bis 1598.
14.	Abraham Riccius.	1598 bis 1603.
15.	Christoph Eberhard.	1603 bis 1624.
16.	Balthasar Bohemus.	1624 bis 1628.
17.	Christopf Eberhard jun.	1628 bis 1632
18.	Friedrich Grune.	1633 bis 1640.
19.	Jeremias Rüdinger.	1640 bis 1667.
20.	Michael Neander.	1667 bis 1677.
21.	Johann Adam Gehr.	1678 bis 1686.
22.	Johann Adam Fiebiger.	1687 bis 1700.
23.	Gottfried Koch.	1701 bis 1718.
24.	Johann Heinrich Schümberg	1718 bis 1757.
25.	Christian Richter	1759 bis 1770.
26.	Johann Gotthelf Strauß. (gestorben den 11. Februar 1795)	1770 bis 1795.
27.	Christoph Gottlob Gude.	1795 bis 1808.
28.	Christian Gottlieb Käuffer. Er wurde 1821 Superintendent und starb am 18. August 1830.	1809 bis 1830.
29.	Karl Kober.	1833 bis 1856.
30.	Gustav Adolf Wätzold.	1856 bis 1862.
31.	Heinrich Weigand, früher Pastor in Meuselwitz, befindet sich seit dem 14. Dezember 1862 im Amte.	

Von diesen Pastoren starben, so weit Nachrichten vorliegen, die unter Nr. 14 bis 23, 26 bis 29 genannten hier, während die übrigen theils anderweite Stellungen einnahmen, theils über ihr Verbleiben nichts verlautet. Der unter Nr. 26 genannte Johann Gotthelf Strauß hat sich durch mehrere Vermächtnisse (siehe Abschnitt XVI.) ein besonderes Andenken erworben. Der unter Nro. 30 genannte Gustav

Adolf Wätzold wurde 1862 zum Waisenhaus- und Seminar-Direktor in Bunzlau, 1867 zum Regierungs- und Schul-Rath in Breslau ernannt. Bei seinem Abgange von Reichenbach wurde ihm durch Beschluß des Magistrats und der Stadtverordneten-Versammlung hierselbst in Anerkennung seiner ausgezeichneten Wirksamkeit und seiner Verdienste um die Stadt das Ehrenbürgerrecht verliehen.

Als **Diakonus** ist hier angestellt gewesen:

1.	Anselmus Hanesius.	1562 bis 1566.
2.	Kasper Neonikolmus.	1567 bis 1568.
3.	Blasius Gallus.	1568.
4.	George Flaminius.	1569.
5.	Andreas Weigel.	1570 und 1571.
6.	George Wende.	1572 und 1573.
7.	Jonas Otto.	1575 bis 1585.
8.	George Raphelt.	1585 bis 1590.
9.	Johann Fabricius.	1590 bis 1595.
10.	Andreas Hellwig.	1596 bis 1599.
11.	Paulus Hanicäus.	1601.
12.	Elias Sonntag	1603 und 1604.
13.	Jeremias Zacher.	1604 und 1605.
14.	Friedrich Igel.	1605 bis 1614.
15.	Petrus Frobus Grunerus.	1614.
16.	Christoph Eberhard jun.	1614 bis 1628.
17.	Friedrich Grune.	1628 bis 1632.
18.	Paul Tietze.	1632.
19.	George Brukatius.	1632 und 1633.
20.	Michael Klingauf.	1633 bis 1638.
21.	Jeremias Rüdinger.	1638 bis 1640.
22.	George Kirchhof.	1641 bis 1663.
23.	Michael Neander.	1663 bis 1667.
24.	Christian Hirsch.	1667 bis 1672.
25.	Johann Adam Gehr.	1672 bis 1678.
26.	Johann Adam Fiebiger.	1679 bis 1687.
27.	David Weist.	1687 bis 1694.
28.	Benjamin Neander.	1694 bis 1716
29.	Joann Gottlieb Haas.	1716 bis 1727.
30.	Johann Gottlob Seidel.	1728 bis 1733.
31.	Christian Friedrich Menzel.	1733 bis 1753.
32.	Johann Gotthelf Strauß.	1753 bis 1770.
33.	Heinrich Wilhelm Götze.	1771 bis 1775.
34.	Malachias Immanuel Becker.	1775 bis 1782.

35.	Christoph Gottlob Gude.	1783 bis 1795.
36.	Christian Gottlieb Käuffer.	1795 bis 1809.
37.	Karl Kober.	1809 bis 1833.
38.	Emil Marsch. († 28. Juni)	1833 bis 1838
39.	Eduard Robert Berger.	1839 bis 1846.
40.	Karl Scheuner.	1846 bis 1855.
41.	Gustav Adolf Wätzold	1855 und 1856.
42.	Ernst Meusel.	1856 bis 1866.
43.	Gotthold Grießdorf wurde am 21. Oktober 1866 eingeführt.	

Von den Genannten wurden die ad 16, 17, 21, 23, 25, 26, 32, 35, 36, 37 und 41 aufgeführten in das Ober-Pfarr-Amt berufen, die unter No. 14, 18, 20, 22, 28, 29, 31, 34, und 38 verzeichneten starben während ihrer Amtirung als Diakonus, die übrigen erhielten theils anderweite Anstellungen, theils fehlen über ihren Verbleib die Nachrichten. Der unter No. 1 Genannte war hier geboren, der unter No. 20 erwähnte Neander ist der Stammvater der hier noch befindlichen Familie Neander. Zu bemerken ist noch, daß 1632 sowohl der Ober-Pfarrer als der Diakonus, Letzterer bald nach gehaltener Anzugs-Predigt, an der Pest starben.

Als **Lehrer** sind hier im Amte gewesen und zwar an der ersten Stelle (Rektorat):

1.	Matthäus Micke.	1545.
2.	Johann Konrad oder Konradus.	1549.
	(Er war dann Pfarrer in Meuselwitz)	
3.	Kasper Neonikolmus.	bis 1566.
4.	Jonas Otto.	bis 1575.
5.	Abraham Richter,	um das Jahr 1600.
6.	Christoph Fiebiger,	um das Jahr 1648.
7.	Siegismund Rösler,	um dieselbe Zeit.
8.	Wenzel Heinecke,	bis 1688
9.	Johann Georg Melde	bis 1699.
10.	Johann Christian Pauli.	1700 bis 1702.
11.	Johann Wilhelm Garnhaft.	1702 bis 1728.
12.	Johann Andreas Sorweide.	1728 bis 1755.
13.	Ehrenfried Christian Hille.	1755 bis 1773.
14.	Malachias Imanuel Becker.	1773 bis 1776.
15.	Christoph Gottlob Gude.	1776 bis 1783.
16.	Christian Gottlieb Käuffer.	1783 bis 1795.
17.	Christian Albrecht Rössel.	1795 bis 1818.

18. August Wilhelm Fischer. 1818 bis 1857.
19. Leberecht Baumert. 1857 bis 1860.
(Jetzt Seminar-Musiklehrer hierselbst.)
20. Karl Friedrich Limpricht. 1860 bis 1863
(† am 23. Dezember .)
21. Herrmann Schulz, vorher an der zweiten Stelle,
befindet sich seit 1. Juli 1864 in diesem Amte.

Von den hier genannten Rektoren wurden die unter Nro. 3, 4, 14, 15, 16 aufgeführten demnächst in das Diakonat berufen; die unter Nro. 6 bis 12 verzeichneten waren — wegen des damit verbundenen Stadtschreiberamtes — Juristen.

Als **Lehrer** an der zweiten Stelle werden genannt:

1. Johannes Gehr. 1652
2. Johann George Greif.
3. Abraham Prätorius, um das Jahr 1670.
4. Johann Heinrich Schiff. 1680 bis 1706
5. Johann George Klehmet, bis 1719.
6. Gottlob Fiebiger, bis 1730.
7. Karl Friedrich Förster, bis 1733.
8. Gottlieb Rönsch. 1733 bis 1780
9. Rudolf Traugott Flössel. 1780 bis 1798.
10. Karl August Hoffmann. 1798 bis 1847.
11. Heinrich Ferdinand Richter. 1847 bis 1. Aug.1858.
12. Karl Gustav Robert Kramer 1858 bis 1860.
13. Herrmann Schulz, vom 1. April 1860 bis 1. Juli 1864.
14. Karl Heidrich, bisher Lehrer in Deutsch-Paulsdorf, befindet sich seit 1. Juli 1864 im Amte.

An der von 1836 bis 1863 bestandenen dritten Lehrerstelle amtirten:

1. Friedrich Reiche, von 1836 bis 1842.
2. Karl Friedrich Limpricht, von 1842 bis 1. April 1860, wo er in die zweite Stelle einrückte.
3. Leonhard Ernst Gotthold Karow, von 1860 bis 1. Oktober 1862.
4. Oswald Säglitz, vom 1. Oktober 1862 bis dahin 1863. Letzterer ist jetzt Kantor in Hermsdorf.

VI. Schullehrer-Seminar.

———o———

Im Bezirke der Königlichen Regierung zu Liegnitz befand sich zeither nur ein evangelisches Schullehrer-Seminar — das zu Bunzlau. Weil in demselben nicht so viel Lehrer herangebildet werden konnten, als im Regierungsbezirke erforderlich waren, wurde die Errichtung eines zweiten Seminars für nothwendig erachtet. Das Königliche Provinzial-Schul-Kollegium zu Breslau und die Königliche Regierung zu Liegnitz resp. deren Kommissarien, der inzwischen verstorbene Königliche Konsistorial-Rath Wachler und der ebenfalls nunmehr verstorbene Königliche Regierungs- und Schulrath Stolzenburg, knüpften mit den Ständen des Markgrafthums Ober-Lausitz wegen der Errichtung eines Oberlausitzer Seminars Unterhandlungen an. Als Ort der Errichtung wurde, obgleich von mehreren anderen Städten erhebliche Opfer offerirt wurden, Reichenbach in Aussicht genommen. Die Landstände unterstützten bereitwilligst dieses Projekt, indem sie zum Baue und zur Einrichtung des Seminars aus dem ständischen Schulfond 20,000 Thlr. und zur Unterhaltung desselben resp. zur Unterstützung oberlausitzer Seminaristen unter gewissen Bedingungen aus den Ueberschüssen der Landsteuerkasse jährlich 500 Thlr. bewilligten, über deren Verwendung ein ständisches Kuratorium zu beschließen hat.

Um aber möglichst bald dem dringendsten Bedürfniß abzuhelfen und zugleich für die vollständige Seminar-Einrichtung eine Grundlage zu gewinnen, wurde, mit Hülfe der ständischen Subvention von jährlich 500 Thlr., in Reichenbach von Staatswegen ein Hilfs-Seminar in gemietheten Räumen — im Hause des Oekonom Robert Schulz Nro. 72 — vorläufig mit einjährigem Lehrkursus errichtet und dasselbe am 5. Juli 1858 mit 25 Zöglingen eröffnet. Nachdem 4 Kurse durchgemacht worden, wurde die Anstalt in ein definitives Königliches evangelisches Schullehrer-Seminar mit vorläufig zweijährigem Kursus umgewandelt und mit 48 Zöglingen am 15. Oktober 1862 eröffnet.

Im September 1863 wurde endlich Seitens Sr. Excellenz des Ministers der geistlichen, Unterrichts- und Medizinal-Angelegenheiten Herrn von Mühler die Genehmigung zum Beginn des Baues der

Gebäude für das Seminar ertheilt und — unter Oberleitung des Königlichen Regierungs- und Bauraths Herrn Bergmann in Liegnitz und des Königlichen Bauraths Herrn Hamann in Görlitz — mit der speziellen Leitung des Baues der vom 1. Oktober 1863 ab hierher versetzte Königliche Baumeister Ottermann betraut, an dessen Stelle im Mai 1866 der Bauführer Herrmann trat. Der wirkliche Bau hat im Frühjahr 1864 begonnen, und ist — abgesehen von der Turnhalle und den Umwährungen — bis zum Herbste 1866 vollendet worden. Die Maurerarbeiten sind durch den Maurermeister Neumann, in Meuselwitz, die Zimmerarbeiten durch den Zimmermeister Jäckel in Görlitz, die Dachdeckerarbeiten durch den Ziegeldeckermeister Neumann in Reichenbach ausgeführt worden. Die übrigen Arbeiten waren verschiedenen Handwerksmeistern, theils hiesigen, theils auswärtigen, übertragen. Der Grundstein wurde am am 21. Juni 1864 feierlich gelegt.

Der Gesammt-Bau ist auf 95,400 Thlr. veranschlagt.

Die Spezial-Baukasse für diesen Bau ist dem Bürgermeister Richter übertragen.

Die Baustelle beträgt im Ganzen 7 Morgen 144 □Ruthen, sie ist von mehreren Grundstücksbesitzern erworben worden und kostet 2256 Thlr. 20 Sgr.

Die Direktion des Hilfs-Seminars war von der Errichtung an bis zur Umwandlung in ein definitives Seminar dem damaligen hiesigen Ober-Pfarrer, jetzigen Königlichen Regierungs- und Schulrath in Breslau, Herrn Wätzold, übertragen, der in Gemeinschaft mit dem Seminarlehrer Traugott Rudolph Konstantin Hänel den Unterricht ertheilte und die Anstalt leitete. — Den Musik-Unterricht ertheilten die hiesigen Schullehrer Leberecht Baumert, Leonhard Karow und Herrmann Schulz. — Bei der Errichtung des definitiven Seminars wurde der Oberlehrer Herrmann Siegert mit der Direktion desselben betraut, und außerdem der Musiklehrer Karl Stiller und als Lehrer der Seminar-Uebungs-Schule der Lehrer Leberecht Diesner hierher versetzt, welche mit dem bisherigen Lehrer Hänel das Lehrer-Kollegium bildeten.

Schon am 1. Mai 1864 wurde der bisherige interimistische Direktor Siegert als Direktor des Seminars in Franzburg, und als Direktor für das hiesige Seminar der bisherige Waisenhaus-Inspektor Karl Schumann in

Steinau a./O. ernannt, der am 24. April 1864 durch den Herrn Konsistorialrath Wachler in sein Amt eingeführt wurde. Derselbe ist vom 1. Juli 1867 an nach Pr.-Eylau versetzt und an seine Stelle der Pastor Lang in Stonsdorf als Direktor hierher berufen worden, welcher am 2. August 1867 durch den Regierungs- und Schulrath Wätzold aus Breslau eingeführt wurde. Am 12. Dezember 1864 verstarb — im Alter von 31 Jahren — der Seminarlehrer Hänel. An seine Stelle ist vom 1. April 1865 an der bisherige Kantor und Lehrer Wilhelm Göbel aus Rüstern bei Liegnitz und an Stelle des aus dem Staatsdienst ausgeschiedenen Musiklehrers Stiller ist seit Ostern 1866 der bisherige Kantor und Lehrer Leberecht Baumert in Warmbrunn (früher interimistischer Lehrer hierselbst) hierher versetzt. Vom 1. Oktober 1866 ist das Lehrerkollegium um ein Mitglied vermehrt und als erster Lehrer der bisherige Katechet und erste Lehrer A. Menzel aus Meffersdorf hier angestellt.

Als Hilfs-Lehrer an der Seminar-Uebungsschule fungirte der Lehrer Robert Wilhelm August Herzog, welcher von 1862 bis 1864 im hiesigen Seminar ausgebildet worden ist, bis zum Schlusse des Jahres 1866. — Am 1. April 1867 ist der Uebungs-Lehrer Diesner aus dem Amte geschieden und als Inspektor der Oberlausitzer Waisen-Anstalt berufen worden. Dafür sind aus der Zahl der, Ostern 1867 abgegangenen Seminaristen 3 Hilfslehrer angenommen worden, nämlich: Knofe, Ritter und Volkmann.

Die in den Grundstein des neuen Seminars versenkte Urkunde lautet folgendermaaßen:

„Im Namen des dreieinigen Gottes,

des Vaters, des Sohnes und des heiligen Geistes

legten die Bauleute am heutigen Tage, am 21. Juni im Jahre des Heils 1864, im vierten Jahre der glorreichen und gesegneten Regierung Seiner Majestät des Königs Wilhelm I. von Preußen, den Grundstein zum Gebäude des Königlichen evangelischen oberlausitzischen Schullehrer-Seminars zu Reichenbach O./L., in Gegenwart der Vertreter des Königlichen Provinzial-Schul-Kollegii zu Breslau, der Königlichen Regierung zu Liegnitz, des ständischen Kuratorii des Seminars, der Geistlichen und Lehrer, des Magistrates und der Stadtverordneten der Stadt Reichenbach, sowie der Lehrer und Zöglinge der Anstalt.

Nachdem sich die Nothwendigkeit der Gründung einer zweiten Lehrerbildungs-Stätte für den Regierungsbezirk Liegnitz herausgestellt, wurde unter der Regierung Sr. Majestät des nun in Gott ruhenden, seinem Volke unvergeßlichen Königs Friedrich Wilhelm IV. am 5. Juli 1858 durch den Kommissarius der Königlichen Regierung in Liegnitz, Regierungs- und Schulrath Stolzenburg, zuvörderst eine Hilfs-Anstalt zur Bildung von Lehrern mit einjährigem Kursus in hiesiger Stadt, und zwar in dem, am Markte gelegenen Hause Nro. 72 eröffnet. Mit Leitung derselben wurde der damalige hiesige Oberpfarrer Adolph Wätzold betraut; Außerdem wirkten an ihr die Lehrer Hänel und Baumert, an dessen Stelle später die Lehrer Schulz und Karow traten.

Nachem die Hilfsanstalt in 4jährigem Bestehen im Ganzen 107 Zöglinge in's Lehramt entlassen hatte, wurde durch Rescript vom 16. September 1862 die Umwandelung derselben in ein Schullehrer-Seminar von Sr. Excellenz dem derzeitigen Minister der geistlichen, Unterrichts- und Medizinal-Angelegenheiten, Herrn Dr. von Mühler, angeordnet. Die Eröffnung dieses neuen Königlichen evangelischen oberlausitzischen Seminars erfolgte am 15. Oktober 1862 durch den Kommissarius des Königlichen Provinzial-Schul-Kollegii zu Breslau, Konsistorial- und Provinzial-Schulrath Wachler. Zum interimistischen Dirigenten desselben wurde der Seminar-Oberlehrer Siegert aus Bunzlau ernannt, neben welchem als interimistischer Seminarlehrer der schon genannte Hr. Hänel, als interimistischer Musiklehrer der ebenfalls bereits genannte Kantor der hiesigen Stadtschule, Schulz, fungirten. Nachdem der Letztere aus seinem Verhältnisse zur Anstalt geschieden, trat Michaelis 1863 als Musiklehrer der bisherige Waisenhauslehrer Stiller aus Steinau ein, als Lehrer der neugegründeten Uebungsschule der bisherige Waisenhaus-Hilfslehrer Diesner aus Bunzlau.

Im Laufe dieses Jahres wurde der Seminar-Oberlehrer Siegert zum Direktor des Seminars zu Franzburg berufen und von des Königs Majestät der bisherige Waisenhaus-Inspektor Karl Schumann zu Steinau a./O. zum Direktor des hiesigen Seminars ernannt und am 24. April von dem Kommissarius des Königlichen Provinzial-Schul-Kollegii in Breslau als solcher eingeführt.

Die Anstalt zählt gegenwärtig in 2 Klassen 47 Zöglinge. Es hat sich dieselbe seit dem ersten Tage ihres Bestehens des fürsorglichen Wohlwollens der hohen Königlichen Behörden, der Herren Stände der Ober-Lausitz, so wie der edlen Grundherrschaft von Reichenbach in besonderem Grade erfreut.

Der Bau eines eigenen Seminar-Gebäudes ist in diesem Frühjahre nach anderwärts bereits bewährt gefundenem Plane begonnen worden.

Unter der Oberleitung des Königlischen Regierungs-Baurathes Bergmann zu Liegnitz und des Königlichen Baurathes Hamann zu Görlitz leitet die Ausführung der Königliche Baumeister Ottermann, während die Herstellung des Mauerwerks dem Maurermeister Neumann aus Meuselwitz übertragen ist. Die Kosten des Baues, incl. der inneren Einrichtung, sind auf 95,400 Thlr. veranschlagt, zu welcher Summe die Herren Stände der Ober-Lausitz, die sich die Förderung des Werkes in hochherziger Weise angelegen sein ließen, 20,000 Thlr. beitragen. Im Oktober 1866 soll der Bau vollendet sein.

Der dreieinige Gott, in dessen Namen das Werk begonnen wurde, und dessen Ehre und Reich es dienen soll, der helfe es seiner Zeit hinausführen. Ja der Herr, unser Gott, sei uns freundlich und fördere das Werk unserer Hände bei uns; ja das Werk unserer Hände wolle er fördern!

Einen anderen Grund kann Niemand legen, außer dem, der gelegt ist, welcher ist Jesus Christus! Jesus Christus, gestern und heute und derselbe auch in Ewigkeit! Amen!"

Diese Urkunde wurde von den darin genannten Kommissarien des Königlichen Provinzial-Schul-Kollegii zu Breslau und der Königlichen Regierung zu Liegnitz, von den Mitgliedern des Ständischen Kuratorii: dem Landesältesten der Preuß. Ober-Lausitz, Grafen von Löben, dem Landesbestallten und Königl. Landrath, jetzigen Landesältesten von Seydewitz, dem Landesältesten der Görlitzer Fürstenthums-Landschaft, von Wiedebach-Nostitz-Jänkendorf und dem Bürgermeister Richter hierselbst, von den, den Bau leitenden Baubeamten und dem ausführenden Maurermeister, von dem Direktor und den Lehrern der Anstalt, von dem Ober-Pfarrer Weigand hierselbst, Namens der Stadt von dem Beigeordneten Apotheker Elsner und dem Stadtverordneten-Vorsteher Kreisgerichts-Sekretär von Elsner, ferner von dem hiesigen Gerichts-Kommissarius, Kreisrichter Pioletti, dem Steuer-Einnehmer Ottinger und dem Major a. D. Crusius hierselbst vollzogen.

Die zur Feier der Grundsteinlegung erschienenen Herren begaben sich um 11 Uhr Vormittags im Zuge unter Vortritt der Kinder der Seminar-Uebungsschule und der ersten Klasse der Seminaristen nach dem Bauplatze, während die zweite Klasse der Seminaristen den Zug schloß. Auf dem Bauplatze, der von den Seminaristen und dem Bau-Unternehmer mit Kränzen, Blumen und Guirlanden, sowie mit Fahnen in den Preußischen und Lausitzer Farben geschmückt war, und auf dem sich ein zahlreiches Publikum eingefunden hatte, begrüßte ein

Musikchor den Zug. Nach dem Gesange zweier Verse aus dem Liede: „Lobe den Herren, den mächtigen König der Ehren", hielt der Schul-Rath Stolzenburg die Festrede. Demnächst erfolgte die Vorlesung der Urkunde durch den Direktor Schumann, verbunden mit der Mittheilung, daß außer derselben Verzeichnisse der Mitglieder des Königl. Kultus-Ministeriums, des Königl. Provinzial-Schul-Kollegii, der Königl. Regierung zu Liegnitz, des Magistrats und der Stadtverordneten hierselbst, des Ständischen Kuratorii, der Bürgermeister von Görlitz und Lauban, sowie Verzeichnisse der gegenwärtigen und der bereits ausgebildeten Zöglinge des Seminars, ferner die letzten Nummern des Liegnitzer Amtsblatts, der Provinzial-Zeitung für Schlesien und der Görlitzer Zeitung, sowie endlich der statistische Verwaltungs-Bericht des Görlitzer Kreises pro 1859 bis 1861 in den Grundstein gelegt würden. Sämmtliche Schriftstücke wurden in eine Blechbüchse gethan, diese durch den Klemptnermeister G. Fuchs verlöthet und sodann durch den Bau-Rath Hamann in eine, auf dem untern Theile des Grundsteins angebrachte Vertiefung gelegt, worauf die Decke auf denselben gebracht wurde. Während der Versenkung wurde von den Seminaristen ein Choral gesungen, dann folgten die üblichen Hammerschläge; der Ober-Pfarrer Weigand sprach den Segen, und der Gesang der Verse 4 bis 6 aus dem Liede „Ach bleib' mit Deiner Gnade etc." sowie das Blasen einiger Choräle bildete den Schluß der Feier. —

Am 12. Oktober 1866 wurde das Seminar eingeweiht. Nachdem schon vorher das Seminar sowie der Platz vor demselben Seitens der Bau-Verwaltung und des ausführenden Maurermeisters in ansprechender Weise ausgeschmückt worden waren, fand am Abende des 11. Oktobers eine Vorfeier im Hofraume des Seminars statt. — Am 12. Oktober begann die Feier Vormittags 10 Uhr mit Gottesdienst in der hiesigen Kirche, woselbst der Oberpfarrer Weigand Liturgie und Ansprache hielt. Demnächst begab sich der Zug unter Vortritt der Schützengilde unter dem Gesange: „Jesu, geh' voran etc.", nach dem Seminar. Dort nahmen die Festgenossen im Halbkreise vor dem Haupt-Eingange Aufstellung, worauf der Kommissarius des Königl. Kultus-Ministerii, Herr Geheime Ober-Regierungs-Rath Stiehl aus Berlin, nach kurzer Ansprache dem Direktor Schumann den Schlüssel übergab und die Eröffnung des Seminars anordnete. Nach einem dreimaligen Hoch auf seine Majestät den König, begaben sich unter dem Gesange: „Ich bin ein Preuße etc.", die Lehrer und Zöglinge mit den Festgenossen in den Beetsaal, der — obgleich sehr geräumig — doch vollständig gefüllt wurde. Nach Absingen des Liedes: „O heil'ger Geist, kehr' bei uns ein etc.", hielt der Herr General-Superintendent Dr. Erdmann aus Breslau das Weihegebet, und sodann wurde vom Seminar-Chor das Weihe-Lied vorgetragen. Der Herr Geheime Ober-Regierungs-Rath Stiehl übergab nunmehr die Anstalt dem Königlichen Provinzial-Schul-Kollegium. Dieselbe übernehmend, hielt der Regierungs- und Schul-Rath Ranke, als Kommissarius des Königlichen Provinzial-Schul-Kollegii, die Weihrede. Letzterer folgte wiederum Gesang durch das Seminar-Chor, und hierauf wurde vom Seminar-Direktor Schumann die Festrede gehalten. Sodann wurde ein Festpsalm vom Seminar-Chor gesungen und darauf sprach schließlich der Superintendent Franz aus Schwerta den Segen. —

Außer den genannten Kommissarien der Königl. Behörden nahmen an dem Feste Theil: der Königliche Regierungs- und Bau-Rath Bergmann aus Liegnitz, der Bau-Rath Hamann aus Görlitz, der zur Zeit den Bau leitende Bauführer Herrmann, sowie die den Bau ausführenden Werkmeister, Maurermeister Neumann aus Meuselwitz und Zimmermeister Jäkel aus Görlitz. Die Stände der Ober-Lausitz, welche, wie oben erwähnt, zum Bau 20,000 Thlr. beitrugen, waren durch das, für die Seminar-Angelegenheiten gewählte Kuratorium, bestehend aus dem Landesältesten von Seydewitz, dem Landesbestallten Freiherrn Dr. von Gersdorff auf Ostrichen, dem Bürgermeister Richter aus Reichenbach und dem Ortsrichter Sperlich aus Schwerta vertreten. Die Stadt Görlitz war durch ein Mitglied des Magistrats vertreten. Endlich waren eine größere Anzahl von Geistlichen aus der Ober-Lausitz, darunter 3 Superintendenten, gegenwärtig. Der Magistrat und die Stadtverordneten von Reichenbach nahmen an dem Feste ebenfalls Theil und auch Seitens der Bürgerschaft sowie aus den umliegenden Ortschaften fand eine zahlreiche Betheiligung statt.

Die Feier war ein durchaus gelungene.

Zum Schluß vertheilte der Dirktor Schumann unter die Festgäste eine Brochüre: „Nachrichten über das Königliche evangelische Schullehrer-Seminar zu Reichenbach O./L.", in welcher die Angelegenheiten des Seminars seit der Gründung des Hülfs-Seminars ausführlich erwähnt werden und worin die Baukosten-Summe auf

98,091 Thlr. angegeben wird. Darunter befinden sich 5560 Thlr. für die Turnhalle, welche erst im Jahr 1867 gebaut werden soll. Aus dem darin abgedruckten Etat der Anstalt ergiebt sich, daß der Staat jährlich 4874 Thlr. zur Unterhaltung derselben zahlt, woneben die Stände der Ober-Lausitz jährlich 500 Thlr., die Stadt Görlitz 200 Thlr., die Stadt Lauban 56 Thaler 15 Sgr. und die Schulgemeinde Reichenbach für die Uebungsschule 200 Thlr. zahlen.

———————

VII.   Hospital zum armen Lazarus.

———o———

Die Zeit der Errichtung des Hospitals zum armen Lazarus ist aus den vorhandenen Nachrichten nicht zu ermitteln, da wie bereits erwähnt, die Urkunden aus früherer Zeit verloren gegangen sind. Nur so viel steht urkundlich fest, daß dasselbe bereits im Jahre 1519 existirt hat. Denn als in dem eben gedachten Jahre die 7 Gebrüder von Gersdorf sich in die Güter ihres im Jahre 1509 verstorbenen Vaters Christoph von Gersdorf theilten, und Hans von Gersdorf Reichenbach bekam, erhielt sein Bruder George das Gut Buchwalde und das Lehn über das Hospital zu Reichenbach. Von dieser Zeit an gerieth das Hospital immer mehr und mehr in Verfall, die Gebäude gingen ein, für die dazu gehörigen Felder wurde nichts gethan, die Gelder gelangten nicht an die eigentlichen Armen, weil der 3 Meilen entfernte Lehnsherr sich nicht um dasselbe kümmerte. Als sodann im Jahre 1581 Hans von Warnsdorf Reichenbach erworben hatte, nahm er sich des Hospitals an, traf Einrichtungen, welche sich der damalige Besitzer von Buchwalde, Christoph von Gersdorf nicht gefallen lassen wollte, und schloß endlich unterm 18. November 1586 mit dem Letzteren ein Abkommen, nach welchem dieser gegen ein Abfindungsquantum von 500 Thlr. „alle Herrlichkeit, so er an Hospital und Stiftung gehabt, und wie die von seinen Vorfahren an ihn kommen und gefallen, und Er und dieselben von Alters und bis auf jetzo in Brauch gehabt, neben allen Zugehörungen an Furwerg (Vorwerk), Hölzern, Aeckern, Unterthanen, Zinsen, Diensten, Gerichten, Fischereien und Anderen" dem Herrn von Warnsdorf abtrat. Durch den, im Auftrage des Kaisers Rudolf II.

und Namens des Landvogts Hans von Schleinitz von dem Amtshauptmann Hiob von Salza unterm 18. November 1581 ertheilten Lehnbrief ist den Besitzern des jetzigen Majorats Ober-Reichenbach mit Stadt Reichenbach „das Hospital und Stiftung" verliehen worden, um es „zu haben, zu genießen, und zu gebrauchen und damit ihres Gefallens zu thun und zu lassen." Auch der letzte ausführliche Erbbrief über das Majorat Reichenbach vom 14. Dezember 1791, der die Grundlage der späteren Besitzurkunden bildet, reicht ausdrücklich „das ganze Hospital-Lehn", wie es seither besessen worden.

Als Hans von Warnsdorf in den Besitz des Hospitals gelangt war, nahm er sich desselben sorgfältig an, setzte 2 Vorsteher, Zacharias Bischoff und Kasper Donath, über dasselbe ein, und baute ein neues Wohnhaus für die Armen, welches zugleich eine Kapelle zum Gottesdienste enthielt.

Weil die Aecker des Hospitals und die dazu gehörigen Grundstücke in der schlechtesten Beschaffenheit waren, faßte er den Entschluß, alle Grundstücke davon zu veräußern und in baares Geld zu verwandeln, wozu Kaiser Rudolf II. die Genehmigung ertheilte.

Dem Hopsital gehörte das Gut Siebenhufen bei Ebersbach, welches aber nicht mehr als jährlich 19 Thaler 66 Kreuzer eintrug. Dieses wurde an den Landesältesten von Salza auf Ebersbach und Groß-Krauscha für 600 Thlr. verkauft. Dieser Kauf wurde am 25. November 1608 in Prag konfirmirt. Von den zum Hospitale gehörigen Aeckern kaufte Hans von Warnsdorf selbst ein Stück für 234 Mark 24 Kgrl. zur Vergrößerung des ihm von der Stadt abgetretenen Spittelteiches. Die Kommun kaufte verschiedene auf Gersdorf zu gelegene Aecker zur Vergrößerung ihrer Hutung für 16 Mark jährliche Zinsen und ein Einsiedlertuch (vermuthlich ein graues Tuch zur Bekleidung für die Armen), so daß noch gegenwärtig — einschließlich des Geldbetrags für das Einsiedlertuch — jährlich 15 Thlr. 16 Sgr. 8 Pf. unter dem Namen "Hospital-Acker- und Viehweidezins" an das Hospital zu entrichten sind, wozu die einzelnen Grundbesitzer 11 Thlr. 7 Sgr. 6 Pf. aufbringen und die Kämmerei-Kasse 4 Thlr. 9 Sgr. 2 Pf. hinzu zahlt (Urkunde v. 17. Mai 1591.) Mehrere Aecker lagen auf der anderen Seite der Stadt, nach Biesig zu, welche ebenfalls verkauft wurden, z. B. kaufte der Stadtrichter Hans Bahr ein Stück für 100 Mark, Hans Möller ein Stück für 60 Mark, Christoph Winkler den Garten und die alte Hofstätte für 100 Mark, der Ober-Pfarrer George Carpus ein Stück für 50 Mark, welches noch jetzt zur Oberpfarre gehört.

Eine daselbst befindliche Wiese, noch gegenwärtig unter dem Namen „die Spittelwiese" bekannt, kaufte Herr von Warnsdorf und schlug sie zu seinem Gute Mengelsdorf. Der dem Hospitale gehörige Theil von Rosenhain wurde 1608 an Abraham von Metzrad auf Oppeln für 344 Mark 27 gr. 3 pf. verkauft. Ein Stück Wald vertauschte die Herrschaft gegen ein anderes. Der Wald aber wurde zu Bedürfnissen des Hospitals verbraucht. Auf diese Weise wurde trotz des Baues und anderer Einrichtungen schon 1610 ein Vermögen von 3028 Mark zusammen gebracht.

Das 1587 erbaute Hospital-Wohnhaus brannte schon am 11. September 1670 wieder ab, wurde aber nachher wieder aufgebaut und mit einem Thürmchen versehen. Der große Brand am 29. November 1799 verwandelte auch dieses wieder in Asche, und nunmehr wurde das gegenwärtige Haus erbaut, welches 1850 erweitert wurde, um die bis dahin in verschiedenen Privathäusern untergebrachte dritte Schule darin aufnehmen zu können. In dem Hospitale finden, wie durch ein, von dem gegenwärtigen Patron unterm 20. September 1853 mit Genehmigung der Königlichen Regierung zu Liegnitz aufgestelltes Statut des Näheren festgestellt ist, hülfsbedürftige arme, in der Stadt oder in Ober-Reichenbach ortsangehörige Einwohner, welche einen moralischen Lebenswandel geführt, und die keine zur Unterstützung verpflichteten und befähigten Angehörige haben, Aufnahme. Sie erhalten darin freie Wohnung, freie Beheizung, freie Medizin und ärzliche Behandlung, freie Pflege in Krankheitsfällen, wöchentliche Geldunterstützungen, und wenn sie im Hospitale versterben, so trägt das Letztere die Begräbnißkosten. Außerdem bekommen auch andere, im Hospitale nicht recipirte Hülfsbedürftige in der Stadt und in Oberreichenbach wöchentliche Geld-Unterstützungen, und ferner werden von Alters her bestimmte Verwendungen zu Kirchen- und Schulzwecken gemacht. Die Bestimmung über alle diese Bewilligungen trifft das Patrocinium, das Dominium des Majorats Reichenbach, welches das Hospital-Vermögen selbstständig und ohne irgend Jemandem verantwortlich zu sein, verwaltet. Die spezielle Verwaltung und Aufsicht über das Hospital und die Rendantur desselben überträgt das Patrocinium einem Hospital-Vorsteher, in der Regel einem Mitgliede des Magistrats, und zwar meist dem Bürgermeister.

Als Hospital-Vorsteher werden genannt: Zacharias Bischoff, Kasper Donath (1585), Friedrich Zacher, Martin Haneck, Johann George Otto, Gottfried Berger, Kasper Linke, Kasper Queitsch, Johann Nikolaus Dienemann, Jeremias Weber, Christoph Wehlte, Joh. Christoph Donath, Christoph Philipp, Johann Christoph Körnig, August Ernst Fleischer, Christian Gottlob Riese, ohne daß die Jahre der Amtirung festgestellt sind. Riese, zugleich Bürgermeister, war Hospital-Vorsteher bis 1814. Von da an wurde dies Amt dem Stadtrichter Johann Immanuel Junge übertragen, der dasselbe bis 1835 verwaltete. Von da an bis 1840 war der Gerichtsamts-Sekretair und Rathmann Ueberschaar Hospital-Vorsteher. Demnächst bis 1853 der Bürgermeister Benjamin Gottlieb Schmidt, und von da an der Bürgermeister Anton Ferdinand Schwarzbach, auch noch nach seinem Ausscheiden aus dem Bürgermeister-Amte, und zwar bis zum Jahre 1862. — Seit diesem Jahre verwaltet der jetzige Bürgermeister Richter das Amt des Hospital-Vorstehers.

Im Hospitale sind gegenwärtig 8 Hospitalitinnen untergebracht, davon 7 aus der Stadt, 1 aus Ober-Reichenbach.

Das Vermögen des Hospitals beträgt nach Rechnung ultimo 1866 11,407 Thlr. 9 Sgr. Auch gehört demselben das Haus No. 39 hierselbst. Außerdem werden bei dem Hospital-Vermögen auch zwei Stiftungen verwaltet:

  a) Die des Ober-Pfarrers Johann Gotthelf Strauß im Betrage von 250 Thlr.;

  b) Die des Hausbesitzers Bärsch im Betrage v. 200 Thlr.,

hinsichtlich deren unter Abschnitt XVI. (Vermächtnisse, Stiftungen etc.) das Nähere angegeben ist.

VIII. Städtische Behörden und Beamte.

———o———

Das Raths-Kollegium bestand früher aus dem von der Gutsherrschaft ernannten Bürgermeister, dem Stadtrichter, dem Stadtschreiber und mehreren Rathsherren, deren Zahl bis 10 betrug. Das Amt des Bürgermeisters und das des Stadtrichters war mitunter auch in einer Person vereinigt, meist jedoch waren beide Aemter getrennt. Als Stadtschreiber fungirten früher zugleich die Rektoren, weshalb das Rektorat mit Juristen besetzt wurde.

Zur Kompetenz des Stadtrichters gehörten nach einem Reglement von 1741 alle Justiz-Angelegenheiten, zum Amte des Bürgermeisters alle übrigen Angelegenheiten. Jeder hatte 5 Beisitzer zur Seite, mit denen er ein Kollegium bildete. Auch traten wohl beide Kollegien zu gemeinschaftlicher Berathung zusammen.

Als besondere Stadtrichter werden genannt:
Jakob Ziegner, † 1716.
Gottfried Arnold, † 1741.
Johann Gottfried Nauke, † 1762.
Christoph Döring, † 1762.
Johann Gottlieb Just, † 1766

Die späteren waren zugleich Bürgermeister.

Als Stadtschreiber kommen noch vor:

Karl Christian Wigenheim, † 1772, und

Friedrich Erdmann Wehle, Not. publ.

Als **Bürgermeister** sind, so weit aus früheren Zeiten Nachrichten vorliegen, folgende anzuführen:
Titze Frank, 1356.
Franz Rodemann, 1489.
Zacharias Bischof, 1585.
Kasper Weise, 1617.
George Grosche, 1630 bis 1635.
Martin Weise, 1641.
Michael Raphelt, † 1677.
Ehrenfried Meyer, † 1690.

Kasper Donath, † 1695.
Benjamin Rüdinger, † 1719.
Christian Berger, † 1724.
Christoph Richter, † 1738.
Christian Fritsche, † 1755.
Jeremias Gottlob Rüdinger, † 1759.
Theodor Walther, † 1762.
Gottfried Schmöller, † 1774,
August Ernst Fleischer, † 1795.
Christian Gottlob Riese, bis 1813.
Johann Gottfried Reißmann. 1814.
Karl Friedrich Anspach bis 1817.
Benjamin Gottlieb Schmidt, von 1817 an.

Der Stadtrichter Johann Gottfried Mieth kommt noch bis 1811 vor; 1814 wird Reißmann als Bürgermeister und Stadtrichter genannt. Der Stadtrichter Johann Immanuel Junge wird noch 1835 genannt, hat aber wahrscheinlich in dieser Eigenschaft nicht so lange fungirt. Denn nachdem die jetzige Preußische Ober-Lausitz 1815 zu Preußen geschlagen worden war, wurde auch und zwar am 31. Juli 1833, die Preußische Städte-Ordnung vom 19. November 1808 hier eingeführt. Der an Stelle des Raths getretene Magistrat bildete nur noch die Orts-Obrigkeit und die Gemeinde-Verwaltungsbehörde, während die Justiz-Angelegenheiten auf die Patrimonialrichter übergegangen waren.

Bei Einführung der Städte-Ordnung wurde ein besoldeter Bürgermeister und ein besoldeter Kämmerer — als Ersterer Benjamin Gottlieb Schmidt, als Kämmerer der Kaufmann Heinrich Karl Müller — angestellt. Neben diesen wurden als unbesoldete Rathmänner gewählt und eingeführt: der Gerichts-Amts-Sekretär Ueberschaar, der Kaufmann und Spediteur Wiedemann und der Schenkwirth Johann Gottlieb Schulze.

Der **Bürgermeister** Schmidt verwaltete das Amt bis 1848, wo er sich pensioniren ließ. Sein Nachfolger wurde der Justiz-Aktuarius Leopold Kintschel, der jedoch schon am 18. Mai 1849 in den Justiz-Dienst zurücktrat. Nunmehr verwaltete der Riemermeister und Rathmann Karl Gottlob Gottschalch das Amt interimistisch bis zum November 1851; von da an wurde der zeitherige Bürgermeister in Naumburg am Queis, Anton Ferdinand Schwarzbach, mit der einstweiligen Verwaltung des Amtes betraut, dieser auch, nachdem inzwischen die Gemeinde-Ordnung vom 11. März 1850 hier eingeführt worden war, am 18. Mai 1852 definitiv auf 6 Jahre angestellt. Nach Ablauf dieser Zeit, und nachdem hierorts die Städte-Ordnung vom 30. Mai 1853 ins Leben getreten war, wurde der Justiz-Aktuarius Richter, welcher von 1845 bis 1849 im Patrimonial-Justizdienste und von 1849 bis 1858 bei dem Königl. Kreisgericht zu Rothenburg O./L. beschäftigt war, auf 12 Jahre gewählt und am 18. Mai 1858 durch den Königl. Landrath von Haugwitz verpflichtet und eingeführt. Derselbe ist zugleich Schiedsmann für die Stadt und Polizei-Anwalt für den Bezirk der Königl. Kreis-Gerichts-Kommission hierselbst, sowie Polizei-Verwalter für mehrere umliegende Ortschaften. — Von Sr. Majestät dem Könige wurde ihm unterm 7. Mai 1864 der Königl. Kronen-Orden 4. Klasse verliehen.

Als **Kämmerer** wurde nach Wegzuge des Hr. Müller 1834 der Kupferschmiedemeister und Stadtverordneten-Vorsteher Friedrich Halm gewählt. Dieser legte 1835, und sein Nachfolger, der Rathmann Philipp Dortmund Lewecke, 1836 sein Amt nieder. Nach ihm wurde der Haupt-Zoll-Amts-Rendant a. D. Johann August Herrmann, und nachdem dieser 1838 Bürgermeister in Naumburg a. Q. geworden war, der pensionirte Thor-Kontrolleur Friedrich Rödel in Görlitz zum Kämmerer gewählt. Dieser starb am 12. Juni 1851. — Sein Nachfolger war der Hauptmann a. D. Johann Grentz aus Görlitz. Dieser legte 1852 sein Amt nieder und in seine Stelle trat am 1. September 1852 der Bäckermeister Johann August Andreas Miethe, welcher nach Ablauf der ersten Wahl-Periode 1858 aufs Neue auf 12 Jahre gewählt worden ist. Derselbe feierte am 10. Februar 1867 seine goldene Hochzeit mit seiner Ehefrau Christiane geborene Herrmann; legte Krankheitshalber am 1. März 1867 sein Amt nieder und starb am 27sten desselben Monats. An seine Stelle wurde der bisherige Gerichts-Kanzlist Karl Ernst Müller hierselbst als Kämmerer gewählt und am 1. Juni 1867 eingeführt und verpflichtet.

Als **unbesoldete Rathmänner** wurden gewählt und eingeführt:

1. an Stelle des Hr. Ueberschaar am 20. Mai 1835 der Bäckermeister Miethe, nachheriger Kämmerer;

2. an Stelle des Hr. Schulze am 12. August 1835 der pensionirte Gensd'arm Philipp Dortmund Lewecke,

3. an des Letzteren Stelle bei seiner Wahl zum Kämmerer am 6. Juli 1836 der Kaufmann Friedrich Wilhelm Jäsrich,

4. an Stelle des Hr. Wiedemann am 9. Oktober 1841 der Seifensiedermeister Kasper August Lehmann.

5. an Stelle des Hr. Jäsrich am 3. März 1843 der Riemermeister Karl Gottlob Gottschalch,

6. an Stelle des Hr. Lehmann am 29. Oktober 1847 der Schlossermeister Karl Gottfried Teifel,

7. zur Egänzung des Kollegiums, da Gottschalch den Bürgermeisterposten interimistisch verwaltete, am 8. Okt. 1849 zum zweiten Male der Kaufmann Jäsrich,

8. bei Einführung der Gemeinde-Ordnung vom 11. März 1850 zur Ergänzung des Kollegiums, — das nur aus dem Bürgermeister, dem Kämmerer, und den Rathmännern Jäsrich und Teifel bestand, — am 18. Mai 1852 der damalige Gasthofsbesitzer, jetzige Rentier Friedrich Lehmann (Inhaber des Allgemeinen Ehrenzeichens seit 8. Februar 1858),

9. nach Einführung der Städte-Ordnung vom 30. Mai 1853 und nachdem der Kaufmann Jäsrich, der gleichzeitig Stadtverordneter war, seine Funktion als Rathmann niedergelegt hatte, am 10. März 1854 der Kaufmann Karl George Halle, welcher zugleich Beigeordneter wurde,

10. nachdem Halle die Funktion als Beigeordneter — unter Beibehaltung des Rathmanns-Amtes — niedergelegt hatte, wurde am 2. Oktober 1857 der Apotheker Theophil Elsner als Beigeordneter eingeführt,

11. an Stelle des Hr. Teifel am 7. Januar 1862 der Töpfermeister Franz Eduard Wolf.

Das Magistrats-Kollegium besteht hiernach, nachdem Lehmann, Elsner und Halle nach Ablauf ihrer Wahlperiode wiedergewählt worden, gegenwärtig aus dem Bürgermeister Richter, dem Beigeordneten Elsner, dem Kämmerer Müller und den Rathmännern Lehmann, Halle und Wolf.

Als **Stadtverordnete** fungirten seit der im Jahre 1833 erfolgten Einführung der Städte-Ordnung:

1. der Bäckermeister Karl August Haase, von 1833 bis 1836, und von 1838 bis 1841, 1843 bis 1846.

2. der Kupferschmiedemeister Friedrich Halm, von 1833 bis 1834.

3. der Kaufmann Karl Heinrich Müller, von 1833 bis1836.

4. der Weber Johann Friedrich Deckbar, von 1833 bis 1834.

5. der Fabrikant Johann Gottlieb Hamann, von 1833 bis 1837.

6. der Bäckermeister August Andreas Miethe, von 1833 bis 1835.

7. der Schneidermeister Christian Gottlieb Schulz, von 1833 bis 1838.

8. der Apotheker Karl August Mende, von 1833 bis 1836.

9. der Gastwirt Friedrich Traugott Lehmann, von 1833 bis 1836.

10. der Schneidermeister Benjamin Adam, von 1834 bis 1837.

11. der Pfefferküchler Karl August Bucher, von 1834 bis 1837.

12. der Stellmachermeister Gottlieb Backoff, von 1836 bis 1842, von 1843 bis 1846, 1848 bis 1861.

13. der Riemermeister Karl Gottlob Gottschalch, von 1836 bis 1842.

14. der Barettmacher Christian Friedrich Gebhardt, von 1836 bis 1839.

15. der Schneidermeister Gottlob Kosmar, von 1835 bis 1838.

16. der Färbermeister Karl Scholz, von 1835 bis 1837, 1840 bis 1843, 1846 bis 1849, 1852 bis 1857.

17. der Fabrikant Karl Martin, 1837 und 1838, 1841 bis 1844.

18. der Seifensiedermeister Kasper August Lehmann, von 1837 bis 1840.

19. der Schuhmachermeister August Karl, von 1837 bis 1840.

20. der Kaufmann Karl Georg Halle, von 1837 bis 1840, und 1844 bis 1847, 1849 bis 1853.

21. der Schuhmachermeister August Wilhelm Bendel, von 1838 bis 1841.

22. der Fleischermeister Gotthelf Müller, von 1838 bis 1841.

23. der Tischlermeister Heinrich Reibe, von 1839 bis 1842, 1851 und 1852.

24. der Bäckermeister Friedrich Groß, von 1840 bis 1843.

25. der Seilermeister Karl Gotthelf Raupach, von 1840 bis 1846,

26. der Schuhmachermeister George Kreuter, von 1841 bis 1844.

27. der Stellmachermeister August Richter, 1841. 1842.

28. der Hausbesitzer Johann Gottlieb Schäfer, von 1842 bis 1845, 1847 bis 1850.

29. der Schlossermeister Johann Karl Teifel, von 1842 bis 1845.

30. der Nagelschmidtmeister Daniel Deschner, von 1842 bis 1845.

31. der Schornsteinfegermeister Johann Gottlieb Lorenz, von 1842 bis 1844, 1848 bis 1851.

32. der Kaufmann Wilhelm Schäfer, von 1844 bis 1847.

33. der Korduaner Wilhelm Biedermann, von 1844 bis 1847, und 1858 bis 1863.

34. der Schmiedemeister Friedrich Wilhelm Kallenbach, von 1845 bis 1848.

35. der Schumachermstr. Daniel Jakob, von 1845 bis 1848.

36. der Barettmacher Gottlieb Gebhardt, von 1845 bis 1848.

37. der Brauermeister Moritz Krabel, von 1846 bis 1849 und 1852 bis 1857.

38. der Apotheker Sylvius Peuker, von 1846 bis 1849.

39. der Kaufmann Friedrich Wilhelm Jäsrich, von 1847 bis 1849, und 1852 bis 1860.

40. der Hausbesitzer Johann Traugott Berndt, von 1847 bis 1850, 1854 bis 1858.

41. der Hausbesitzer Elias Kirchhof, von 1848 bis 1851.

42. der Oekonom Robert Schulz, von 1849 bis 1853.

43. der Grundstücksbesitzer Karl Adam, von 1849 bis 1852.

44. der Grundstückbesitzer Traug. Hölzel, von 1849 bis 1850.

45. der Briefträger Benjamin Schmidt, von 1850 bis 1852, und 1854 bis 1859.

46. der Strumpfwirkermeister Gottlieb Gebhardt, von 1850 bis 1852.

47. der Feilenhauermeister Karl Sterzel, von 1850 bis 1862.

48. der Kürschnermeister Karl Leuchsenring, 1851 bis 1853.

49. der Riemermeister Traugott Neander, 1851 und 1852.

50. der Töpfermeister Franz Wolf, von 1852 bis 1861.

51. der Ziegeldeckermeister Wenzel Lössel, von 1854 bis 1859.

52. der Grundstücks-Besitzer Wilhelm Bucher, von 1858 bis 1863.

53. der Kaufmann Ernst Wilhelm Hopfstock, von 1858 bis jetzt.

54. der Kreisgerichts-Sekretair Lothar von Elsner, von 1860 bis 1864.

55. der Restaurateur Wilhelm Schieblich, von 1860 bis 1865.

56. der Grundstücks-Besitzer Johann Gottlieb Kuntze, von 1861 bis jetzt.

57. der Sattlermeister Louis Rödel, von 1862 bis jetzt.

58. der Brauermeister Karl August Böthig, von 1862 bis jetzt.

59. der Fabrikbesitzer Gustav Taubert, seit dem 1. Januar 1864.

60. der Messerschmiedemeister Karl Jacksch, desgl.

61. der Gerbermeister Moritz Otto, desgl.

62. der Böttchermeister Karl Richter, seit 1. Januar 1866,

63. der Bäckermeister August Herkner, desgl.

Seit Einführung der Städte-Ordnung von 1853 waren die unter Nro. 16, 39 und 54 Genannten Stadtverordneten-Vorsteher; gegenwärtig ist es der Fabrikbesitzer Taubert. Schriftführer waren die ad 47 und 55 Aufgeführten; gegenwärtig ist es der Sattlermeister Rödel.

Für die dauernde Verwaltung einzelner Geschäftszweige bestehen folgende Deputationen:

1. Kassen-Revisions-Deputation:
    Vorsitzender: Bürgermeister Richter
    Mitglieder: Kaufmann Hopfstock, Grundstücksbesitzer Kuntze, Gerbermeister Otto und Kaufmann Uhse;

2. Bau- und Oekonomie-Deputation:
    Vorsitzender: Rathmann Lehmann,
    Stellverteter: Rathmann Halle,
    Mitglieder: Grundstücksbesitzer Kuntze, Kaufmann Hopfstock, Brauermeister Böthig, Grundstücksbesitzer Adam, Grundstücksbesitzer Straube, Kaufmann Scholz;

3. Armen-Deputation:

   Vorsitzender: Rathmann Wolf,
   Mitglieder: Ober-Pfarrer Weigand, Stellmachermeister Backoff, Sattlermeister Rödel, Böttchermeister Richter, Töpfermeister Stephan, Schumachermeister Daniel Jakob.

4. Jahrmarkt-Deputation:

   Vorsitzender: Kämmerer Müller,
   Mitglieder: Stellmachermeister Backoff, Schornsteinfegermeister Lorenz, Grundstücksbesitzer Kuntze;

5. Wochenmarkt-Deputation:

   Vorsitzender: Kämmerer Müller,
   Mitglieder: Kaufmann Gottschalch, Korduanermeister Biedermann, Fleischermeister W. Schander;

6. Viehmarkt-Deputation:

   Vorsitzender: Rathmann Halle,
   Mitglieder: Grundstücksbesitzer Adam, Straube, Urban Hentschel, Jährig, Webermeister Ebermann;

7. Straßenbeleuchtungs-Deputation:

   Vorsitzender: Rathmann Halle,
   Mitglieder: Böttchermeister Richter, Kupferschmiedemeister Sannert, Grundstücksbesitzer Straube;

8. Einquartierungs-Deputation:

   Vorsitzender: Bürgermeister Richter,
   Mitglieder: Fabrikbesitzer Taubert, Sattlermeister Rödel, Maurermeister Zenker, Kaufmann Uhse, Buchbindermeister Halle.

Als Bezirksvorsteher fungiren gegenwärtig:

im I. Bezirk: der Maurermeister Zenker, seit dem 30. Mai 1864 und als dessen Stellvertreter: der Kaufmann Uhse, seit dem 13. Februar 1866;

im II. Bezirk: der Schlossermeister Koch, und als dessen Stellvertreter: der Tischlermeister Kirchhof, Beide seit dem 23. September 1862.

Als Polizeidiener, Magistratsbote, Exekutor und Gefangenenwärter fungirten von 1807 bis Ende 1847 der Hausbesitzer Johann Karl

Gottlieb Beutner, vom 1. Januar 1848 bis zu seinem Tode (1. November 1851) der frühere Oberjäger Emanuel Ferdinand Knebel, von da an interimistisch der Tuchmacher Ignatz Seifert bis zum 17. November 1852, von da an bis zum 31. Mai 1853 der zeitherige Polizeidiener Wilhelm Scholz aus Schönberg, von da an wiederum interimistisch und vom 23. September 1854 an definitiv Hr. Seifert.

Nachtwächter und zugleich Todtengräber ist der Tagearbeiter Gottfried Andrick; Spritzenmeister sind: der Schlossermeister Pietschmann und der Kupferschmiedemeister Sannert.

Als Vertreter der hiesigen Stadt beim Kreistage des Görlitzer Kreises, wozu nach der Kreis-Ordnung vom 2. Juni 1827 der Magistrat aus seiner Mitte ein Mitglied wählt, fungirte von 1827 bis 1848 der Bürgermeister Schmidt, von 1848 bis 1860 der Rathmann und Kämmerer Miethe. Seit 27. September 1860 ist Bürgermeister Richter Kreistags-Abgeordneter und der Rathmann Lehmann Stellvertreter desselben.

Als Abgeordneter der hiesigen Stadt beim Ober-Lausitzer Kommunal-Landtage fungirte von 1828 bis 1834 der Barettmacher Gebhardt, von 1834 bis 1841 der Bäckermeister Haase, von 1841 bis 1848 der Bürgermeister Schmidt, von 1848 bis 1853 der damalige Justitiarius, spätere Kreisrichter und zuletzt Rechtsanwalt Pfennigwerth, von 1853 bis 1859 der Kaufmann Jäsrich. Am 28. September 1859 wurde der Bürgermeister Richter als Abgeordneter gewählt. Sein Stellvertreter ist der Rathmann Lehmann.

Beim Provinzial-Landtage der Provinz Schlesien hat die hiesige Stadt in Gemeinschaft mit den übrigen 8 Landstädten der Oberlausitz einen Vertreter. Die Wahlperiode des letzten Abgeordneten, Rathmann Schmidt in Seidenberg, ist abgelaufen und an seine Stelle am 13. Septbr. 1867 der Bürgermeister Richter in Reichenbach als Abgeordneter gewählt worden.

IX. Königliche Behörden und Beamte.

——o——

1. Im Jahre 1706 wurde die General- und Konsumtions-Accise hier eingeführt, und ein Accise-Einnehmer angestellt. Später wurde damit die Zoll-Einnahme sowie die Biersteuer- und Stempelimpost-Einnahme verbunden. Der Accise-Einnehmer stand als solcher unter dem Accise-Inspektor, als Zoll-Einnehmer aber unter dem Zoll-Inspektor. In Sohland, Gersdorf, Markersdorf, Königshain, Mengelsdorf, Arnsdorf, Nieder-Seifersdorf, Melaune, Meuselwitz und Bischdorf waren ebenfalls Accise-Einnehmer angestellt, welche ihre Einnahmen monatlich an den hiesigen abzuliefern hatten. Als Zoll-Einnehmer werden genannt: Johann George Junge und Benjamin Siegfried Bucher; als Accise-Einnehmer dagegen: Christian Adam Tielsner bis 1730, Karl Gottlob Mauersberger bis 1733, Joh. Kasper Krummendorf bis 1762, Heinrich Karl Hanson bis 1784, Karl August Kaltschmidt, Johann Gottfried Rochau, Gottlieb Buhring, und von 1796 an bis zur Aufhebung dieses Postens Friedrich Gotthelf Lehmann. Vom 1. Januar 1819 an wurde hierselbst ein Haupt-Zollamt errichtet und mit einem Ober-Zoll-Inspektor, einem Rendanten und einem Kontrolleur besetzt. Demselben waren das Neben-Zollamt 1. Klasse in Seidenberg, die Neben-Zollämter 2. Klasse in Straßberg, Schwerta, Radmeritz, Deutsch-Paulsdorf und Tauban, der Ansageposten in Schöps und später das Neben-Zollamt in Rothkretscham untergeordnet.

Dieses Haupt-Zollamt führte für Reichenbach einen sehr starken Verkehr herbei. Dasselbe wurde jedoch in Folge des mit dem 1. Januar 1834 ins Leben getretenen Zollvereins wieder aufgehoben und die Gebäude an den Gasthofsbesitzer Lehmann verkauft, welcher in dieselben den, bis dahin im Hause No. 27 auf der Görlitzer Straße bestandenen Gasthof „zur goldenen Sonne" verlegte. Seit jener Zeit befindet sich nur noch ein Unter-Steueramt im Orte, welches die indirekten Steuern aus dem ihm angwiesenen Bezirke erhebt. Als Steuer-Einnehmer fungirte bis 1851 Ernst Werner, von da an bis zu seiner am 1. Mai 1861 erfolgten Pensionirung Friedrich Buchholz (ein Veteran aus den Kriegen von 1805 bis 1815, welcher für treugeleistete Militärdienste die Kriegs-Denkmünze, das eiserne Kreuz, den

Kaiserlich Russischen St. Georgen-Orden sich erwarb und bei seiner Pensionirung das Allgemeine Ehrenzeichen erhielt), und seit dieser Zeit befindet sich Franz Ottinger als Steuer-Einnehmer im Amte. Unter ihm fungiren 2 (früher 3) Steuer-Aufseher, z. B. Benjamin Kern und Joh. Gottfried Engmann.

2. Die Justiz wurde seit der Einverleibung der Oberlausitz an Preußen durch Patrimonial-Richter verwaltet, deren zuletzt drei hier ihren Wohnsitz hatten, nämlich Pfennigwerth, Schmidt und Pudor. Jeder derselben hatte einen ziemlich umfangreichen Bezirk. Zum Bezirke des Ersteren gehörte auch Reichenbach. Mit dem 1. April 1849 wurde jedoch die Patrimonial-Gerichtsbarkeit aufgehoben, es wurden Königliche Gerichte, unter dem Namen Kreisgerichte, eingeführt. Reichenbach mit Umgegend kam unter das Kreisgericht Görlitz. Es wurden aber auch an gewissen Orten Gerichts-Kommissionen mit beschränkter Kompetenz errichtet, und Reichenbach wurde der Sitz einer solchen, deren Personal aus einem Richter, zwei Bureau-Beamten, einem Kanzlisten und einem Unter-Beamten besteht. Als Gerichts-Kommissarius — Kreisrichter — wurde hier der bisherige Justitiarius Pfennigwerth angestellt. Schmidt wurde Kreisrichter in Liebenthal, Pudor in Bunzlau; Beide sind dort gestorben. Pfennigwerth wurde auf seinen Antrag vom 1. November 1852 an als Rechtsanwalt und Notar hierselbst angestellt, und an seine Stelle der Kreisrichter Julius Gottwald ernannt. Pfennigwerth starb jedoch schon am 20. April 1853 — Gottwald wurde seinem Antrage gemäß am 1. Januar 1861 Rechtsanwalt und Notar in Sprottau; in seine Stelle hierher kam der Kreis-Richter Paul Hilse, der sich am 1. Mai 1864 nach Sagan versetzen ließ und sein Nachfolger wurde der Kreisrichter Robert Pioletti. Als Bureau-Vorsteher bei der Gerichts-Kommission fungirte vom 1. April 1849 bis 1852 der Sekretair Holzbecher, von da bis 1856 der Sekretair von Gersdorff, von da bis zum 1. Januar 1865 der Sekretair von Elsner; und seit letztgedachtem Zeitpunkte der Sekretair Robert Sydow. — Als Bureau-Gehilfen von 1849 bis 1854 der Aktuar Leopold Müller, von 1854 bis 1864 der Aktuarius Joh. Traugott Wünsche, und jetzt der Aktuarius Herrmann Kahlert. Als Kanzlist wurde seit 1849 der Konzipient und Auktionator Ernst Müller bis zum 31. Mai 1867 beschäftigt, wo er das Amt als Kämmerer hierselbst übernahm. An seine Stelle trat der Jäger Arthur Kahlert, der schon am 1. Juli 1867 seinen Posten wieder aufgab und in Moritz Lehmann aus Hoyerswerda

einen Nachfolger erhielt. — Als Gerichtsbote und Exekutor ist seit 1849 der früher schon beim Patrimonial-Gerichte hier beschäftigt gewesene August Müller angestellt.

3. Die Zeit der Errichtung der hiesigen Post-Expedition ist ebenfalls nicht bekannt. In einem Cirkulare d. d. Dresden, den 6. November 1713, womit eine neue Post-Ordnung publizirt wurde, sind die Städte Bautzen, Görlitz, Hoyerswerda, Königsbrück, Löbau, Zittau, Muskau, Reichenbach und Kamenz genannt, in denen diese Post-Ordnung Anwendung finden solle. Daraus folgt, daß zu damaliger Zeit bereits eine Post sich hier befand. Als Verwalter derselben werden genannt: Christian Adam Tielsner, Johann Gottfried Richter, Carl Christian Wiegenheim, Friedrich Erdmann Wehle. Näheres läßt sich aus früheren Zeiten nicht angeben. In neuerer Zeit ist über die Postbeamten Folgendes zu bemerken: Nach Abgang des Post-Expediteur Neubauer übernahm 1841 der Kämmerer Rödel die Post als Neben-Amt. Seit dessen Tode (12. Juni 1851) verwaltete der Riemermeister Karl Gottlob Gottschalch dieselbe bis zum 1. Juli 1860. Von da an wechselten die Post-Beamten öfters. Es waren Karl Heinrich Herrmann Sachs, Ernst Scheibel, Theodor Warmuth und Adolf Riedel hier beschäftigt, bis endlich vom 1. Juni 1864 die Stelle durch den Post-Expediteur Ernst Bachmann definitiv wieder besetzt wurde.

Dem Post-Expediteur ist seit längerer Zeit ein Gehilfe beigegeben. Hinsichtlich derselben findet jedoch ein sehr öfterer Wechsel statt.

Als Post-Unterbeamten fungiren gegenwärtig drei, nämlich: Gottfried Lachmann, Karl Aumann und Karl Miethe; nachdem Benjamin Schmidt am 1. Juni 1867 gestorben ist.

Bei der hiesigen Post-Expdition sind im Jahre 1866 angekommen: 3004 Packete, 1908 Geldsendungen, 43,800 gewöhnliche Briefe; abgegangen sind in demselben Jahre: 2730 Packete, 3372 Geldbriefe, 29,200 gewöhnlich Briefe.

4. Mit der Errichtung der Königlichen Gerichte und der zu gleicher Zeit erfolgten Einführung des öffentlichen und mündlichen Gerichts-Verfahrens wurden Polizei-Anwälte ernannt, denen die strafgerichtliche Verfolgung der Uebertretungen und gewisser Vergehen obliegt. Als solcher wurde zuerst (1849), da sich eine andere geeignete Persönlichkeit dazu im Orte nicht fand, der damalige Landesbestallte

und Kreisdeputirte von Seydewitz, demnächst 1857 der damalige Bürgermeister Schwarzbach ernannt. Dem gegenwärtigen Bürgermeister Richter wurden die Geschäfte des Polizeianwalts im Bezirke der Stadt unterm 10. Juni 1858 und für den Landbezirk der hiesigen Gerichts-Kommission unterm 2. September 1862 übertragen. Als Stellvertreter fungirt der Beigeordnete Apotheker Elsner.

5. Als Schiedsmänner haben seit der, im Jahre 1832 angeordneten Einführung des Instituts für den hiesigen städtischen Bezirk fungirt:

a) der Apotheker Mende, 1834.
b) der Stifts-Sekretair Ullrich, von 1835 bis 1841.
c) der Kämmerer Rödel, von 1841 bis 1851.
d) der Privatsekretair Moser, 1851 und 1852.
e) der Bürgermeister Schwarzbach, von 1852 bis 1858.
f) der Bürgermeister Richter, fungirt seit 1858.

6. Seit dem 1. Februar 1861 ist ein Rechtsanwalt und Notar hier angestellt, und zwar der Dr. jur. Karl Albert Samuel Dreyer. Derselbe hat seinen Wohnsitz hier, sein Bureau aber in Görlitz.

7. Seit der Organisation der Gensdarmerie ist hier ein berittener Gensdarm stationirt. So viel zu ermitteln, befand sich der Gensdarm Pfeffer von 1824 bis 1827, der Gensdarm Scheer von 1827 bis 1836 hier im Amte. Sein Nachfolger Johann Gottfried Rahn, welcher 1836 hierher versetzt wurde, starb am 9. Juni 1863. An seine Stelle trat vom 26. Juli 1863 an sein Stiefsohn Theodor Rister, welcher vom 1. Juli 1867 an nach der Provinz Hannover versetzt worden ist, während von dort der Gensdarm Heinrich Schuhmacher die hiesige Stelle erhielt.

———

X. Medizinal-Angelegenheiten.

———o———

Zu welcher Zeit hier die Apotheke errichtet worden ist, darüber geben die vorhandenen Urkunden und sonstigen Nachrichten keine Auskunft. Wahrscheinlich ist es, daß dieselbe schon sehr lange besteht. Es wird ihrer bereits 1658 gedacht. Nach den Kirchenbüchern ist am 17. Mai 1772 der Apotheker und Rathmann Johann Christian Ackermann hierselbst verstorben. Ferner ergeben die Akten des Magistrats, daß im Jahr 1791 ein Johann Friedrich Brase sich im Besitz der Apotheke befand, der nicht Apotheker war, und deshalb auf Anordnung des damaligen Besitzers der Herrschaft, Ernst Karl Gotthelf von Kiesenwetter durch den Bürgermeister Fleischer, den Stadtrichter Riese und den Stadtschreiber Wehle aufgefordert wurde, binnen Monatsfrist bei Verlust der Konzession einen gelernten Apotheker als Provisor auf seine Kosten anzunehmen. Um das Jahr 1804 wird der Apotheker Schneider genannt. Im Jahre 1817 erkaufte der Apotheker Gotthelf Traugott Schür die hiesige Apotheke, der sie an den Apotheker Karl August Mende verkaufte. Von diesem erwarb sie 1834 der Apotheker Sylvius Peuker, und von diesem im Jahre 1856 der gegenwärtige Apotheker Theophil Elsner.

Auch über die hier früher vorhanden gewesenen Aerzte fehlen die Nachrichten und ist aktenmäßig nur so viel bekannt, daß im Jahre 1715 zwei Aerzte, Licentiat Benjamin Richter und Siegemund Gottlob Salomon, hier waren, und im Anfang dieses Jahrhunderts ein Chirurg Nollau hier existirt hat. Im Jahre 1825 ließ sich der praktische Arzt, Wundarzt und Geburtshelfer Dr. med. Ernst Eduard Schmidt hier nieder, der bis 1861 der einzige Arzt im Orte war. Ihm wurde 1861 der Charakter als Sanitätsrath Allerhöchst verliehen. Er starb am 22. Januar 1864. Seit dem 1. Mai 1861 ließ sich der praktische Arzt, Wundarzt und Geburtshelfer Dr. med. & chirurg. Woldemar Büttner hier nieder, seit Neujahr 1865 auch der prakt. Arzt, Wundarzt und Geburtshelfer Dr. med. Arthur Schulz, welcher Letztere jedoch die Stadt im Herbste 1865 wieder verließ. — Dr. Büttner zog 1866 von hier fort und ließ sich in Crossen (Reg.-Bez. Merseburg), nieder. Seit dem 1. September 1866 hat sich der praktische Arzt und Geburtshelfer Dr. Zinnecker hier etablirt.

Als Heildiener sind seit 1865 die Barbiere Adolph Emmerich und Bruno Schiller hier konzessionirt.

Als Hebamme fungiert gegenwärtig seit dem Jahre 1859 die verehelichte Sattlermeister Mätzig, Christiane Gottliebe, geb. Böhme.

XI. Markt-Verkehr.

————o————

Zu welcher Zeit Reichenbach das Recht zur Abhaltung von **Jahrmärkten** erhalten hat, ist bei Mangel älterer Urkunden nicht festzustellen. Nach einer Notiz soll dies im Jahre 1663 gewesen sein. In der Konzession vom 7. Februar 1722, von welcher sich Abschrift im Stadtbuche befindet, wird anerkannt, daß Reichenbach von sehr langen Jahren her zur Abhaltung von 3 Jahrmärkten befugt gewesen ist, und daß es, wie alte Leute sich erinnern, auch Viehmärkte gehabt hat, welche letztere aber damals eingegangen waren. Durch die erwähnte Konzession wurde das Recht zur Abhaltung eines Viehmarkts, und zwar in Verbindung mit dem Jahrmarkte Montag nach Misericordias domini, noch besonders verliehen.

Unterm 18. Oktbr. 1834 genehmigte demnächst die Königl. Regierung zu Liegnitz, daß der erste Krammarkt auf Montag nach Lätare verlegt, außer den drei bestehenden Jahrmärkten noch ein vierter Jahrmarkt, und zwar 14 Tage vor Michaelis, abgehalten, und der Viehmarkt mit dem letzten Jahrmarkte verbunden werde.

Die 4 Jahrmärkte werden demzufolge noch gegenwärtig Montag nach Lätare, Montag nach Johannis, Montag nach Kreuzes Erhöhung und Montag nach Martini abgehalten.

Die wiederholt versuchte Belebung des einen Viehmarktes führte indeß nicht zu dem gewünschten Resultate, bis auf Anregung des jetzigen Bürgermeisters von dem Ober-Präsidenten der Provinz Schlesien unterm 23. August 1858 die Abhaltung von vier Vieh-

Märkten, in Verbindung mit den Kram-Märkten, genehmigt und damit am Michaeli-Markte 1858 der Anfang gemacht wurde. Die durch den Herrn Landesältesten v. Sydewitz und mehrere benachbarte Dominien in anerkennenswerther Weise unterstützten Bemühungen sind nicht ohne Erfolg gewesen, denn es hat sich bereits ein recht lebhafter Verkehr auf den Viehmärkten entwickelt; es sind meist über 100, aber auch schon 200 bis 400 Stück Rindvieh zum Verkauf gestellt worden und es war auch der Absatz ein recht befriedigender. Dazu trägt nicht nur der sehr geeignete Platz, sondern auch die günstige Lage der Stadt überhaupt viel bei. Vom Jahre 1864 an wird Standgeld auf dem Viehmarkte erhoben. Nicht so günstig gestaltet sich der Markt hinsichtlich der Pferde. —

Was den **Wochenmarkt** anbetrifft, so enthält die „Willkühr" vom Jahre 1658 im Artikel 79 die Bestimmung, daß derselbe, wie vor Alters, alle Montage abgehalten werden soll. Hieraus ergiebt sich, daß die Zeit der Errichtung desselben in frühere Jahrhunderte zurückfällt. Spätere ungünstige Verhältnisse hatten das Eingehen desselben herbeigeführt. Im Jahre 1853 hat jedoch der Magistrat die Wieder-Einführung des Wochenmarktes, unter Verlegung desselben auf Mittwoch, in die Hand genommen, und nachdem unterm 21. Mai 1853 Seitens des Herrn Ober-Präsidenten der Provinz Schlesien die Genehmigung hierzu ertheilt worden war, wurde am 1. Novbr. 1854 der erste Wochenmarkt abgehalten. Derselbe hat sich seitdem erhalten und führt einen ziemlich lebhaften Verkehr herbei, wenn auch für den Getreide-Markt ein größerer Umfang erwünscht wäre.

XII. Die Schützengilde.

——o——

Wenn auch über die Zeit der Errichtung der Schützengilde genaue Nachrichten nicht vorliegen, so darf doch mit Wahscheinlichkeit das Jahr 1686 als das Jahr der Begründung angesehen werden, da in einer, an die Gutsherrschaft gerichteten Eingabe vom 17. Mai 1712 gesagt ist, daß das Pfingstschießen nunmehr seit 26 Jahren stattfinde. Auf diese Eingabe bestimmte der damalige Gutsherr George Ernst von Gersdorf unterm 23. Mai 1712, daß ein, der Gemeine zuständiges Fleckchen Wiese, so lange das Scheibenschießen in Reichenbach währet, dem, der den nächsten Schuß hat, zu seinem Gebrauche gelassen werden, und er den usum fructum davon genießen möge. Derselbe Gutsherr gewährte durch die Bescheide vom 4. Septbr. 1708, 3. Oktober 1708, 26. Februar 1709 und 18. August 1710 dem jedesmaligen Schützenkönig ein steuerfreies Bier. Unterm 8. Dezember 1742 wurde demnächst die „Abbrauung eines Bieres ohne Entrichtung der gewöhnlichen Biersteuer für den Schützenkönig" landesherrlich genehmigt, um „die Schützengesellschaft dadurch zu fleißiger Uebung in dem geschickten Gebrauch des Schießgewehrs desto mehr aufzumuntern."

Im Jahre 1706 schenkte die Gutsherrschaft der Gilde einen zinnernen Becher oder sogenannten Willkommen, welcher noch gegenwärtig vorhanden ist, und folgende Inschrift trägt:

„Dießen Willkommen hat der Wohlgeborne Ritter und Herr Herr Carl Heynrich von Gersdorff Wohl meritirter Herr Leutnant der Löblichen Schützen-Gesellschaft in Reichenbach verehret und geschenket. Im Jahre da man schreibet 1706.
Ist Renoviret worden von Meister Johann Gottlieb Müssiggangen zu einen guten Andenken von Bautzen Anno 1717." —

Der Geschenkgeber war wahrscheinlich ein Bruderssohn des Besitzers George Ernst von Gersdorf, nämlich der Sohn des Hans Kasper von Gersdorf auf Mittel-Horka II.

Unterm 1. Juni 1713 bestätigte George Ernst von Gersdorf die „Artikel" der Gilde. Im Eingange derselben ist erwähnt, daß ein Scheibenschießen hierselbst viele und lange Jahre her um die Pfingstzeit üblich und bräuchlich gewesen. Im Jahre 1707 schenkte derselbe der Gilde 6 Thaler zur Anschaffung einer Fahne, mit der Bestimmung, daß dieselbe weiß und roth sein und auf der rechten Seite das von Gersdorfsche Wappen und die Buchstaben G. v. G. enthalten solle. Diese Fahne muß, wie aus einem Gesuche an die Gutsherrschaft vom 24. Mai 1746 zu schließen, in den unruhigen Zeiten vernichtet worden sein, weshalb dieselbe wiederum 8 Thaler zu einer Fahne beitrug. Die wahrscheinlich hierauf angeschaffte weiße Fahne, in welche das herrschaftliche Wappen mit schwarz und gelber Seide eingestickt war, sowie eine kleinere, halb grüne, halb weiße Fahne sind nach einer in den Akten enthaltenen Notiz 1799 mit verbrannt. In welchem Jahre die älteste der jetzt vorhanden 4 Fahnen (weiß) angeschafft worden ist, ist nicht bekannt; sie soll 1810 vorhanden gewesen sein. Die dem Alter nach zweite Fahne (grün) soll 1812 oder 1813 angeschafft worden sein; die dritte, die blaue, welche auf der einen Seite das Stadtwappen, auf der anderen Seite die verschlungenen Buchstaben B. H. L. enthält, hat die Frau Gasthofsbesitzer Lehmann sen. im Jahre 1818 geschenkt, und die neueste Fahne (weiß) hat Herr und Frau von Seydewitz am 28. Mai 1846 mit folgender Urkunde geschenkt:

„Als im verflossenen, uns durch die Geburt eines Sohnes so erfreulich gewordenen Jahre die hiesige Bürger-Schützen-Gesellschaft nach ihrem stattgehabten Schießen bei uns erschien, um uns ihre freundliche Gesinnung und Anhänglichkeit an den Tag zu legen, erfüllte uns beiden dies die Herzen mit großer Freude, und da es uns beiden ein Bedürfniß war, den wackeren Bürgern der zum hiesigen Majorat gehörigen Stadt Reichenbach einen Beweis unserer beiderseitigen aufrichtigen Zuneigung zu geben, so versprachen wir der versammelten Bürger-Schützen-Gesellschaft, ihr, und durch sie der gesamten Bürgerschaft eine Fahne zu verleihen. Es gereicht uns zu besonderem Vergnügen, heute, am Jahrestag der Geburt unseres Sohnes, unser Versprechen erfüllen zu können, und indem wir Einem Wohllöblichen Magistrate die der Bürger-Schützen-Gesellschaft bestimmte Fahne zur Verabfolgung an dieselbe übergeben, unterlassen wir nicht, den Wunsch auszusprechen, daß uns und unseren Nachkommen die wackeren Bürger Reichenbachs den treuen und freundlichen Sinn bewahren mögen, welcher sie immer ausgezeichnet hat, und welcher unserer allseitigen Anerkennung immer gewiß sein wird.

„Gott mit uns," so heißt der Wahlspruch, welcher die Fahne ziert; möge er immer über unsre Aller Häuptern schweben.
Gegeben Reichenbach, am 26. Mai 1846.
Hedwig Marie Henriette von Seydewitz,
geborne von Kiesenwetter.
Otto Theodor von Seydewitz."

Die Gilde besitzt ein Königs- und ein Marschalls-Band, welche vom König und Marschall bei den feierlichen Ein- und Auszügen auf der Brust getragen werden. Jeder König resp. Marschall giebt an das betreffende Band eine Münze im Werthe von mindestens Einem Thaler. Doch hat es mitunter auch Schützen gegeben, welche sich dieser observanzmäßigen Verpflichtung entzogen haben. Am 14. Februar 1815 wurde von der Gilde beschlossen, Behufs Wiederherstellung des im Kriege demolirten Schießhauses einen Theil der Münzen zu versilbern und den Erlös zu verwenden. Es kamen daher 37 Stück dieser Münzen in Abgang, so daß am Königsbande nur noch 5 Stück und am Marschallsbande nur noch 1 Stück verblieben. Gegenwärtig enthält das Königsband 70 und das Marschallsband 53 dergleichen Münzen. Ein Verzeichniß der zum Theil seltenen Münzen und ihrer Geber wird in der Schützenlade aufbewahrt. Als besonders bemerkenswerte Stücke befinden sich am Königsbande ein 1775 von Gottlieb Rössel gegebenes großes Schild, in dessen Mitte sich ein eingesetzter Lüneburger Gulden, auf dem sich ein vergoldetes Pferd befindet, ferner ein 1777 von Hr. Illgen geschenkter Stern, und ein 1832 vom Stiftsverweser von Kiesenwetter verehrtes Medaillon, welches zwei Preußische Thaler zusammen verbindet. Am Marschallsbande befindet sich ein großes Schild, welches Gotthelf Balthasar 1769 gab.

Die Gilde ist Eigenthümerin des Schießhauses — Haus Nro. 147 — nebst Zelt und Kegelschub; jedoch ohne den Grund und Boden, welcher der Stadtkommune gehört. Das Schießhaus ist nach dem Brande 1835 neuerbaut, 1861 vergrößert; das Zelt ist 1850 angeschafft, der Kegelschub 1864 neugebaut worden. Die Gebäude sind mit 1680 Thlr. gegen Feuerschaden versichert.

Die Angelegenheiten der Gilde werden durch einen Vorstand verwaltet, welcher früher aus 3 bis 4 Aeltesten bestand, jetzt aber aus 2 Aeltesten besteht. Die Namen der Aeltesten sind nur aus neuerer Zeit bekannt; von 1820 bis 1825 werden Heidenreich, Illgen und

Kallenbach, von 1826 bis 1836 Schulz, Zenker, Kallenbach und Illgen als solche genannt. An Stelle des Hr. Schulz wurde am 20. März 1836 der Thierarzt Heidenreich gewählt. Dieser und Hr. Illgen fungirten nunmehr allein als Aelteste. Am 14. Januar 1842 wurden der Schneidermeister Benjamin Adam und der Bäckermeister Karl Haase, am 27. März 1846 der Färbermeister Karl Scholz und der Riemermeister Karl Gottschalch, an Stelle des Hr. Scholz aber 1864 der Töpfermeister Franz Wolf als Aelteste gewählt, und fungiren Gottschalch und Wolf gegenwärtig noch als solche.

Die Schützengilde hielt früher nur alljährlich zu Pfingsten ein Schießen ab. Das jetzt auch im August stattfindende ist erst eingeführt worden, nachdem die Königliche Regierung zu Liegnitz unterm 19. Juli 1816 angeordnet hatte, daß das zeither in den Oberlausitzer Städten abgehaltene Königsschießen auf den Geburtstag Sr. Majestät des Königs verlegt werde. Für dieses Königs-Schießen zahlt die Königliche Regierung seit dem Jahre 1817 an Stelle der früheren Biersteuer-Freiheit jährlich eine Prämie von 7 Thlr. 15 Sgr.

Während die Schützengilde früher in ihrer bürgerlichen Kleidung die Ein- und Auszüge abhielt, bildete sich 1804 ein Jäger-Korps und 1819 das Korps der „Blauen". Die blaue Uniform ist Anfang der Vierziger Jahre wieder eingegangen, so daß gegenwärtig eine gleichmäßige für alle Schützen besteht.

Die militairischen Angelegenheiten der Gilde werden durch Offiziere und Unteroffiziere (Ober-Jäger) geleitet. Im Jahre 1824 werden genannt: Stadtrichter Junge als Hauptmann der ganzen Gesellschaft, Gasthofsbesitzer Lehmann als Hauptmann der Jäger, Otto als Lieutenant der Jäger, Pötschke als Lieutenant der Blauen, Drescher als Lieutenant im Aeltesten-Zuge. Der Gasthofsbesitzer jetzige Rentier Lehmann, welcher 1821 Offizier wurde und bis 1867 das Kommando führte, und zwar bis 1862 unter dem Titel als Hauptmann, von da bis 1867 als Major, erhielt 1843 die Auszeichnung für 25 jährige treue Dienste, bestehend in einem Schilde mit der bezüglichen Inschrift, welches unter dem Halse getragen wird. Neben ihm fungirte von 1830 bis 1862 als Lieutenant und von da bis 1867 als Hauptmann der Kaufmann Halle. Nachem Beide im Jahre 1867 ihre Funktion niedergelegt hatten, wurde der Maurermeister Otto Zencker (bisher seit 1861 Lieutenant) als Hauptmann, und der Bäckermeister August

Herkner als Lieutenant erwählt. Als Feldwebel fungirte nach dem Abgange des Schuhmachermeister Karl (1854) der Grundstücksbesitzer Berndt, welcher 1867 abging, und an dessen Stelle der Kürschnermeister Karl Leuchsenring trat.

Als Oberjäger fungiren gegenwärtig: der Restaurateur Schieblich (Sergeant), der Schuhmachermeister Kreuter, der Handelsmann Louis Halle, der Bäckermeister Groß, der Kaufmann Richter, der Fabrikbesitzer Weber, der Brauermeister Böthig, der Sattlermeister Rödel und der Gerbermeister Otto, letztere beide Fahnenträger.

Der Hauptmann Halle erhielt am 10. August 1862 nachträglich das Schild für 25 jährige treue Dienste. Zu gleicher Zeit wurde für uniformirte Schützen, welche 25 Jahre lang der Gilde angehört haben, eine Medaille gestiftet, welche 1862 der Grundstücksbesitzer Kuntze, 1863 der Feldwebel Berndt und der Schuhmachermeister Pötzsch, 1864 der Schützenbote Schuhmacher Groß, 1867 der Feldwebel Leuchsenring und der Tischlermeister Kirchhof erhalten haben.

Im Jahre 1866 wurde dem Kämmerer Miethe die Auszeichnung für 50jährige Zugehörigkeit zur Gilde zu Theil.

Frau Schuhmachmeister Seibel schenkte der Gilde am 10. August 1862 ein Perlenband, welches der König, und am 9. August 1863 ein gesticktes Band, welches der Marschall während des Schützenfestes trägt.

Am 15. Juni 1850 verehrte der Hauptmann Lehmann bei seiner Rückkehr aus dem Bade der, ihn am Bahnhof abholenden Schützengilde einen geschliffenen Becher mit dem Motto: „Eintracht macht stark."

Nachdem die Schützen dem Major Lehmann und dem Hauptmann Halle 1866 eine Photographie, die sämmtlichen Schützen in Uniform, als Andenken überreicht hatten, schenkten die beiden Genannten am 11. August 1867 der Gilde ihre Photographieen.

Am 3. August 1833 wurde Se. Majestät der König Friedrich Wilhelm III. durch den Strumpfstrickermstr. Gebhardt zum Schützen-König geschossen, und erhielt Letzterer dafür die Goldene Medaille.

Die Königswürde erhielten, soweit darüber Nachrichten vorhanden sind:

beim Pfingstschießen:

1823. Schlossermeister Teifel.
1824. Fabrikant Hamann,
1825. Fabrikant Rückert,
1826. Schlossermeister Emmerich.
1827. Fabrikant Hamann,
1828. Schuhmachermeister Kreuter,
1829. derselbe
1830. Strumpfwirker Gebhardt,
1834. Schlossermeister Pötschke,
1835. Hausbesitzer Matthäus,
1836. Schneidermeister Kosmar,
1837. Hausbesitzer Scheinig,
1838. Seifensiedermeister Lehmann,
1839. Grundstücksbesitzer Hölzel,
1840. Schneidermeister Weder,
1841. Schneidermeister Adam,
1842. Kürschnermeister Leuchsenring,
1843. Tischlermeister Kirchhof,
1844. Gerbermeister Winkler,
1845. Bäckermeister Haase,
1846. Oekonom Standke,
1847. Schuhmachermeister Kreuter,
1848. — —
1849. — —
1850. Schuhmachermstr. Lehmann,
1851. Kaufmann Gläser,
1852. Schlossermeister Koch,
1853. Tischlermeister Wünsche,
1854. Schneidermeister Hentschel,
1855. Kaufmann Jäsrich.
1856. Tischlermeister Kirchhof.
1857. Schuhmachermstr. D. Jakob,
1858. Brauermeister Krabel,
1859. — —
1860. Schuhmachermeister Günzel,
1861. Schuhmachermstr. Gebhardt,
1862. Kaufmann Gottschalch,
1863. Schuhmachermeister Seibel,
1864. Grunstücksbesitzer Berndt,
1865. Tischlermeister Schmidt sen.,

beim Königsschießen:

Tischlermeister Schulze,
Thierarzt Heidenreich,
Schlossermeister Pötschke,
Schuhmachermeister Kreuter.
Sattlermeister Illgen,
Gerbermeister Winkler,
Tagearbeiter Müller,
derselbe.
Tischlermeister Schulze,
Sattlermeister Illgen,
Tischlermeister Schmidt,
Grundstücksbesitzer Adam,
Töpfermeister Schulz,
Korduanermstr. Biedermann,
Fuhrmann Wünsche,
Schuhmachermeister Kreuter,
Hausbesitzer C. Richter,
Ziegeldeckermeister Lössel,
Grundstücksbesitzer Schäfer,
Brauermeister Krabel,
Gasthofsbesitzer Lehmann,
Gasthofspächter Günzel,
Grundstücksbesitzer Wünsche,
Schuhmachermstr. Lehmann,
Messerschmidtmstr. Schicktanz
Nagelschmidtmstr. Deschner,
Seifensiedermstr. Pollwitz,
Schuhmachermstr. Seibel,
Messerschmidtmstr. Jacksch,

— —

Sattlermeister Jochmann,
Seilermeister Taubert,
Hausbesitzer Chr. Richter,
Barbier Emmerich,
Grundstücksbesitzer Kuntze,
Schuhmachermeister Seibel,
Restaurateur Schieblich.
Müllermeister Eichler,
Fabrikbesitzer Weber,
Fleischermeister Mielsch,

1866. —   —   Töpfermeister Wolf,
1867. Kürschnerm. Leuchsenring sen., Schuhmachermstr. Seibel,

Am 22. Mai 1861 wurde der damalige Landrath, jetzige Landesälteste von Seydewitz durch den Schützenältesten Gottschalch zum Marschall geschossen. Als Schützenschreiber fungirte bisher (bis zum Jahre 1866), der Tischlermeister Schmidt, seitdem der Seifensiedermeister Pollwitz. Die Funktion des Scheibenweisers versieht seit 1828 der Schuhmacher Groß. — Den 3. Juli 1867, den Jahrestag der Schlacht bei Königgrätz, feierte die Schützengilde durch einen Ausflug nach Jauernick, dem sich die Reservisten und Landwehrleute anschlossen. In Jauernick fand sich auf diesseitige Einladung auch die Schützengilde aus Schönberg dazu ein.

An Stelle der „Artikel" vom 1. Juni 1713 wurde am 27. April 1836 ein neues Statut ausgearbeitet und am 27. März 1837 von der Königlichen Regierung zu Liegnitz bestätigt. Am 14. November 1854 wurde ein neues Statut festgestellt, gegen welches die gedachte Behörde laut Verfügung vom 3. Oktober 1855 nichts zu erinnern gefunden hat. Durch Allerhöchste Kabinets-Ordre vom 15. September 1855 sind der Schützengesellschaft Korporations-Rechte, soweit solche zu Erwerbung von Grundstücken, Kapitalien und hypothekarischen Rechten erforderlich sind, verliehen worden. Auf Grund derselben hat demnächst die Berichtigung des Besitztitels von dem Schießhause unter der Nr. 177 des Hypothekenbuchs stattgefunden.

Das Schießen, deren, wie erwähnt, jährlich zwei abgehalten werden, dauert jedesmal zwei Tage, wobei feierlicher Aus- und Einzug stattfindet. Dabei ist der König und der Marschall mit den oben bezeichneten Bändern geschmückt und es werden dieselben von Magistrats-Mitgliedern und Schützen-Aeltesten begleitet. An beiden Abenden wird Ball abgehalten; am zweiten Abende findet der sogenannte Königstanz statt, wobei die uniformirten Schützen mit gezogenem Gewehr einen Kreis schließen und nur der König und der Marschall, sowie die von ihnen dazu speziell aufgeforderten Personen tanzen dürfen. Am dritten Tage veranstalten der König und der Marschall den „Königsschmauß", zu welchem die Mitglieder der Schützengilde und andere Personen nach freier Auswahl von ihnen eingeladen werden. Mit Tanz wird die Feierlichkeit beeendet.

XIII. Die Brau-Kommun.

———o———

Wie in vielen anderen Städten, so existirte auch hier eine sogenannte Brau-Kommun. Die Zeit ihrer Entstehung ist nicht bekannt; sie wird aber in einer Urkunde von 1587 als eine von Alters her bestehende genannt. Die Art ihrer Entstehung ist in der Beleihung der einzelnen Häuser mit der Braugerechtigkeit Seitens der Herrschaft zu suchen. Ob nun bei der ersten Einrichtung alle oder nur gewisse Häuser mit dieser Berechtigung beliehen wurden, darüber ist mit Sicherheit nichts zu ermitteln. Annehmen läßt sich aber, daß die ursprünglichen Bürgerhäuser sämmtlich brauberechtigt waren und die eigentliche Altgemeinde bildeten, während die nicht brauberechtigten Häuser späteren Ursprungs sind. In der Urkunde vom Tage Michaelis 1587 heißt es: die Herrschaft (von Warnsdorf) habe sich mit dem Bürgermeister, den Rathmannen und der Bürgerschaft der Biereigen dahin verglichen, daß eine Vermehrung der von Alters her bestehenden 137 Biere nicht stattfinden solle. Die Herrschaft selbst hatte sich, wie die Urkunde vom Landtage Elisabeth 1673 ergiebt, das Abbrauen von 4 Bieren vorbehalten. Die Brauberechtigung bestand darin, daß die Berechtigten der Reihe nach Bier brauen und dasselbe ausschänken durften, während eine zweite Brauerei nicht errichtet und fremdes Bier nicht eingeführt werden durfte.

Die Brau-Kommun kaufte am 25. Februar 1671 das Malzhaus. Die Erwerbung oder Erbauung des Brauhauses, welches sich früher auf dem Marktplatze, da, wo jetzt die Röhrbütte steht, befand, ist nicht bekannt. Die Baustelle des jetzigen Brau- und Schankhauses wurde Seitens der Gilde erst am 18. Januar 1800 erworben.

Die Brau-Kommun hat ihre Rechte ausgeübt bis dahin, wo die Gewerbe-Gesetzgebung von 1845 die exclusiven Berechtigungen aufhob. Für diese Aufhebung wurde die Brau-Kommun, welche aus den Besitzern der Bürgernahrungen № 1 bis 4, 6, 7, 9, 10, 11/12, 13, 15 bis 20, 23 bis 30, 32, 56, 58, 60, 61, 63 bis 66, 68, 69, 70, 71/72, 73, 75 bis 78, 80, 88, 89, 91, 95, 101, 104 bis 109, 127 bis 129, 131 bis 137, im Ganzen mit 132 Bieren bestand, während die Herrschaft 4 Biere und der jedesmalige Schützenkönig 1 Bier hatte, in Gemäßheit der Resolute der Königl. Regierung zu Liegnitz vom 23. Februar 1849 und des Königl. Handels-Ministeriums vom 17. Oktober 1849 durch die, demnächst vergleichsweise festgestellte Summe von 290 Thlr. Seitens der Stadt-Kommun entschädigt. Die Brau-Kommun war Besitzerin der Grundstücke Nro. 7, 8 und 14 hierselbst, die sie jedoch am 1. Mai 1860 an den Brauermeister Böthig verkauft hat.

Die „Brau-Kommune" hat daher nur noch insofern Bedeutung, als die Mitglieder gemeinschaftliche Eigenthümer einer Hypothek von 3500 Thlrn. sind, deren Auszahlung nicht vor 1870 erfolgt.

XIV. Innungen

———o———

Wie bereits im II. Abschnitt, Seite 25, erwähnt, existirte schon im Jahre 1346 eine Tuchmacher-Innung hierselbst und um das Jahr 1658 geschieht der „Zünfte" der Hutmacher, Bader, Tuchscheerer, Färber und Strumpfwirker, Bäcker, Fleischer, Schuhmacher, Schneider, Kürschner, Schmiede und Schlosser, Töpfer und Weber Erwähnung. Mehrere andere hier vertretene Gewerbe werden ebenfalls im II. Abschnitte genannt. Auch existirten hier, wie in anderen Städten, bis zum Jahre 1845 sogenannte „Bänke" oder Bankgerechtigkeiten, d. i. Berechtigungen zum ausschließlichen Betriebe des betreffenden Gewerbes, und zwar: 8 Bäcker-, 2 Pfefferküchler-, 8 Fleischer- und 9 Schuhmacher-Bänke.

Durch die Gewerbe-Ordnung vom 17. Januar 1845 und die Verordnung vom 9. Februar 1849 hat demnächst auch das Innungswesen eine Umgestaltung erfahren und es bestehen gegenwärtig hierselbst folgende 10 Innungen:

1. Die älteste, gegenwärtig aber schwächste Innung ist die der **Weber**; ihre Errichtung datirt aus dem Jahre 1523; das Siegel trägt die Jahreszahl 1579. — Obermeister ist gegenwärtig Friedrich Riegert.

2. Die **Bäcker-Innung** besteht seit dem Jahre 1534. In ihrer Lade befindet sich eine Innungs-Ordnung vom 24. Juni 1582 und eine solche vom 29. Dezember 1734. — Als Obermeister werden genannt: 1789 Christian Gottfried Pobig, 1816 Christian Friedrich Seifert, 1821 Karl August Haase. Von 1839 bis 1849 war August Andreas Miethe, von da bis 1862 Friedrich Groß Obermeister, seit 1862 ist es Gustav Schander.

3. Die **Schuhmacher-Innung** erhielt ihre Bestätigung und zugleich die Verleihung der Bänke durch den damaligen Gutsherrn Hans von Warnsdorf unterm 4. Januar 1589, wobei festgesetzt wurde: daß hinfort und zu ewigen Zeiten nicht mehr als neun „Schuster" das Handwerk betreiben durften, daß, wie vor Alters gebräuchlich, alles Leder vom „Uffdecker" dem Schuster-Handwerk zum Kauf angeboten werden mußte und daß Niemand Fremdes Schuhe verkaufen durfte. — Als Obermeister exestirte 1806 der Hr. Lischke, welchem 6 Thlr. Geld aus der Innungs-Kasse gestohlen wurden. Später wurde Traugott Riese Obermeister, welcher 4 Personen zu Meister gesprochen hat. Ihm folgte Wilhelm Bendel und demnächst August Karl. Ersterer hat 5, letzterer 6 zu Meistern gesprochen. Seit dem 13. Oktbr. 1849 ist Heinrich Pötsch Obermeister. Während dessen Amtirung sind bis zum Jahre 1865: 16 Personen zu Meistern und 67 zu Gesellen gesprochen und 71 Lehrlinge aufgenommen worden.

4. Die **Schneider-Innung** besteht seit 1601, von welchem Jahre auch ihr Siegel datirt. Die Handwerks-Artikel des gedachten Jahres nebst Lade verbrannten bei dem Brande am 6. März 1642. Erstere wurden demnächst unterm 15. März 1645 erneuert. Unterm 22. Dezember 1734 wurde von dem Gutsherrn George Ernst von Gersdorf eine neue Handwerks-Ordnung errichtet. Das Innungs-Protokollbuch fängt mit dem Jahre 1732 an. Als Obermeister ergeben sich aus Letzterem von 1846 bis 1850: Steinert, bis 1854: Traugott Weder, 1854 bis 1862: Bernhard Groß. Seit 1862 fungirt der jetzige Obermeister Karl Hentschel.

5. Die **Bauhandwerker-Innung** besteht seit 1747. Sie besitzt mehrere zinnerne Kelche und Trinkbecher mit den Jahreszahlen 1767, 1786 und 1787. — Das erste Statut datirt vom 26. August 1747. Der erste Obermeister war George Böhme in See. Von 1827 bis 1847 war der Maurermeister Pötschke hierselbst Obermeister, sodann bis 1862

ist es der Ziegeldeckermeister Lössel hierselbst, und seit 1862 ist es der Maurermeister Julius Neumann in Meuselwitz. Sie ist 1867 für Maurer, Zimmerleute, Schiefer- und Ziegeldecker und Steinhauer neu organisirt.

6. Auch die **Fleischer-Innung** existirt bereits seit dem 17. Jahrhundert. Das Siegel führt die Jahreszahl 1672. Unterm 29. Dezember 1734 wurden die Innungs-Artikel festgesetzt. Die Obermeister waren, soweit bekannt: Johann Gottfried Schander, Gottlieb Gäde, Heinrich Schander, und seit 1863 ist es Wilhelm Schander.

7. Die **Schmiede-Innung**, mit welcher bis 1854 die Tischler und Stellmacher vereinigt waren, besteht seit 1734. — Der letzte Obermeister vor der Theilung resp. Umgestaltung war der Schlossermeister Teifel bis 1854. Seit dieser Zeit amtirt der Schmiedemeister Kallenbach als solcher. Zur Innung gehören: Schmiede, Schlosser, Messerschmiede, Nagelschmiede, Büchsenmacher, Feilenhauer, Kupferschmiede und Klemptner.

8. Bei der **Tischler- und Stellmacher-Innung** wurde 1854 der Stellmachermeister Backoff als Obermeister gewählt.

9. Die seit 1854 neu errichtete **Lederarbeiter-Innung** für Riemer, Sattler, Gerber und Kürschner ernannte den Riemermeister Traug. Neander zu ihrem Obermeister. Früher existirte bereits eine Kürschner-Innung, die sich jedoch aufgelöst hatte. Die Lade derselben wurde der vereinigten Lederarbeiter-Innung überlassen. Seit 1867 ist der Riemermeister Gottschalch sen. als Obermeister gewählt.

10. Die **Müller-Innung** ist seit 1858 errichtet. Obermeister ist der Müllermeister Stephan in Döbschütz.

Die Zahl der verschiedenen Gewerbtreibenden hiesiger Stadt ist im III. Abschnitt angegeben. Als Beisitzer bei den Innungen und als Vorsitzender der Innungs-Prüfungs-Kommissionen fungirt der Bürgermeister Richter. Die zu den Letzteren gehörigen Prüfungsmeister werden nach Vorschrift der Gewerbe-Gesetzgebung von den Innungen gewählt.

———

XV. Spar- und Unterstützungs-Kassen.

————o————

1. Seit dem Jahre 1830 befindet sich in Reichenbach eine Ständische Neben-Sparkasse, welche Einlagen von 10 Sgr. an annimmt und an die Hauptkasse, die Oberlausitzer-Provinzial-Sparkasse zu Görlitz, abführt, von welcher Einlagen mit 3 1/3 Prozent verzinst werden.

Diese Neben-Sparkasse wurde zu erst von dem Apotheker Peuker, und wird seit 1856 von dem Apotheker Elsner verwaltet. Seit dem Beginn derselben sind bis jetzt 4410 Sparbücher ausgefertigt worden. Das Gesammt-Guthaben der einzelnen Interessenten betrug am Schlusse des Jahres 1865 79,406 Thlr. 28 Sgr. 10 Pf.

2. Mit dem 1. Oktober 1860 wurde hierselbst ein Vorschuß-Verein errichtet, der am Schlusse des Jahres 1866 172 Mitglieder zählte. Die Mitglieder zahlen — bis zum Gesammtbetrage von 50 Thlr. — beliebige monatliche Beiträge, welche jedem Mitglied gut geschrieben und beim Ausscheiden aus dem Vereine ausgezahlt werden. Diese Beiträge (Guthaben) bilden das Betriebs-Kapital, welches je nach Bedarf durch aufgenommene Darlehne verstärkt wird. Daraus erhalten die Mitglieder Vorschüsse gegen 6 2/3 Prozent Zinsen, deren Ueberschuß nach Abzug der Zinsen für die Darlehne und nach Abzug der Verwaltungskosten den Mitgliedern als Dividende nach Höhe der Guthaben zugeschrieben wird.

Das Guthaben der Mitglieder betrug am Schlusse des Jahres 1866 4720 Thlr. 25 Sgr.; der zur Deckung etwaiger Ausfälle angelegte Reservefond hatte die Höhe von 174 Thlr. 24 Sgr. erreicht. Die Dividende pro 1866 betrug 5 5/6 Prozent oder pro Thaler 1 Sgr. 9 Pf. — Vorschüsse wurden im Jahre 1866 ausgegeben incl. der aus dem Jahre 1865 übernommenen — 20,706 Thlr. 2 Sgr. 7 Pf. Darauf wurden zurückgezahlt 13,588 Thlr. 11 Sgr. 10 Pf., so daß am Jahresschlusse noch 7117 Thlr. 20 Sgr. 9 Pf. ausstanden. Die Schulden des Vereins betrugen am Jahresschlusse 2130 Thlr. 26 Sgr. 1 Pf. Seit dem Bestehen des Vereins sind überhaupt 60,710 Thlr. 18 Sgr. 5 Pf. Vorschüsse ausgegeben, und 952 Thlr. 1 Sgr. 5 Pf. Reingewinn erzielt worden.

Direktor des Vereins ist der Bürgermeister Richter, Kassirer der Kämmerer Müller, welche mit einem, aus dem Kaufmann Gottschalch, Kürschnermeister Leuchsenring, Böttchermeister Richter, Korduanermeister Biedermann, Grundstücksbesitzer Adam und Schuhmachermeister Seidel bestehenden Ausschusse die Kasse verwalten.

3. Gesellen-Kranken-Kassen:

    a) für Schumacher-Gesellen; Vermögen: 133 Thlr. 3 Sgr. 11 Pf.,
       Ladenmeister: Schuhmachermeister Gebhardt,
       Altgeselle: Schuhmachergeselle Buchmann;

    b) für Bauhandwerker-Gesellen; Vermögen 101 Thlr. 6 Sgr. 7 Pf.,
       Ladenmeister: Maurermeister Neumann,
       Kassenführer: Maurerpolirer Ed. Neumann;

    c) für die Gesellen der übrigen Gewerke; Vermögen: 130 Thlr. 19 Sgr. 9 Pf.,
       Ladenmeister: Tischlermeister Hennig,
       Altgeselle: Nagelschmidtgeselle Deschner.

4. Fabrikarbeiter-Krankenkasse der Flachsbereitungs-Anstalt von G. Taubert & Comp.; Vermögen: 17 Thlr. 20 Sgr. 6 Pf.,
       Kassenvorsteher: Fabrikbesitzer Weber,
       Kassirer: Werkführer Geißler.

Zu den ad 3 und 4 genannten Kassen tragen die Arbeitnehmer und Arbeitgeber statutenmäßig bestimmte Beträge bei. Erstere erhalten daraus in Krankenheitsfällen Unterstützungen; auch die Kosten für Arzt und Medikamente werden daraus bezahlt. Die Statuten sind von der Königl. Regierung ad 3a. am 27. September 1856, ad 3 b. am 15. Februar 1864, ad 3 c. am 15. Januar 1857 und ad 4 am 5. Dezember 1863 bestätigt. Aus den genannten Kassen wurden bis zum Schlusse des Jahres 1865 zu den genannten Zwecken circa 400 Thlr. verausgabt.

———

XVI. Stiftungen, Vermächtnisse u. Schenkungen.

———o———

Der am 11. Februar 1795 verstorbene Ober-Pfarrer Johann Gotthelf Strauß vermachte außer verschiedenen anderen Legaten der Missions-Diakonie der Brüdergemeinde Herrnhut 500 Thlr.; — zum besseren Bestehen eines Schulhalters in Dittmannsdorf 50 Thlr.; — für die Armen in Biesig 100 Thlr..; — für die Armen in Ober-Reichenbach ebenfalls 100 Thlr.; — zur Anschaffung christlicher Erbauungsbücher, welche der damalige Rektor, spätere Oberpfarrer Käuffer unter die Gemeinde und Kirchfarth zu vertheilen hatte, 200 Thlr.; — ferner für die hiesigen Armen 50 Thlr. zur sofortigen Vertheilung, welche dem Diakonus Gude übertragen war; — und endlich für die hiesigen Armen ein Kapital von 500 Thlr. mit der Bestimmung, daß das Kapital unter Aufsicht der Patronatsherrschaft durch die Hospital- und Kirchen-Vorsteher verwaltet werde, und daß die Zinsen durch die beiden Vorsteher alljährlich am Todestage des Testators an Arme, welche sie in Gemeinschaft mit den beiden Geistlichen auszuwählen haben, vertheilt werden sollen.

Der am 28. Juli 1806 hier verstorbene Hausbesitzer und Flachshändler Christian Bärsch setzte für die hiesigen Armen ein Legat von 400 Thlr. aus, welches ebenfalls durch die Kirchen- und Hospital-Vorsteher verwaltet wird, und dessen Zinsen durch diese Vorsteher alljährlich am Todestage an von ihnen auszuwählende Arme vertheilt werden.

Die Handlung C. H. Lange & G. C. Schwärichen in Cottbus schenkte den hiesigen Armen im Jahre 1825 80 Thlr.

Der Hausbesitzer Kindler und der Schmied Heidenreich hierselbst schenkten im Jahre 1842 der Armenkasse Jeder 5 Thlr. Die Kämmereikasse legte 10 Thlr. hinzu, und es wurden 20 Thlr. auf den Namen der städtischen Armenkasse hierselbst ausgeliehen. Ein zweites Kapital von 49 Thlr. 29 Sgr. 11 Pf. wurde im Jahre 1844 auf den Namen der Armenkasse ausgeliehen; wahrscheinlich ist das der Rest der vorgedachten 80 Thlr.

In der hiesigen Schule ließ der Patron, jetzige Landes-Aelteste von Seydewitz, im Jahre 1846 bei der 300jährigen Todesfeier Dr. Martin

Luthers 25 Bibeln unter die bedürftigsten und würdigsten Kinder vertheilen.

Im Jahre 1851 erhielt die Schule von dem Schlossermeister Teifel ein Legat von 2 Thalern.

Die hiesige Kirche erhielt in neuerer Zeit, soweit darüber Nachrichten vorhanden sind, im Jahre 1831 von der Wittwe Lehmann 5 Thlr.; — im Jahre 1833 von dem Schmied Köhler 3 Thlr.; — im Jahre 1834 zum Konfirmationstage der Jugend von der Gemeinde eine schwarztuchne Altar- und Kanzel-Bekleidung, von der Jugend in Mengelsdorf ein Altartuch und eine Kanzel-Bekleidung von blauem Tuch mit silbernen Franzen, von dem Hausbesitzer Herrmann ein Legat von 5 Thlr.; — 1835 von dem Spediteur Wiedemann zwei neue große Altarleuchter von Eisenguß, mit Kerzen, und ein vergoldetes Kruzifix, zusammen 25 Thlr. im Werth; von dem Bürger Adam hierselbst ein Legat von 5 Thlr.; — 1837 von dem Hausbesitzer Haupt hierselbst 2 Thlr.; — 1853 von der Frau Landschafts-Direktor von Haugwitz geb. Gräfin Görtz ein Legat von 100 Thlr. zur Instandhaltung der Familiengruft; — 1854 von der Jugend der Parochie ein Chor Posaunen im Werthe von 30 Thlr. und einen Kronleuchter im Werthe von 31 Thlr. 25 Sgr.; — 1856 von den Konfirmanden zwei künstliche Blumen-Bouquetts, von zwei Frauen eine selbst filirte Kanzelbekleidung, und von einer Wittwe sieben Kommunikantenbänke; — 1857 von den Konfirmanden einen Teppich auf die Altarstufen, und von der hier verstorbenen Jungfer Eleonore Polst ein Legat von 5 Thlr.

Bei der im Jahre 1866 erfolgten Einweihung der neuen Orgel erhielt die Kirche: von der verw. Frau Müllermeister Richter, Beate geb. Göllner, eine rothtuchne Altar- und Kanzel-Bekleidung im Werthe von 56 Thlr.; — von den Frauen aus der Stadt und aus Oelisch zwei neusilberne Altarleuchter im Werthe von 36 Thlr., und ein hölzernes Altar-Kruzifix mit messignem, stark versilbertem Korpus im Werthe von 17 ½ Thlr.; — von den Jungfrauen aus der Stadt zwei Blumen-Bouquetts mit Vasen auf den Altar, und von den Mitgliedern des Missions-Nähvereins einen grünen Teppich auf die Stufen des Altars im Werthe von 15 Thalern.

Am 7. Juni 1856 schenkte die verwittw. Frau Schmiedemeister Hentschel, Marie Rosine geb. Schneider hierselbst, der Stadt ein Gebett Betten nebst Bettstelle, zur Benutzung für arme Kranke.

Die Armenkasse erhielt zur Verstärkung des Vermögens von dem am 22. Juli 1862 verstorbenen Ziegeldeckermeister Wenzel Lössel hierselbst ein Legat von 5 Thlrn., und von dem am 16. September 1866 verstorbenen, früheren Hausbesitzer Christian Traugott Kindler hierselbst ebenfalls ein Legat von 5 Thlrn. —

Der am 7. November 1866 verstorbene Fuhrmann Gottfried Heinze hierselbst vermachte in seinem Testamente: der Kirche hierselbst 200 Thlr. zur Anschaffung einer neuen Orgel und 200 Thlr. zur Begründung eines Fonds zur Erhöhung des Kirchthurms; 100 Thlr. der Kirche zu Hennersdorf bei Görlitz; 25 Thlr. der Schule zu Reichenbach, 100 Thlr. der Armenkasse zu Reichenbach; 25 Thlr. zur Begründung eines Fonds, dessen Zinsen zur Unterstützung armer Mündel aus dem Bezirke der hiesigen Königlichen Kreis-Gerichts-Kommission zu verwenden sind, und welcher von der genannten Behörde verwaltet werden soll, während der jedesmalige hiesige Bürgermeister zum Kurator der Stiftung ernannt ist, und endlich 200 Thlr., aus welchen eine mit dem Testator verwandte Familie Unterstützungen beziehen soll. Die Verwaltung und event. auch das Eigenthum dieser Stiftung ist auf die Stadtgemeinde Reichenbach übergegangen.

XVII. Armenpflege.

———o———

Wie bereits im Abschnitt VII. erwähnt, besteht hierselbst das „Hospital zum armen Lazarus", welches nach dem von der Königlichen Regierung genehmigten Statut vom 22. März 1855 dazu bestimmt ist:

a) im Hospitalgebäude hilfsbedürftige, arme Einwohner aus der Stadt und aus Ober-Reichenbach aufzunehmen, ihnen freie Wohnung nebst Beheizung, freie ärztliche Behandlung, Medizin und Pflege in Krankheitsfällen zu gewähren und die Begräbnißkosten zu bezahlen;

b) den ad a. gedachten, sowie anderen hilfsbedürftigen Personen aus beiden Orten Geld-Unterstützungen zu verabreichen;

c) gewisse Verwendungen zu Kirchen- und Schulzwecken zu gewähren.

Gemäß der Bestimmung zu a. werden in der Regel acht Frauenspersonen, sechs aus der Stadt, zwei aus Ober-Reichenbach, in das Hospital aufgenommen. An Unterstützungen und Kosten für ärztliche Hilfe und Medizin etc. werden alljährlich gegen 200 Thlr. aus der Hospitalkasse gezahlt, an Schulgeld für 10 arme Kinder aus obengedachten beiden Orten 18 Thlr., zur Anschaffung von Lehr-Hilfsmitteln 10 Thlr. jährlich verwendet. Das Brenn-Material erfordert einen Kosten-Aufwand von 50 bis 70 Thlr. — Was von den Zinsen des Vermögens nach Bestreitung vorstehender Ausgaben, der Verwaltungs-, Bau- und Reparaturkosten und sonstigen außerordentlichen Ausgaben übrig bleibt, wird dem Kapitale zugeschlagen.

Aus den Zinsen der im Abschnitt XVI. erwähnten Legate des Ober-Pfarrers Strauß und des Flachshändlers Bärsch gelangen jährlich 45 Thlr., und zwar 25 Thlr. am 11. Februar und 20 Thlr. am 28. Juli, zur Verwendung zu Unterstützungen für Arme aus der Stadt.

Die Stadtkommune hatte früher nur eine Armenstube gemiethet. Seit 1. Oktober 1860 hat dieselbe das Haus № 22 für 490 Thlr. erkauft und mit einem Kosten-Aufwande von 180 Thlr. zu einem Armenhause eingerichtet. Dasselbe enthält außer der Wohnung des Hausvaters (Schuhmacher Karl Gottlieb Seibt) 3 Stuben, wovon die eine mit 3 Mannspersonen, die andere für Rechnung des Landarmenverbandes mit einer Frau und 3 Kindern besetzt ist und die dritte als Krankenzimmer reservirt wird.

Eine besondere Armen-Kasse ist erst mit dem 1. Januar 1860 errichtet worden, während vorher die für die Zwecke derselben bestimmten Einnahmen in die Kämmerei-Kasse flossen und die Ausgaben aus dieser letzteren geleistet wurden. Zwei Hypotheken-Dokumente im Betrage von 69 Thlr. 29 Sgr. 11 Pf. wurden ebenfalls, wenn auch auf den Namen der Armen-Kasse lautend, in der Kämmerei-Kasse nachgewiesen und verrechnet. Als Einnahmen sind der Armen-Kasse zugewiesen: die Strafgelder, die Sammlungen bei Hochzeiten und Kindtaufen, die Abgabe für die Abhaltung öffentlicher Lustbarkeiten, die Miethen vom Armenhause, sowie sonstige Zuwendungen, Schenkungen, Legate etc. und endlich ein Zuschuß der Kämmerei-Kasse von jährlich 50 Thlr. — Die Ausgaben sind im Etat pro 1866 bis 1868 auf jährlich 120 Thlr. veranschlagt. — Ersparnisse, welche durch vermehrte Einnahmen oder verminderte Ausgaben gemacht werden, werden jährlich bei der Sparkasse angelegt, und es sind auf diese Weise vom 1. Januar 1860 bis 31. Dezember 1866, einschließlich der zugewachsenen Zinsen, 118 Thlr. 6 Sgr. 2 Pf. erspart worden, so daß das Vermögen der Armenkasse ult. 1866 188 Thlr. 6 Sgr. 1 Pf. betrug. Möchten wohltätige Herzen durch Schenkungen, Legate etc. zur Verstärkung des Kapitals beitragen, damit nach und nach die Bedürfnisse der Armenpflege aus den Zinsen des eigenen Vermögens gedeckt werden! —

Außerdem findet seit einigen Jahren regelmäßig eine, aus freiwilligen Beiträgen veranstaltete Weihnachtsbescheerung für Arme statt, wobei Lebensmittel, Kleidungsstücke und Schulsachen zum Werthe von circa 25 Thlr. zur Vertheilung gelangen. — Auch die Mitglieder des Gemeinde-Kirchenraths sammeln freiwillige Beiträge, die als Unterstützungen an Arme, besonders während des Winters, vertheilt werden.

Behufs besserer Fürsorge für Kranke hat Fräulein Hedwig von Seydewitz, Tochter des Herrn Landes-Aeltesten von Seydewitz, einen Fond zur Errichtung eines Krankenhauses hierselbst gegründet, der bereits die Höhe von über 220 Thlr. erreicht. Zur Unterstützung dieses Zweckes hat auch der Bürgermeister Richter einen besonderen Fond angelegt, der gegenwärtig 68 Thlr. Bestand hat. Zuwendungen für diesen wohlthätigen Zweck werden jederzeit dankbar angenommen.

Aus dem Oberlausitzer Lossa'schen Armenfond erhält gegenwärtig hier eine Person eine jährliche fortlaufende Armen-Pension von 8 Thlr., eine andere seit einigen Jahren außerordentliche Unterstützungen. Aus dem Oberlausitzer Retablissementsfond erhalten drei Wittwen Kinder-Erziehungsgelder mit jährlich resp. 12, 12 und 24 Thlr., nachdem bereits seit Jahren namhafte Unterstützungen aus diesem Fond von der Königlichen Regierung gewährt worden sind. Eine Veteranen-Wittwe bekommt aus einem diesfallsigen ständischen Fond jährlich 4 Thlr.

Ein Knabe ist im Rettungshause zu Görlitz ausgebildet worden, und ein anderer befindet sich noch jetzt in der Waisenpforte zu Kottbus, und zwar auf Kosten Ständischer Fonds.

XVIII. Oberlausitzer Waisen-Anstalt.

———o———

Nachdem Seitens des Königl. Ministeriums die definitive Errichtung des Schullehrer-Seminars in hiesiger Stadt genehmigt worden, wurde durch das Königl. Provinzial-Schul-Kollegium zu Breslau unterm 7. November 1862 in einem Schreiben an den damaligen Landes-Aeltesten Grafen von Löben die Absicht aussprochen, mit dem Seminar ein kleines wendisches Waisenhaus zu verbinden, und es wurde der Wunsch hinzugefügt, daß die Herren Stände sich thätig für das Projekt interessiren möchten. Auf den, Seitens des hiesigen Magistrats an die Herren Stände gerichteten Antrag, eine allgemeine Oberlausitzer Waisen-Anstalt in Verbindung mit dem Seminar zu errichten, wurde zwar durch den Landtagsbeschluß ad incid. 5 pro 1864 die Bedeutung und das Wohlthätige einer solchen Anstalt anerkannt und aus verschiedenen Fonds vorläufige Bewilligungen für diesen Zweck gemacht, gleichwohl aber wegen Mangels an disponiblen Mitteln von der definitiven Errichtung der Anstalt zunächst abgesehen.

Zu der, am 22. Mai 1865 stattfindenden Feier der fünfzigjährigen Zugehörigkeit der Oberlausitz zu Preußen hatte hierauf die größere ständische Ausschuß-Versammlung beschlossen: aus den, den Gesammtständen zur Dispositon stehenden Mitteln die Summe von 10,000 Thlr. zu widmen, welche zur Begründung eines, unter ständischer Verwaltung stehenden Waisenhauses für die Oberlausitz zu verwenden, in welchem vorzugsweise verwaiste Kinder solcher Oberlausitzer Soldaten, welche an dem letzten Schleswig-Holstein'schen Feldzuge Theil genommen haben, Aufnahme finden sollen.

Hierauf beschloß der Landtag ad Prop. 13 pro 1865 weiter:

1. die zunächst gewidmete Summe von 10,000 Thlr. seiner Zeit aus dem Antheil der Ober-Lausitz an dem Vermögen der Schlesischen Provinzial-Darlehns-Kasse zu entnehmen;

2. die Revenüen des, wie zu erwarten steht, demnächst in ständische Verwaltung übergehenden Retablissements- und Buder'schen Fonds zu den Unterhaltungskosten des Waisenhauses mit zu verwenden;

3. mit dem Bau eines Waisenhauses von angemessenem Umfange im Jahre 1866 vorzugehen;
4. das Waisenhaus in Reichenbach erbauen zu lassen;
5. dasselbe für christliche Kinder beiderlei Geschlechts aus der Oberlausitz zu bestimmen;
6. eine Kommission zu wählen, welche den Auftrag erhält, mit dem Ankauf der nöthigen Ländereien, wobei sogleich auf eine eventuelle Vergrößerung der Anstalt Bedacht zu nehmen, vorzugehen, mit dem Bau im nächsten Frühjahr zu beginnen, dem nächsten Landtage über das, was in der Sache bis dahin geschehen ist, zu berichten und demselben ein Reglement für das Waisenhaus vorzulegen und motivirte Vorschläge über Einrichtung und Verwaltung desselben zu machen.

In diese Kommission wurden gewählt: der Landes-Aelteste von Seydewitz, der Landes-Aelteste der Fürstenthums-Landschaft von Wiedebach-Nostitz auf Arnsdorf, der Bürgermeister Richter in Reichenbach und der Ortsrichter Zieschang zu Groß-Saubernitz.

Die gedachte Kommission hat sodann am 24. Januar 1866 aus den Grundstücken Nro. 32 und 33 zu Nieder-Reichenbach 2 Parzellen von 1 ½ Morgen Fläche, unmittelbar am Seminar gelegen (deren Inkommunalisirung zur Stadt erfolgt ist), erkauft, und in dem Submissions-Termine am 22. Februar den Bau dem Maurermeister Neumann aus Meuselwitz für den Preis von 7400 Thlr. verakkordirt, die Aufsicht über den Bau aber dem Königlichen Baurath Hamann in Görlitz übertragen. Der Bau ist beendet und die Anstalt am 2. Juni 1867 feierlich eröffnet worden.

Inzwischen war auch im Frühjahr 1865 auf Veranlassung des Bürgermeisters Richter ein Comité unter dem Vorsitz des Königlichen Landraths v. Sydow zu Görlitz zusammen getreten, dem sich die Landräthe v. Gersdorff zu Rothenburg, v. Götz zu Hoyerswerda, und v. Zastrow zu Lauban, der jetzige Ober-Bürgermeister Richtsteig zu Görlitz, und mehrere andere Herren anschlossen, welches sich die Aufgabe stellte, die Errichtung der Oberlausitzer Waisen-Anstalt in Reichenbach herbeizuführen, sich aber auch von vorn herein dahin erklärte, die Angelegenheit zu jeder Zeit in die Hände eines ständischen Kuratorii zu legen.

Nachdem auf den Bericht des, von dem Comitè mit der Korrespondenz betrauten Magistrats zu Reichenbach sowohl das Königliche Provinzial-Schul-Kollegium zu Breslau, als auch die Königliche Regierung zu Liegnitz zur Förderung des Zweckes sich bereit erklärt hatten und der Herr Ober-Präsident der Provinz Schlesien den Erlaß eines Aufrufs zu freiwilligen Beiträgen genehmigt hatte, wurde ein solcher im Juni 1865 erlassen. Die Sammlung hat — einschließlich der von den Kreisständen des Görlitzer und Laubaner Kreises bewilligten 100 Thlr. resp. 200 Thlr. — die Summe von 1212 Thlr. 7 Sgr. 10 Pf. ergeben, welche an das Landsteuer-Amt zu Görlitz abgeführt worden ist.

Am Landtage 1866 ist demnächst ein Reglement für die Waisen-Anstalt festgestellt und das Kuratorium, welches das Weitere zu besorgen hat, gewählt worden. Die Mitglieder desselben sind: der Landesälteste der Oberlausitz von Seydewitz, der Landesälteste von Wiedebach-Nostitz auf Arnsdorf, der Bürgermeister Richter hierselbst, und der Ortsrichter Zieschang zu Groß-Saubernitz. Als Stellvertreter für dieselben sind gewählt: der Landesbestallte Freiherr Dr. von Gersdorff auf Ostrichen, der Kreisdeputirte von Wolff auf Liebstein, der Kämmerer Rüde zu Rothenburg und der Ortsrichter Neumann zu Meuselwitz.

Wie bereits erwähnt, wurde die Anstalt am 2. Juni 1867 eröffnet. Zu der Feier hatten sich das ständische Kuratorium, der derzeitige Vertreter des Landraths Görlitzer Kreises, der Kreisdeputirte und Kammerherr von Erdmannsdorff, der Landrath Rothenburger Kreises, Landschafts-Direktor von Gersdorff, der Superintendent Haußer aus Kunnerwitz, die hiesigen städtischen Behörden, der hiesige Gerichts-Kommissarius, die beiden hiesigen Geistlichen, das Seminar-Lehrer-Kollegium, die hiesigen Lehrer etc. eingefunden. Die Weihrede hielt der Oberpfarrer Weigand, worauf der Landes-Aelteste von Seydewitz den zum Wasienhaus-Inspekteur erwählten bisherigen Seminar-Uebungslehrer Leberecht Diesner und seine als Waisenmutter berufene Gattin einführte. Auf die hiernächst erfolgte Antritts-Rede des Inspektors Diesner sprach der Superintendent Haußer den Segen. Die Eröffnung erfolgte vorläufig mit 8 Knaben und 5 Mädchen. Das Anstalts-Gebäude (Haus No. 165) ist, dem Zwecke entsprechend, geräumig hergestellt.

XIX. Eisenbahn.

——o——

Die auf Grund des Staats-Vertrages zwischen Preußen und Sachsen vom 24. Juli 1843 von einer Aktien-Gesellschaft erbaute, später vom Königlich Sächsischen Staate übernommene Sächsisch-Schlesische Eisenbahn, von Dresden bis Görlitz, ist seit dem Jahre 1847 dem Verkehr übergeben worden, und durchschneidet die Feldmark der Stadt Reichenbach, so daß die durch die große Zahl der Eisenbahnen herbeigeführte Verkehrs-Erleichterung nach allen Richtungen hin auch unserer Stadt zu Gute kommt. —

Der Bahnhof Reichenbach steht zum Theil auf städtischer, zum Theil aber auf der Feldmark Nieder-Reichenbach und ist zum Gemeinde-Bezirke des Dorfes Nieder-Reichenbach geschlagen worden.

Am Bahnhofe ist angestellt resp. stationirt: 1 Inspektor, 1 Bureau-Gehilfe, 1 Ober-Bahnwärter, 1 Billeteur.

Als Inspekor fungirte bis 30. Juni 1850 Edler von der Planitz, von da bis 31. März 1852 Pietsch, von da bis 31. August 1858 von Odeleben, bis 1. Dezbr. 1865 Straube, seitdem befindet sich Eduard Witte als Inspektor hier.

Pächter der Restauration auf dem Bahnhofe ist seit dem 1. Oktober 1860 der Tischlermeister Wilhelm Schieblich von hier.

Es passieren auf der Bahnstrecke, außer den erforderlichen Güterzügen, täglich 6 Personenzüge hin und ebensoviel zurück.

An Personen wurden von hier aus mit der Eisenbahn befördert:

im Jahre:	in I. Klasse:	in II. Kl.:	in III. Kl.	Summa:
1864	46	2218	17,453	19,717
1865	87	1740	22,304	24,131.

Die Güter-Frequenz betrug:

im J. 1864: 20,004 Centner Ausgang, 83,069 Centner Eingang.
" " 1865: 11,380 " " 9,200 " "

Die Thier-Beförderung dagegen:

im Jahre 1864: 1560 Stück Ausgang,   1581 Stück Eingang.
 "   "   1865: 4083   "   "   2708   "   "

Telegraphische Depeschen wurden befördert, und zwar

a) Dienst-Depeschen:
im Jahre 1864:   975 Stück Ausgang,   2276 Stück Eingang.
 "   "   1865: 1201   "   "   2309   "   "

b) Privat-Depeschen:
im Jahre 1864:   134 Stück Ausgang,   118 Stück Eingang.
 "   "   1865:   183   "   "   169   "   "

Gemäß Artikel 14 des Friedens-Vertrags zwischen Preußen und Sachsen, d. d. Berlin, den 21. Oktober 1866, ist das Eigenthum der Königlich Sächsischen Regierung an der, auf Preußischem Gebiet belegenen Strecke dieser Bahn auf die Königlich Preußische Regierung übergegangen, dagegen die Erstere vorläufig und vorbehaltlich der zu treffenden weiteren Verständigung in der Ausübung des Betriebes auf der Strecke von der Landesgrenze bis Görlitz verblieben, indem sie den rechnungsmäßigen Rein-Ertrag an die Königlich Preußische Regierung abzuliefern hat.

XX. Kommunal-Eigenthum.

———o———

Außer den Plätzen und Straßen etc. gehören, wie bereits im Abschnitt III. erwähnt wurde, der Stadtkommune 39,62 Mrg. grundsteuerpflichtige Ländereien, und 131,53 Morgen sogenannte Kommunscheffel.

Zu den Ersteren gehören: der große Viebig, mit den Stockmeister- und Hirtenfeldern und Wiesen, der kleine Viebig, der Hospital-Viebig, der Färber-Garten, der Meister-Garten, die Ränder in der oberen und niederen Aue, der Streifen an der Biesiger Straße, die Ränder an der Bahnhofsstraße, der Platz beim Schießhause, einschließlich der Baustelle, und die Königs-Wiese. Die Gras-Nutzung des Platzes beim Schießhause sowie der Königs-Wiese steht der Schützengilde zu. Alle übrigen Grundstücke sind meistbietend verpachtet, und bringen jährlich 198 Thlr. 20 Sgr. Pacht.

Die Kommunscheffel, früher Kommun-Hutungs-Lehden-Acker genannt, welche nach dem Vergleiche vom 1. Januar 1585 den Armen, welche keine Aecker haben, jährlich für einen, zur Rathslade fließenden gebührlichen Zins ausgethan werden sollen, sind durch den Rezeß vom 16. Dezember 1805 den Besitzern der damals vorhanden gewesenen Häuser gegen einen Grundzins von jährlich 15 Sgr. pro Scheffel zur erblichen Benutzung, jedoch unter der Bedingung überlassen worden, daß dieselben bei Verkäufen und Taxen der betreffenden Bürger-Nahrungen nicht mit in Anschlag gebracht, und mit Schulden nicht belastet werden dürfen. Das Eigenthum derselben steht der Kommune zu, für welche auch der Besitz-Titel im Hypothekenbuche berichtigt ist. Solcher Theile oder Scheffel waren 141, wovon die Häuser Nro. 11/12, 23, 38, 99, 109, 111, je 2 Scheffel, die übrigen Privathäuser, sowie das Diakonat, das Rektorat und das Kantorat je 1 Scheffel erhalten haben. Der Antheil des Hauses No. 22 ist mit dem Erwerb desselben als Armenhaus an die Kommune zurückgefallen. Der Grundzins mit 70 Thlr. fließt zur Kämmereikasse.

An Gebäuden gehören der Stadt-Kommune: das Polizei-Gefängniß, gewöhnlich Stockhaus genannt, Nr. 144, sowie das im Abschnitt XVII. erwähnte Armenhaus. Das Erstere enthält außer der Wohnung des Polizeidieners und Gefangenenwärters eine Stube für

Schuld-Gefangene etc. und 4 Zellen. Die Mitbenutzung des Gefängnisses ist vertragsmäßig der hiesigen Königl. Kreisgerichts-Kommission eingeräumt worden.

Außerdem besitzt die Kommune eine Wasser-Leitung, mittelst deren das Wasser aus mehreren nach Mengelsdorf zu gelegenen Brunnen nach der Stadt geleitet wird.

Durch die Urkunde vom 6. März 1589 überließ der Besitzer der Reichenbacher Güter, Hans von Warnsdorf, der Stadt-Gemeinde zwei, auf seinem Grund und Boden an der Mengelsdorfer Straße gelegene Wasserquellen für immerwährende Zeiten zur Anlegung einer Röhr-Wasserleitung in die Stadt, und räumte der Stadt-Gemeinde das Recht ein, die Quellen in einen Umschrot zu fassen, sie zu räumen, und neue Röhre auf seinem Grund und Boden zu legen, so oft es nöthig wird.

Ferner kaufte die Stadt-Kommune am 16. Februar 1828 von dem Gärtner Hänsel in Ober-Reichenbach drei Brunnen, und am 21. Oktober 1842 von dem Gärtner Johann Gottlieb Petschke No. 3 zu Ober-Reichenbach einen Brunnen. Ebenso kaufte der Gasthofsbesitzer Friedrich Lehmann am 28. Mai 1842 einen solchen vom Gärtner Heinrich Schley (früher Adam) No. 4 zu Ober-Reichenbach und trat denselben an die Stadt-Kommune ab. Desgleichen erkaufte der Kaufmann Ernst Wilhelm Hopfstock am 2. Oktober 1864 einen solchen von dem Häusler Johann George Hieronymus No. 49 zu Mengelsdorf und übereignete denselben der Stadt-Kommune.

Aus diesen Quellen resp. Brunnen wird das Wasser in ein gemeinschaftliches Reservior gebracht und aus diesem mittelst einer im Jahre 1864 neugelegten Wasser-Leitung in eiserne Röhren in die Stadt und daselbst in 5 öffentliche Wasserbehälter (Röhrbütten resp. Wassertröge) geleitet. Auch der Kaufmann Hopfstock bezieht mittelst einer Privat-Zweigleitung Wasser in sein Gehöft. Ebenso der Brauermeister Böthig, der zugleich den Abfall von der oberen Röhrbütte auf dem Markte bezieht. Den Abfall von den beiden Wasserbehältern auf der Görlitzer Straße beziehen mittelst Privat-Leitung der Kaufmann Friedrich Wilhelm Jäsrich und der Grundstücksbesitzer Gottlieb Straube.

Die Kosten der Wasserleitung incl. der bereits hergestellten 3 Wasserbehälter betragen ziemlich 2400 Thlr., wozu 2000 Thlr. darlehnsweise aufgenommen worden sind, während der Mehrbetrag aus den laufenden Einnahmen entnommen wurde. Auf das Darlehn von 2000 Thlr. (neben welchem die Kommune noch die zur Abfindung der Brauberechtigten verwendeten 200 Thlr. Kaution des Kämmerers schuldet), sind bereits 1865 und 1866 100 Thlr. abgezahlt. Die Tilgung der ganzen Schuld erfolgt nach dem festgestellten Tilgungs-Plane bis zum Jahre 1896.

Endlich besitzt die Kommune eine Pumpe auf dem Marktplatze, eine solche bei dem Ebermannschen Hause No. 43 und eine solche an der Nieskyer Chaussee, welche vom Kreise hergestellt ist.

XXI.Steuern und Abgaben.

——o——

An Stelle der früheren Rauchsteuern, Portions- und Rations- (Miliz-) Gelder und Accise-Grundsteuern wird auf Grund des Gesetzes vom 21. Mai 1861 seit dem 1. Januar 1865 die Grund- und Gebäude-Steuer erhoben. Erstere (die Grundsteuer) beträgt 193 Thlr. 2 Sgr. 2 Pf., Letztere (die Gebäudesteuer) 191 Thlr., zusammen jährlich 384 Thlr. 2 Sgr. 2 Pf.

Früher wurden erhoben:

Rauchsteuer	168 Thlr.	25 Sgr.	3 Pf.,
Portions- u. Rationsgelder	264 Thlr.	7 Sgr.	10 Pf.
Accisegrundsteuer	27 Thlr.	29 Sgr.	10 Pf.
Summa:	461 Thlr.	2 Sgr.	11 Pf.

Die jetzigen Steuern betragen daher 87 Thlr. und 9 Pf. weniger. Von den früheren Steuern verblieben indeß der Kämmerei-Kasse 48 Thlr. 20 Sgr. 8 Pf., welche jetzt weggefallen sind, wogegen andererseits die Kommune 6 Thlr. 15 Sgr. 5 Pf. Abgaben von Kommunal-Grundstücken, die bisher frei waren, zu entrichten hat, so daß die Kämmereikasse, nach Abzug von 5 Thlr. 12 Sgr. Hebegebüren von der Gebäudesteuer, einen Ausfall von jährlich 50 Thlr. 24 Sgr. 1 Pf. erleidet.

Da die zeitherigen Rauchsteuern nur zur Hälfte zur Staatskasse flossen, zur anderen Hälfte aber zur Deckung der Ober-Lausitzer Kommunal-Bedürfnisse dienten, so beträgt die jetzige Steuer — gegen früher — 33 Thlr. 26 Sgr. 9 Pf. mehr, und in dieser Höhe sind die vom Magistrat angemeldeten und bis in die Rekurs-Instanz verfolgten

Entschädigungs-Ansprüche der Kommune durch Resolut vom 15. März 1866 anerkannt worden.

Für Landes-Bedürfnisse der Ober-Lausitz wird seit 1865 ein Zuschlag von 10 Prozent zur Grund – und Gebäudesteuer erhoben, welcher hier 38 Thlr. 12 Sgr. und 3 Pf. beträgt; es darf aber mit ziemlicher Sicherheit angenommen werden, daß derselbe sich vermindern resp. in Wegfall kommen wird, sobald die neu ins Leben gerufene Kommunalständische Bank der Ober-Lausitz aus ihren Revenüen-Ueberschüssen die Bedürfnisse wird decken können.

An Stelle der früheren gutsherrlichen Abgaben werden von den einzelnen Besitzern noch jährlich 156 Thlr. 17 Sgr. Rente an die Rentenbank entrichtet, welche, so weit sie nicht durch Kapital-Zahlung inzwischen getilgt wird, im Jahre 1914 in Wegfall kommt.

An Hospital-Acker- und Viehweide-Zins sind von einer Anzahl von Grundstücken 11 Thlr. 7 Sgr. 6 Pf. zur Kämmereikasse zu entrichten, welche dafür 15 Thlr. 16 Sgr. 8 Pf. zur Hospital-Kasse zu zahlen hat.

Das Klassensteuer-Soll beträgt nach der pro 1867 festgestellten Rolle jährlich 1058 Thlr. 15 Sgr., das Gewerbesteuer-Soll 300 Thlr. —

An Kosten für Land-Armen-Zwecke wird innerhalb der Ober-Lausitz ein Zuschlag zur Einkommen- resp. Klassensteuer erhoben, welcher pro 1866 in Reichenbach 18 Thlr. 20 Sgr. 10 Pf. betrug.

Die Kommunalsteuern, aus denen auch die Provinzial- und Kreis-Abgaben sowie die Kirchensteuern gedeckt werden, werden in Form eines Zuschlags zur Klassensteuer, und zwar in Höhe von 75 Prozent, jedoch unter Freilassung der Gesellen, Lehrlinge, Dienstboten etc. und mit der gesetzlichen Modifikation bezüglich der Beamten, erhoben. Dieselben sind im Etat auf 560 Thlr. veranschlagt, betrugen aber pro 1866 624 Thlr. 28 Sgr. 6 Pf. Als fernere Einnahmen der Kämmerei-Kasse sind die Markt-Standgelder mit 125 Thlr., die Pachtgelder und Grundzinsen mit 268 Thlr. 20 Sgr., ein Wasserzins mit 3 Thlr. 26 Sgr. 8 Pf., die Hebegebüren mit 59 Thlr., die Einzugs- und Bürgerrechtsgelder mit 95 Thlrn. im Etat zum Ansatz gebracht.

Dagegen sind die Ausgaben der Kämmerei-Kasse, wie folgt, veranschlagt:

An Besoldungen: des Bürgermeisters, des Kämmerers, des Polizeidieners, des Nachtwächters, des Glöckners und der Spritzenmeister ... 413 rtl. 25 sgr. - pf.

" Verwaltungskosten	133	"	10	"	- "
" Reisekosten	17	"	-	"	- "
für Bauten und Reparaturen	100	"	-	"	- "
zur Schuldentilgung und Verzinsung	150	"	-	"	- "
an Zuschuß zur Armenkasse	50	"	-	"	- "
" Abgaben, Miethen etc.	14	"	-	"	- "
" Provinzial- und Kreis-Abgaben	72	"	9	"	4 "
" Kirchensteuer	63	"	25	"	- "
zur Straßenbeleuchtung	54	"	-	"	- "
Insgemein	27	"	26	"	8 "

Daneben sind von den Gewerbtreibenden Beiträge zur Verzinsung und Tilgung der Bank- und Dominial-Gewerbe-Entschädigung aufzubringen, deren Höhe sich nach der Zahl der Gewerbetreibenden richtet. Dieselben sind mit 79 Thlr. 24 Sgr. 3 Pf. zum Ansatz gebracht, während die Kämmerei-Kasse ihrerseits 20 Thlr. 20 Sgr. 7 Pf. zuzulegen hat.

Die Total-Summe im Etat der Kämmerei-Kasse beträgt in Einnahme und Ausgabe 3250 Thlr. pro Jahr, was pro Kopf der Bevölkerung etwa 2 2/7 Thaler ausmacht. Die wirklichen Steuern betragen aber nur etwa 1 ½ Thlr. pro Jahr und Kopf. —

Die Kommunalsteuern betrugen 1852 bis 1859 durchschnittlich jährlich 446 Thlr., oder pro Kopf circa 11 Sgr. 3 Pf. Obgleich inzwischen die Hand- und Spanndienste, welche früher neben der Kommunalsteuer in natura geleistet werden mußten, aufgehoben sind, und alle Fuhren und Arbeiten aus der Kämmereikasse bezahlt werden; obgleich ferner eine Wasserleitung gebaut, ein Armenhaus mit einem Kosten-Aufwande von 670 Thlr. erworben, neue Straßenlaternen angeschafft, und auf die Regulirung des Marktplatzes, des Alten Ringes, der Bahnhofsstraße, des Sohländer Weges etc., bedeutende Summen verwendet worden: betragen die Kommunalsteuern gegenwärtig doch nur etwa 600 Thlr. jährlich, was bei der gesteigerten Seelenzahl etwa 12 Sgr. 4 Pf. pro Kopf ausmacht.

———

XXII. Durchreisen fürstlicher Personen.

—o—

Während aus früheren Zeiten Nachrichten über das Durchreisen fürstlicher Personen fehlen, hat die hiesige Stadt in den letzten Jahrzehnten wiederholt die Ehre gehabt, Höchste und Allerhöchste Personen hier begrüßen zu dürfen. Soweit darüber Notizen vorhanden sind, passirten die hiesige Stadt: **1833** am 3. September die Großherzogin von Weimar auf der Reise nach Görlitz, **1835**, am 10. August, der Prinz Wilhelm von Preußen, am 27. August dess. Jahres Prinz Albrecht, am 23. September der Herzog von Nassau, der Herzog von Holstein-Glücksburg, am 25. September der Herzog von Cumberland, der Prinz Wilhelm von Preußen nebst Gemahlin, acht sechsspännige Wagen vom Gefolge der Kaiserin v. Rußland, der Prinz Friedrich der Niederlande nebst Gefolge, der Großfürst Michael von Rußland nebst Gefolge, der Kronprinz von Preußen, am folgenden Tage König Friedrich Wilhelm III. von Preußen, die Frau Fürstin von Liegnitz nebst Gefolge; **1838**, am 4. Juli, der Kronprinz von Preußen, am 15. Juli der Kaiser Nikolaus v. Rußland nebst Gemahlin und Gefolge (17 Wagen); **1840,** am 30. März, der Großfürst-Thronfolger v. Rußland, am 14. August der König Friedrich Wilhelm IV. von Preußen, ein Paar Tage später: die Kaiserin von Rußland, der Großherzog von Hessen-Darmstadt etc.; **1842,** am 26. Juli: die Königin von Preußen, am 31. Juli: der König von Holland, am 6. September der Prinz der Niederlande nebst Gemahlin; **1844** am 5. Januar der Thronfolger v. Rußland, welcher am 22. April zurückkehrte; am 29. Juni die verwittwete Frau Gräfin von Naussau und der Prinz Friedrich der Niederlande; **1846** im August: der König und die Königin der Niederlande, der Großherzog von Weimar; **1847** am 20. April der Großfürst-Thronfolger von Rußland, am 25. Juli der Herzog von Braunschweig nebst Gefolge, am 31. August der König der Niederlande, am 20. November König Friedrich Wilhelm IV. v. Preußen; **1851** am 6. Septbr. Allerhöchstderselbe; **1855,** am 30 Juli: die Königin von Preußen, welche am 2. August zurückkehrte. Bei der letzteren Reise nahm, Ihre Maj. die Königin eine kleine Erfrischung an, die Allerhöchst ihr durch Frau von Seydewitz dargereicht wurde. — Der damalige Kreis-Deputirte, jetzige Landes-

Aelteste von Seydewitz stellte Ihrer Majestät die Magistrats-Mitglieder, den Stadtverordneten-Vorsteher, sowie die Geistlichen vor.

Nachdem in den darauf folgenden 10 Jahren dergleichen Durchreisen nicht mehr stattgefunden hatten, fuhr Se. Majestät der jetzt regierende König Wilhelm von Preußen am 30. Juni 1866 auf der Reise nach dem Kriegsschauplatz per Bahn hier durch. Die auf dem Bahnhof versammelten Behörden, Bürger etc. konnten, da der Zug nicht anhielt, Sr. Majestät nur im Vorbeifahren ein dreifaches Hurrah zurufen, welches Allerhöchstderselbe dankend annahm. Dagegen kehrten Se. Majestät nach einem kurzen und siegreich geführten Kriege gegen Oesterreich am 4. August 1866 mittelst Extrazuges von Prag aus zurück und passirten den hiesigen Bahnhof. Es war mittelst Telegramm um die Ehre der Begrüßung gebeten worden; Se. Majestät geruhten anzuhalten, und der hiesigen Stadt war es sonach vergönnt, die erste Stadt des Landes zu sein, welche den König als Sieger begrüßen durfte. Der Bürgermeister Richter hielt eine kurze Ansprache, welche Se. Majestät huldreich dankend erwiederte. Die Behörden, die Schützengilde in Uniform, die Bürgerschaft, sowie zahlreiches Publikum stimmte in die ausgebrachten und von Böllerschüssen begleiteten Hoch's kräftig ein. Die Musik spielte das Preußenlied. Nachdem der König einige anwesende Verwundete gesprochen hatte, setzte sich der Zug nach Görlitz zu in Bewegung. Der Bahnhof war mit Fahnen und Flaggen in den Preußischen und Lausitzer Farben, Kränzen, Guirlanden und einem Triumphbogen mit der Inschrift: „Heil Sieger Dir!" geschmückt. Der Eindruck der Begrüßung Sr. Majestät war bei den außergewöhnlichen Umständen, unter denen die Reise erfolgte, ein besonders erhebender, und wird für alle Anwesenden unvergeßlich bleiben. — Im Gefolge Sr. Majestät befanden sich Se. Königl. Hoheit der Kronprinz Friedrich Wilhelm, Se. Königl. Hoheit der Prinz Friedrich Karl, Se. Excellenz der Minister-Präsident Graf Bismarck u. andere hohe Personen.

Auch passirten am 13. Juni 1866 Se. Königl. Hoheit der Prinz Friedrich Karl die hiesige Stadt, statteten dem auf dem Gute Reichenbach einquartierten Divisions-General v. Manstein einen Besuch ab und ritten nach kurzem Aufenthalte weiter nach Görlitz, wo Höchstderselbe seinen Aufenthalt auf mehrere Tage im Ständehaus nahm.

XXIII. Kriegs-Drangsale Reichenbach's.

——o——

Die Stadt Reichenbach ist vom Kriege vielfach mit betroffen worden. Die ersten genaueren Nachrichten in dieser Beziehung sind aus dem Hussitenkriege.

Am 27. Dezember 1430 kamen die Hussiten, nachdem sie Bernstadt erobert hatten, 8000 Mann stark, hier an. Sie waren auf Reichenbach besonders erbittert, weil die damaligen Besitzer Gebrüder von Gersdorf tapfere Gegner derselben waren. Als die Bewohner Reichenbachs deren Ankunft auf dem Töpferberge erfuhren, und zugleich hörten, wie es den Bernstädtern ergangen war, schafften sie ihre Habseligkeiten, ihren Vorrath an Lebensmitteln u. s. w. in die St. Johanniskirche, verschanzten sich auf dem, mit einer hohen Mauer umgebenen Kirchhofe und leisteten tapferen Widerstand. Die Hussiten fanden daher die Häuser meist leer und zündeten sie deshalb an, bei welcher Gelegenheit auch das herrschaftliche Schloß hinter der Apotheke in Flammen aufgegangen ist. Der erste Versuch, die Kirchhofmauer zu erstürmen, mißlang; beim zweiten brachen sie von der Mitternachtsseite ein und es entstand alsdann auf dem Kirchhofe ein großes Blutbad. Die Kirche selbst konnten sie aber nicht bekommen; diese wurde durch die Bürger tapfer vertheidigt. Von der Kirche herab wurde mit Armbrüsten und Büchsen auf die Feinde geschossen, mit Steinen geworfen und siedendes Pech auf dieselben gegossen, so daß sie den Kirchhof verlassen mußten. — Nach 15 tägigen schweren Kämpfen verließen die Hussiten am 10. Januar 1431 die Stadt, weil das Gerücht sich verbreitet hatte, daß der Landvogt mit kursächsischen Hilfstruppen im Anmarsch sei. Die Bewohner Reichenbachs sollen hierauf die todten Körper zusammengelesen und auf der Mittagsseite des Töpferberges in eine Grube geworfen haben, wo vorher die Feinde gelagert hatten. Es ist dies jedenfalls die Grube, welche noch heute unter dem Namen „die Ketzergrube" bekannt ist.

Auch im 30 jährigen Kriege (1618-1648), im Schwedenkriege, zu Anfang des 18. Jahrhunderts, sowie im 7jährigen Kriege (1756 -1763), hatte Reichenbach viel zu leiden. Insbesondere kamen im erstgedachten Kriege die Brände am 2. Febr. 1640 und am 6. März 1642 vor, und der damalige Diakonus Kirchhof sagt in seiner, in Druck gegebenen, bei Einweihung des Kirchthurms 1646 gehaltenen Predigt Folgendes:

„Hat nicht das bittere Elend uns auch bisher häufig betroffen? Wie viel Mal ist von 1631 her dieses liebe Städtlein ausgeplündert worden, wie jämmerlich sind durch vielfältige Peinigung und Marter die Leute so übel zugerichtet worden, daß ihrer auch Viele die Erde darüber kauen müssen? Sind nicht unsere Gärten, Aecker und Wiesen niedergerissen worden und verwüstet? Die schönsten Häuser, fast der halbe Theil des Städtleins ist in Asche gelegt worden (1640 am 2. Februar 22, und 1642 am 6. März 37 Häuser) und die noch übrig und errettet wurden, sind in großer Betrübniß und Unglück herumgegangen. Wir waren wie Schafe ohne Hirten, wie die Käuzlein in den verstörten Städten, wie einsame Vögel auf den Dächern. Wer konnte und vermochte in seinem Haus zu bleiben? Eine Partei zog aus, die andere ein. Kein Marsch konnte vorüber gehen, Reichenbach mußte Quartier geben. — Doch des Gottesdienstes haben wir auch in denen allergrößten Kriegsläuften abwarten können."

Während in den Jahren 1631 und 1632 sächsische, kaiserliche, französische und spanische Einquartierungen wechselten, und Durchmärsche und Kontributionen kein Ende nahmen, fielen am 7. Oktober 1633 die Kroaten in die Ober-Lausitz, insbesondere in hiesige Gegend, ein. Sie hausten in der rohesten Weise, schonten Keinen, stachen, hieben und schossen, wen sie fanden, schändeten ehrbare Frauen und Jungfrauen, plünderten die Häuser, trieben das Vieh weg, und stifteten sich, obwohl ihre Anwesenheit nur einen Tag dauerte, ein Denkmal unauslöschlicher Schande. Besonders richteten sie ihre Wuth gegen die Geistlichen. Gegen Ende des Jahres 1634 kamen sie wieder in die Gegend und plünderten am 7. Dezember die Kirchen und Pfarrhäuser in Bernstadt, Dittersbach, Leuba und Reichenbach.

Nach dem Prager Frieden von 1635, durch welchen der Kurfürst von Sachsen die Lausitz zu eigen erhalten hatte, richteten die Schweden den bittersten Haß gegen Sachsen und plünderten im April 1637 die Umgegend, insbesondere Paulsdorf, Sohland, Reichenbach, Dittersbach.

Am 15. Mai 1639 mußten die Reichenbacher ihr Vieh zusammentreiben und gegen „Marodebrüder" (entlassene und zu Banden vereinigte Soldaten) vertheidigen. Dasselbe geschah zu Ostern 1642 in Markersdorf und im April 1643 in Dittersbach.

Die Leiden der hiesigen Stadt im 7jährigen Kriege bestanden hauptsächlich in Einquartierungen, Durchmärschen, Lieferungen und Kontributionen. Von Plünderungen blieb die Stadt verschont.

Besonders stark war die Einquartierung zu der Zeit, als 1758 die Kaiserliche Armee bei Mengelsdorf stand.

Die Drangsale des Krieges waren um so empfindlicher, als gleichzeitig eine große Theuerung herrschte, bei der z. B. der Scheffel Korn 20 bis 22 Thlr. galt. Wenn bei dem Mangel von Aufzeichnungen nähere Nachrichten nicht bekannt sind, so ergiebt sich doch der Umfang der Lasten, welche die Stadt zu tragen hatte daraus, daß der damalige Besitzer von Reichenbach, Geheime Rath von Gersdorf, nach Beendigung des Krieges der Stadt eine Beihilfe von 1000 Thlr. gewährte.

Im Baierschen Erbfolgekriege 1778 kam am 30. Juli ein Kommando von 30 Mann Kaiserlichen Husaren vom Wurm'schen Regiment hier an; dieselben ließen sich Wein, Semmel und Taback geben, verhielten sich übrigens ganz ruhig, und ritten nach Verlauf einer Stunde auf der Straße nach Görlitz weiter fort. Bald darauf kamen 20 Sächsische Dragoner nach, und es kam hinter dem Hofe in Ober-Reichenbach zu einem Gefecht, bei welchem die Sachsen den Kürzeren zogen und durch unsere Stadt hindurch verfolgt wurden. Abends 9 Uhr holte eine feindliche Patrouille den hiesigen Bürgermeister Fleischer ab und führte ihn unter vielen Mißhandlungen zunächst nach Friedland und sodann in das K. K. Feldlager bei Königsgrätz in Böhmen, von wo er erst am 15. August glücklich zurückkehrte. Den Winter hindurch, bis zum 3. Februar 1779, lag das Prinz Xaver'sche Regiment hier; sodann kam das Solms'sche Infanterie-Regiment hier an und am 11. desselben Monats ein Train Preußischer Artillerie. —

In den Befreiungskriegen ist Reichenbach zu wiederholten Malen von den verschiedenen Armeen beim Avanciren und Retiriren derselben durchzogen worden. Die Lage der Stadt an der Straße von Görlitz nach Dresden brachte es mit sich, daß jeder auf dieser Straße sich bewegende Heereskörper diesen Ort berührte, oder auch zeitweise zum Halt- und Stützpunkte benutzte. Als Napoleon im Dezember 1812 unter dem Namen „Herzog von Vicenza" über Warschau, Glogau und Dresden nach Paris eilte, ist er wohl auch durch Reichenbach gekommen. Im April 1813 gingen König Friedrich Wilhelm III. von Preußen und Kaiser Alexander von Rußland mit ihren Armeen hier durch (Letzterer hielt am 21. April in Mengelsdorf Ruhetag), und rückten am 25. April in Dresden ein. Nach der Schlacht bei Lützen (2. Mai) und bei Bautzen (20. und 21. Mai) zog sich das russisch-preußische Kriegsheer nach Schlesien zurück, und zwar in 2 Richtungen, nach Löbau und nach Weißenberg. Die beiden

Monarchen, welche keinen Augenblick vom Schlachtfelde bei Bautzen gewichen waren, verließen es gegen 5 Uhr Nachmittags (am 21. Mai) und ritten über Lauske und Rothkretscham nach Reichenbach. Der König von Preußen übernachtete in Reichenbach, der Kaiser Alexander auf dem Gute Mengelsdorf. Am 22. Mai wurde den ganzen Tag zwischen der Vorhut der französischen und der Nachhut der verbündeten Armeen gekämpft. Schon mit grauendem Morgen begann eine lebhafte Kanonade bei Kotitz und Nechern, während der rechte Flügel der verbündeten Armee den Rückzug über Königshain und Ebersbach nach Görlitz fortsetzte. Napoleon erschien um 5 Uhr bei den Vorposten, leitete die Angriffe selbst und betrieb das Vorrücken des französischen Heeres mit rastlosem Ungestüm. Auf seinen Befehl ging das 7. Korps unverzüglich in Kolonnen gegen Kotitz vor; Reiterkolonnen vom Korps des Generals Latour-Maubourg begleiteten es rechts in gleicher Höhe; Ney folgte mit dem 3. Armeekorps; Lauriston führte das 5. Korps auf dem äußersten linken Flügel über die Höhen von Gröditz und ließ, indem er die Richtung auf Reichenbach nahm, Weißenberg rechts liegen. Nachdem Jermolow die Sächsischen Kolonnen geraume Zeit durch eine heftige Kanonade zurückzuhalten versucht hatte, ging er von Kotitz hinter das Löbauer Wasser, nahm bei Wasser- und Rothkretscham eine neue Stellung und beschoß von da den nachrückenden Feind. Das 7. (französische) Korps wandte sich von Kotitz links nach Weißenberg, ein Theil des 3. Korps rückte auf der großen Straße gegen das Flüßchen vor. Die Brücke bei dem Städtchen Weißenberg brannte; zwei Sächsische Schwadronen fanden eine Furth, gingen hinüber und warfen jenseits des, von den Verbündeten eben geräumten Weißenberg eine Kosaken-Abtheilung zurück; die Infanterie und Artillerie folgte; jene stellte sich auf die Anhöhe vor dem gedachten Orte auf., diese beschoß sogleich die rechte Flanke der bei Rothkretscham aufgestellten Nachhut der verbündeten Armee, und das Dorf gerieth in Brand. Jermolow erwiderte eine halbe Stunde lang das Kanonenfeuer mit großem Nachdruck und trat dann, zugleich in der Fronte und Flanke lebhaft gedrängt, den weiteren Rückzug an. Das 7. Korps schlug von Weißenberg wieder die Richtung der großen Straße ein und folgte an der Spitze der französischen Armee der feindlichen Nachhut. Diese nahm abermals hinter dem Flüßchen Schöps Stellung, und eine mörderische Kanonade entbrannte bei Schöps und Meuselwitz. Da indeß das 7. Korps in geschlossenen Kolonnen heranrückte, und die Reiterei des Generals Lotour-Maubourg die Anhöhen bei dem Dorfe Schöps umritt, sah sich die russische Nachhut zum Aufgeben auch dieser Stellung genöthigt, und zog sich bis hinter Reichenbach zurück. Hier vereinigte sich ein Theil der Nachhut der 2. Kolonne, oder des russischen linken Flügels unter Miloradowitsch mit jener der 1. und 3. Kolonne unter Jermolow und bereitete sich zu dem hartnäckigsten Widerstande vor, den die Anhöhen jenseits der Stadt erleichterten. Der rechte Flügel der vereinigten Nachhut stellte sich auf der Windmühlenhöhe auf und lehnte sich an die waldigen Mengelsdorfer Berge; hier und auf dem Töpferberge, welcher die übrigen Höhen und alle übrigen Zugänge der Stadt beherrscht, war zahlreiches Geschütz aufgefahren; der linke Flügel, größtentheils Reiterei, füllte den Raum zwischen dem Töpferberge und Sohland; Reichenbach selbst und der südlich an den Fuß des Töpferberges anstoßende Wiesengrund war mit russischen Jägern besetzt. Auf der Bergfläche, die nach Reichenbach führt, und die von den Batterien sowohl des Töpfer- als auch des Windmühlenberges bestrichen wurde, ging die Sächsische Infanterie, nachdem die Artillerie bei dem Gute unweit der Stadt, aufgefahren war, unter einem fürchterlichen Kanonenfeuer im Sturmschritt gegen diese vor; das Sächsische Garde-Bataillion drang ein, das leichte Infanterie-Bataillion Sahr bemächtigte sich der nördlichen Seite des Ortes, und die russischen Jäger wurden, trotz hartnäckigen Widerstandes, vertrieben. Das übrige Fußvolk des 7. Korps zog sich, verdeckt von dem unebenen Boden, nach dem erwähnten Wiesengrunde am Fuße des Töpferberges, von wo die russische Infanterie, welche diese Bewegung nicht hatte bemerken können, um nicht abgeschnitten zu werden, eiligst zurück gehen mußte; aber dabei durch das Kartätschenfeuer der auf der Bergfläche aufgestellten Sächsischen Batterie großen Verlust erlitt. Inzwischen rückten rechts von der Görlitzer Straße die übrigen franz. Kolonnen mit der Reiterei der kaiserlichen Garde und Latour-Maubourg's, bei der sich auch die beiden Sächsischen Kürassier-Regimenter befanden, gegen Sohland vor. Der General Lefebre-Desnouettes bildete mit 1500 polnischen und rothen Lanciers der Garde die Vorhut, die Reiterei der Verbündeten stürmte ihnen entgegen, warf sie zurück und nahm einige hundert Mann gefangen. Allein die kühnen, zu weit vorgedrungenen Reiter erblickten plötzlich vor sich die gesammte französische Kavallerie und mußten der Uebermacht weichen. Der General Bruyeres, einer von Napoleon's besten Führern leichter Reiterei, verlor in diesem Gefechte beide Beine durch eine Kanonenkugel. Die Infanterie des 7. Korps, welche rechts um Reichenbach gegangen war, und bei dem Heranstürmen der Reiterei der Verbündeten ein großes Viereck gebildet hatte, vereinigte sich nun mit den über Sohland gekommenen Kolonnen zu einem gemeinsamen Angriff auf den Töpferberg. In diesem Augenblicke hörte man die ersten Kanonenschüsse des Lauriston'schen Korps, welches von Biesig und Mengelsdorf her, die rechte Flanke der Verbündeten angriff. Die russische Nachhut, auf beiden Flügeln und in der Fronte von einer Uebermacht, die an 50,000 Mann betrug, gedrängt, verließ nun zwar die Stellung, bezog aber sogleich weiter rückwärts, zwischen Reichenbach und Markersdorf, eine neue und erwartete da festen Muthes die Kolonne des Feindes. Es war um 4 Uhr Nachmittags; seit 12 Stunden wurde bereits marschirt und gekämpft, aber noch war das blutige Tagewerk nicht zu Ende. Nachdem Napoleon die Stellung der russischen Nachhut beobachtet hatte, befahl er dem 7. Korps, das auf dem Töpferberge nebst einem Theile des Ney'schen (3.) Korps in Kolonnen aufgestellt war, vor und zum Angriff zu rücken. Umsonst machte ihn der Divisions-General Reynier auf die außerordentliche Ermattung der Truppen aufmerksam; Napoleon, der sich an diesem Tage selbst den größten Gefahren aussetzte, bestand mit eiserner Festigkeit auf seinem Willen. So rückte denn das 7. Korps, unterstützt von der auf dem Töpferberge aufgestellten französischen Artillerie, den von den Russen besetzten Anhöhen unter einem fürchterlichen Geschützfeuer entgegen. Die Nachhut der Verbündeten zog sich nach einer lebhaften Gegenwehr zurück, aber nur um bei Holtendorf neue Stellung zu nehmen. Von kriegerischem Feuer und der Begierde gestachelt, den blutigen Tag nicht ohne Erkämpfung eines wesentlichen Vortheils zu schließen, betrieb Napoleon das Vorrücken ungestümer als je, und ließ drei große Kolonnen, Reiterei und Fußvolk, im Ganzen wohl 50,000 Mann, bei der schönsten Beleuchtung der sinkenden Sonne vorgehen. Die Artillerie der bei Holtendorf aufgestellten Verbündeten bestrich die Straße, eine kurze Stille folgte; als aber die feindlichen Kolonnen in und um Markersdorf vorrückten, begann die Kanonade von Neuem, und eine der ersten Kugeln tödtete unfern von Napoleon den Ingeneur-General Kirchner und verwundete den Großmarschall Duroc, Herzog von Friaul, der nach 14 Stunden in einem Bauernhause zu Markersdorf verschied. Das Kleingewehrfeuer und der Kanonendonner dauerten bis zum Einbruche der Nacht, welche dem Gefechte ein Ende machte. Napoleon hatte an diesem langen Kampftage alle Hilfsmittel seines kriegerischen Geistes und seiner überlegenen Truppenmacht, die er rücksichtslos in's Feuer trieb, erschöpft, und doch keine entscheidenden Vortheile erzielt, die errungenen aber theuer erkauft: mit dem Tode zweier Generale und eines Freundes. —

Odeleben schildert in seinem Werke: „Napoleon's Feldzug in Sachsen" diesen Verlust und den Abend dieses schweren Tages mit folgenden, treffenden Worten:

„Der schmerzlichste Verlust, wenn er ihn zu fühlen vermochte, erwartete Napoleon noch beim Schlusse des Tages. Nachdem auch Markersdorf von den Russen geräumt worden war, setzten sie sich noch einmal auf der dahinter liegenden Anhöhe gegen Rausche (Rauschwalde), dem erhabensten Punkte vor Görlitz. Es gab eine Pause; man vernahm seit ¾ Stunden nicht einen Schuß. Der Kaiser ritt mit seiner Suite auf der großen Straße in das Dorf Markersdorf, während dem die Truppen von beiden Seiten herumzogen. Gleich beim Eingange des langen, ein flaches Thal schräg durchschneidenden Dorfes wendet sich die Straße in einem ganz stumpfen Winkel etwas links, und kaum hatte Napoleon mit den nächsten Umgebungen seines Gefolges diese Wendung gemacht, so sauste nach dieser Windstille die erste Kugel hart vorüber, und schlug 50 Schritt hinter ihm nieder. Ein Paar Minuten darauf erhielt er durch einen seiner Adjutanten die Nachricht, daß dieselbe Kugel ihm den Großmarschall Duroc und den General Kirchner, Kommandanten des Geniekorps, geraubt habe. Sie ritten schräg neben einander. Letzterer war auf der Stelle todt; Duroc aber, in den Unterleib verwundet, lebte noch 14 Stunden. Er wurde in das zunächst gelegene Bauernhaus gebracht, in dessen Nähe noch an diesem Abend ein anderes abbrannte. Der Kaiser, der seine Erschütterung über den Verlust eines seiner treuesten Diener nicht verbergen konnte, ritt, stumm und in sich gekehrt, seitwärts durch einen Bauernhof und beobachtete noch eine Zeit lang den Punkt, von welchem aus sein Liebling ihm geraubt worden war; dann begab er sich mittelst eines Umweges um die Gärten des Dorfes zurück (diesseits Markersdorf) auf eine freie Höhe, wo die ganze Infanterie seiner Garde, die Elite seines Heeres, ein längliches Viereck gebildet hatte, in dessen Mitte die gewöhnlichen 5 Zelte des kaiserlichen Hauses aufgeschlagen waren und späterhin die Wachtfeuer aufloderten. Es war ein Abend, welcher die Phantasie den reichhaltigsten Stoff zum Nachdenken gab. Man denke sich Napoleon zwar nach einer großen gewonnenen Schlacht, aber mit steter Vergeudung der außerordentlichen, ihm anvertrauten Kräfte, ohne ein entscheidendes Resultat an den dunkelen Pforten einer schwankenden, folgenreichen Periode; beraubt des liebsten Vertrauten, den dieser sonst empfindungslose Mann vielleicht hatte, der zu ihm vielleicht mit der Freimüthigkeit eines Jugend-Gefährten sprach. Man denke sich ihn, in einfachen grauen Überrock, auf einem Feldstuhl, mitten in dem ungeheuren Kreise seiner Bravsten sitzend, mit herunterhängenden Armen und gesunkenem Haupte, abgesondert von dem glänzenden Gefolge seines Hauses, das sich ehrfurchtsvoll in einzelne Gruppen zurück zog, und kaum die Worte auszusprechen wagte, des Kaisers Freund sei im Verscheiden. Und neben dieser dumpfen Stille, zunächst dem Kaiser, das Geräusch, welches die Geschäftigkeit der Garden, ihre Einrichtung zum Kochen und Lagern verursachte, und 2 Chöre Musik der Grenadiere und Jäger, welche auf den Endpunkten des Vierecks in elegischen Accorden das Bild des Tages versinnlichten, und durch eine seltenen Auswahl ihrer Stücke vergebens den Gebieter zu zerstreuen suchten. Unzählige Wachtfeuer scheinen in der Gegend umher zu schwärmen, die Landeskrone erhob sich matt am Horizont und die Flammen von 2 brennenden Dörfern loderten gen Himmel zum milden Richter menschlicher Thaten empor. Diese Zusammenstellung, verbunden mit der Erinnerung eines so blutigen Tages, dem Nachspiele der vorhergehenden, wo vielleicht das Leben jedes übrig gebliebenen Individuums dieser großen Masse öfters an einem Haar gehangen hatte, der Gedanke, daß jetzt noch tausend schwer verwundete Opfer dem nahen Ende entgegen röchelten, und daß Alles dieses nicht hinreichte, um das furchtbare Schicksal zu versöhnen, machte auf den Beobachter, der das große Rad des Schicksals nicht lenken oder hemmen, sondern nur anstaunen kann, den erschütterndsten Eindruck, und gab die lebhafteste Vorstellung von der Ohnmacht und der Kraft, der Größe und der Zwecklosigkeit des menschlichen Lebens." —

Am Abend dieses Tages stand der rechte Flügel der Verbündeten (die Korps der Generale Barcley, Blücher, Kleist und York) hinter der Neiße jenseits Ludwigsdorf, in einem Lager. Der linke Flügel (die Russen und ihre Reserven, unter dem Großfürsten Konstantin) hatte bei Görlitz die Neiße überschritten und daselbst ein Feldlager aufgeschlagen. Die Nachhut unter Graf Miloradowtsch stand hinter Markersdorf und lehnte sich an die Landeskrone. Die beiden Monarchen von Rußland und Preußen nahmen ihr Hauptquartier in Lauban. —

Nach beendigtem Waffenstillstande (vom 4. Juni bis zum 10. August), während dessen Napoleon sein Hauptquartier in Dresden gehabt hatte, brach Napoleon am 20. August von Zittau nach Lauban auf, um Blücher zu schlagen, wobei er wieder durch Reichenbach kam; doch schon am 26. August erschien er wieder in dem hart bedrohten Dresden. Gegen Blücher, den er nicht zur Schlacht zu zwingen vermocht hatte, hatte er Macdonald zurückgelassen, der von Blücher an der Katzbach am 26. August geschlagen wurde.

Am 3. September drang die Avantgarde der schlesischen Armee unter dem russischen General Wosiltschikoff auf der großen Straße nach Bauatzen vor, wobei sie auch unsere Stadt passirte, und lagerte sich am Abend dieses Tages zwischen Rodewitz und Niethen. Die 3

Hauptkorps der schlesischen Armee gingen auf zwei Bockbrücken ober- und unterhalb Görlitz über die Neiße, lagerten mit dem rechten Flügel an der Landeskrone und hatten den Schöpsbach vor der Front. Am 4. September, früh um 6 Uhr, brach das schlesische Kriegsheer in 3 Kolonnen auf, um bis Wurschen und Hochkirch vorzurücken, während der General St. Prieß Befehl hatte, von Löbau nach Bischofswerda zu marschiren. Die Avantgarde bewegte sich auf Hochkirch zu, wo Wasiltschikoff das durchschnittene Terrain ganz vom feindlichen Fußvolke besetzt fand. Es entspann sich ein lebhaftes Gefecht und in den Ebenen von Bautzen gewahrte man große Staubwolken, welche sich vorwärts gegen das schlesische Heer bewegten, York hatte bei Nostitz am Löbauer Wasser, Sacken hinter diesem Bache, Langeron bei Rosenhain Halt gemacht. Blücher war in Glossen angelangt. Das plötzliche Umwenden und kräftige Vorwärtsdrängen der feindlichen Nachhut verrieth, daß Napoleon bei derselben eingetroffen war. Bald erhielt Blücher bestimmte Nachricht von der Ankunft des Kaisers bei seinem geschlagenen Marschall Macdonald. Napoleon versuchte zum zweiten Male, die kühnsten und thätigsten seiner Gegner, den auf Dresden losrückenden Blücher zur Schlacht zu zwingen oder doch in jedem Falle zur Umkehr zu nöthigen. Am Morgen des 4. September war Napoleon in Bautzen eingetroffen; er befahl ergrimmt dem Macdonald, alle seine Truppen sogleich um- und gegen den Feind kehren zu lassen. Um 8 Uhr Morgens begann der Angriff; nach einem lebhaften Gefechte gelang es den Franzosen, die Vortruppen der Verbündeten bis an die Schlucht von Kupitz zurückzuwerfen. Blücher war sogleich entschlossen, seinen Verhaltungs-Befehlen getreu, der Schlacht mit einer überlegenen Macht auszuweichen. Sobald Blücher die Ueberzeugung gewonnen hatte, daß ihn Napoleon mit Uebermacht angriff, ordnete er sofort den allgemeinen Rückzug der schlesischen Armee an. Die Nachhut vertheidigte sich fortwährend aufs Harnäckigste, besonders der Major Hiller auf dem Pitschenberge, den er erst 9 Uhr Abends auf ausdrücklichen Befehl verließ. Die Schlesische Armee lagerte am Abend wieder zwischen Görlitz und der Landeskrone; auch die Nachhut zog sich noch vor Tagesanbruch bis Reichenbach zurück. Napoleon hatte in der Pfarrwohnung zu Hochkirch übernachtet. Am Morgen des 5. September rückte er mit seinen Truppen vor. Als er bei einem verlassenen Maierhofe anlangte, setzte er sich ermüdet auf das Stroh und brachte eine Stunde in tiefem Nachdenken zu. Abermals wich der von ihm so sehnlich gewünschten Schlacht Blücher aus; auf der Landeskrone stand der alte Held, und beobachtete das Vorrücken des Feindes, entschlossen, dem Befehl zum weiteren Rückzuge erst dann zu ertheilen, wenn die Franzosen mit starken Kolonnen über Reichenbach hinaus vordringen würden. Als dies nach einem Gefechte, das der Oberst Katzler und der russische General Emanuel daselbst mit der zahlreich nachdringenden französischen Reiterei bestanden hatten, geschah, befahl Blücher den Rückzug über die Neiße. Die Infanterie der Nachhut unter Hiller litt in dem langen Defilee von Markersdorf viel. Bei Holtendorf ließ General Wasiltschikoff sein ganzes Korps aufmarschiren; da aber der Feind mit 10,000 Mann die Landeskrone umging, wurde der Rückzug über die Neiße fortgesetzt. Die Nachhut des schlesischen Heeres stand am Abend auf dem rechten Ufer der Neiße, nahe bei Görlitz; Blücher's Hauptquartier war in Lauban; Napoleon übernachtete in Reichenbach. Allein schon am folgenden Tage ließ der kräftige Antrieb, der die französische Armee seit 2 Tagen befeuert hatte, nach. Ruhig blieb der Feind bis gegen Mittag stehen und fing dann erst an, über die Neiße zu gehen. Was das Nachlassen des kräftigen Vordringens des Feindes vermuthen ließ, war geschehen; die Operationen Napoleon's hatten an der Neiße ihr Ziel gefunden. Da er sah, er vermöge Blücher nicht zur Schlacht zu zwingen, auch das abermalige Vordringen der böhmischen Armee gegen Dresden ihn nach diesem Theile des Kriegs-Schauplatzes abrief, so war er schon am 6. September mit den mitgebrachten Verstärkungen nach Stolpen aufgebrochen und langte den nächsten Tag in der sächsischen Hauptstadt an, wo er das Unglück Ney's bei Dennewitz und das völlige Scheitern der Hoffnung, Berlin zu nehmen, erfuhr. Gegen Blücher hatte er Macdonald mit dem 3., 5. und 11. Korps in der Stellung von Hochkirch zurückgelassen, und das 8. Korps unterstützte die rechte Flanke dieser Armee. Die Korps bildeten mit den 2 Kavallerie-Korps eine Streitmacht von 70,000 Mann, während Blücher etwa 80,000 unter seinem Befehl hatte. Macdonald war daher allerdings genöthigt, einen Vertheidigungskrieg zu führen; aber er hatte eine der ersten Regeln dieses Krieges, den Feind durch unaufhörliche Schein-Angriffsbewegungen zu beunruhigen, bereits außer Acht gelassen. Am 7. September ruhte die Schlesische Armee. Am 8. schon beschloß Blücher, wieder den Angriffskrieg zu beginnen, und es war sein Plan, große Truppenmassen zwischen die bei Bautzen, Löbau und Görlitz stehenden feindlichen Korps zu schieben, sie zu trennen, den bei letztgenannter Stadt stehenden Feind zum Rückzug nach Spremberg zu nöthigen, wo Tauenzien zum Angriff bereit stand. Er hatte Alles vorbereitet, um am 9. einen großen Schlag auszuführen; allein ein starker Regen hatte die Flüsse angeschwellt und die Wege verdorben, wodurch die Bewegungen aufgehalten wurden. Der Feind, der von der Landeskrone aus die Gegend übersehen konnte, entdeckte die Schlinge, in welcher er gefangen werden sollte, und zog sich eilig von Görlitz nach Reichenbach zurück. Sacken, Langeron und York kamen nach Görlitz. Langeron's Avantgarde, welche St. Prieß befehligte stieß bei Herwigsdorf auf den Feind, Truppentheile vom Korps des Fürsten Poniatowsky. Die Generale Biström und Gerngroß umgingen sie mit Jägern in der linken Flanke und warfen sie nach Ebersdorf zurück. Hier erhielt jedoch der Feind Verstärkung und vertheidigte sich mit großer Hartnäckigkeit, wobei das Dorf in Brand gerieth, aber von den Russen erobert wurde. Nun nahm Fürst Poniatowsky hinter Löbau Stellung, das Gefecht erneuerte sich und dauerte bis in die Nacht, während welcher er nach Bautzen zurückging. Den 10. September ruhte das Schlesische Heer; die Vordertruppen aber blieben im Vorrücken, und zwar marschirte General Wasiltschikoff bis Wurschen, der Preuß. Oberst Katzler bis über Glossen hinaus, während sein Fußvolk bei Deutsch-Paulsdorf zurückblieb, der General St. Prieß ging von Löbau aus gegen Hochkirch. Blücher's Hauptquartier kam nach Herrnhut. Am 15. verlegte er dasselbe nach Bautzen; seine Armee blieb in den Kantonnirungen bei Bautzen bis zum 22. — Nach heftigem Gefechte bei Goldbach, Bischofswerda und Pulsnitz und bei Rothnaußlitz am 22. und 23. September und der rückgängigen Bewegung des feindlichen Heeres ging Blücher an die Ausführung des kühnen Planes, über die Elbe zu gehen. Es gelang ihm, sich unvermerkt rechts zu schieben. Am 26. Septbr. 1813 trat das Heer den Marsch an; am 2. Oktober langte es jenseits der Elbe bei Jessen an. —

Auch das Jahr 1814, sowie der erste Theil des Jahres 1815, brachten vielfache Truppen-Durchmärsche und Einquartierungen; jedoch glücklicher Weise keine Gefechte mehr. Daß Reichenbach während des ganzen Krieges mit Einquartierungen, Lieferungen und Kontributionen ungemein stark belastet wurde, versteht sich von selbst. Ebenso wurde stark fouragirt und geplündert, und hat die Stadt überhaupt sehr erheblich gelitten. Wie viel an Kosten der Stadt erwachsen sind, darüber ergeben die vorhandenen Akten eine zuverlässige Auskunft nicht.

Eine bei den Akten befindliche Uebersicht ergiebt, daß von der hiesigen Stadt in der Zeit vom 1. Januar 1813 bis ultimo Juni 1814 an die verschiedenen Truppen 32 Scheffel Mehl, 106 Scheffel Korn, 50 Scheffel Kartoffeln , 321 Scheffel Hafer, 1887 Centner Heu, 145 Schock Stroh, 2201 Pfund Brot, 1092 Kannen Branntwein, 9408 Kannen Bier, 3518 Pfund Fleisch, 6 Pferde, 1 Ochse zum

Gesamtwerthe von 11,238 Thlr. 6 Gr. 2 Pf. geliefert werden mußten, außer der Verpflegung für die einquartierten Truppen. Nach einer anderen Nachweisung wurden allein im Jahr 1813 20 Pferde und 61 Stück Rindvieh, als durch den Krieg verloren, angegeben.

Einquartiert wurden hier im Jahre 1813: 98 Generale, 670 Stabs-Offiziere, 4059 Offiziere, 29,804 Mann, 5173 Pferde, an welche verabfolgt werden mußten: 450 Scheffel Hafer, 336 Centner Heu, 8 Schock Stroh.

Darneben bivouakirten in demselben Jahr hier: resp. 8000 Mann und 3000 Pferde, 13,384 Mann und 2000 Pferde, und 5750 Mann und 1300 Pferde.

An verwundeten und kranken Soldaten wurden in der Zeit vom 11. Mai bis 26. Oktober 1813 in hiesiger Stadt 594 Mann durch 6034 Tage verpflegt.

Ueber die Einquartierungen des Jahres 1814 fehlen die Nachrichten. Im Jahre 1815 sind, soweit die Akten darüber Auskunft geben, 68 Offiziere und 2227 Mann hier einquartiert gewesen. —

Daß zu damaliger Zeit eine ungeheure Schuldenlast für die Kommune erwachsen war, versteht sich von selbst. Die Bürger waren auf lange Zeit nicht im Stande, Kommunalsteuern zu zahlen, vielmehr mußte die Kommune theils die einzelnen Lieferungen und Arbeiten aus dem Kriege schuldig bleiben, theils mußten Darlehne aufgenommen werden. Die Kriegsleistungen bis zum 5. Juni 1815 wurden aus dem Staatsfonds nicht vergütet. Die Requisitionen des Görlitzer Kreises erreichten die Höhe von 800,000 Thalern. Die Abgaben-Reste der Stadt aus den Jahren 1813 und 1814 mit 385 Thlr., sowie 890 Thlr. Blücher'sche Kontribution wurden erst im Jahre 1834 durch Kompensation getilgt.

Die Schulden der Kommune am Schlusse des Jahres 1816 betrugen ausweislich der Akten 7500 Thlr., welche nach und nach, die letzte Rate im Jahre 1851, bezahlt worden sind.

Diese Schulden waren zum Theil auf die einzelnen Bürger, Inwohner, Gesellen und Dienstboten repartirt und allmälig eingezogen worden; die Einziehung der letzten Reste erfolgte im Jahr 1859; doch mußte auch ein guter Theil derselben niedergeschlagen werden.

Aus dieser Schuldentilgung und daraus, daß der bei Weitem größere Theil der Kriegsleistungen nicht vergütet wurde, sowie aus der überaus großen Einquartierung ergiebt sich, daß die Bürger in ihren Eigenthums- und Erwerbs-Verhältnisssen sehr herunter gekommen waren. Diese Verhältnisse waren um so drückender, als erst im Jahre 1799 71 Häuser niedergebrannt, und daher die Bürger schon damals in bedeutende Schulden gerathen waren.

Seit dem Kriege 1813/15 ist Reichenbach von Kriegs-Drangsalen verschont geblieben, hat vielmehr mit dem ganzen Lande an den Segnungen des Friedens Theil genommen. Nur in den Jahren 1849 und 1850 fanden Einquartierungen und Lieferungen statt. Namentlich quartierten am 17. und 18. April, 5., 7., 8., 9. und 15. Mai 1849 Truppen hier, deren Stärke indeß mit Sicherheit aus den Akten nicht entnommen werden kann. Am 13. Dezember 1850 mußte die Stadt 40 Scheffel Roggen, 96 Scheffel Hafer, 11 Centner Heu und 1 Schock Stroh liefern, wofür am 25. August 1851 152 Thlr. 15 Sgr. 6 Pf. Vergütigung aus der Staatskasse gezahlt wurden.

Dagegen waren im Jahre 1866 — bei Beginn des Krieges gegen Oesterreich — und zwar in der Zeit vom 8. bis 22. Juni 111 Offiziere und 3200 Mann, theils mit, theils ohne Verpflegung, zum Theil auf einen Tag, zumTheil auf mehrere Tage hier einquartiert. Dafür sind an Mundverpflegungsgeldern 282 Thlr. 15 Sgr. gezahlt worden. An Fourage für hier einquartierte Pferde wurden geliefert: 25 Centner 75 ¼ Pfund Hafer, 7 Centner 53 Pfund Heu, 7 Centner 76 ½ Pfund Stroh. Die auf den Kreis ausgeschriebenen Landlieferungen kosten der hiesigen Stadt 84 Thlr. 14 Sgr. 7 Pf., die Fourage kostet 76 Thlr. 8 Sgr. 10 Pf. Außerdem mußten für Kriegszwecke zwei außerordentliche Kreis-Anlagen errichtet werden, wozu die Stadt 33 Thlr. 4 Sgr. 4 Pf. beigetragen hat. Für 70 Fuhren, welche für die einquartierten Truppen zu leisten waren, hat die Stadt 133 Thlr. zu zahlen gehabt.

Zur Zeit dieses Krieges befanden sich aus der Stadt 23 Mann beim stehenden Heere; außerdem waren 1 Offizier, 1 Arzt und 26 Mann Landwehrleute und Reservisten eingezogen, von denen die große Mehrzahl am Kriege selbst Theil genommen hat. Sie sind sämmtlich unverletzt zurückgekehrt.

Den Kriegern wurde am 31. Oktober 1866 von der Bürgerschaft ein solenes Fest, bestehend aus Abendbrot und Ball, bereitet, an dem sich die Bürgerschaft sehr zahlreich betheiligte.

Zur Unterstützung der hiesigen Krieger und der zurückgebliebenen Familien derselben wurden in der Stadt 137 Thlr. 3 Sgr. 6 Pf. gesammelt. Außerdem erhielten die Frauen 43 Thlr. 2 Sgr. 6 Pf. Kreis-Unterstützungen und 5 Thlr. aus der Sammlung des Kreis-Comité's: Auch für die Verwundeten wurde hier gesammelt und außer verschiedenen Naturalien, zum Werthe von mindestens 50 Thalern, 65 Thlr. 5 Sgr. in baarem Gelde abgeliefert. Endlich hat sich ein Verein gebildet, welcher Mittel herbeischafft, zur Unterstützung der verwundeten und der Familien der gebliebenen resp. gestorbenen Krieger. — Der Vorstand des Vereins, bestehend aus: dem Bürgermeister Richter als Vorsitzenden, dem Kaufmann Uhse als Kassirer, dem Apotheker Elsner als Schriftführer, dem Seminar-Direktor Schumann, dem Kreisrichter Pioletti, dem Oberpfarrer Weigand und dem Fabrikbesitzer Taubert, nimmt einstweilen einmalige und monatlich fortlaufende Beiträge an und hat bereits über 250 Thlr. gesammelt. Der Verein hat sich als Zweig-Verein der, in Folge des Aufrufs Sr. Königlichen Hoheit des Kronprinzen gegründeten Viktoria-National-Invaliden-Stiftung angeschlossen und wird von den bisher gesammelten Geldern 100 Thlr. der gedachten Stiftung, 50 Thlr. der für gleiche Zwecke bestehende Kreisstiftung abliefern und 100 Thlr. zur eigenen Disposition behalten.

———————

XXIV. Allerhand Unglücksfälle.

————o————

1. Von großen **epidemischen Krankheiten** ist Reichenbach, soviel bekannt, meistens verschont geblieben, da nur hin und wieder einzelne Fälle von ansteckenden Krankheiten genannt werden; im Allgemeinen aber seine Lage in Bezug auf den Gesundheitszustand eine günstige ist. Nur als im 14. bis 17. Jahrhundert die Pest zu wiederholten Malen in der Ober-Lausitz geherrscht hat, ist auch Reichenbach nicht verschont geblieben. Das Auftreten dieser Krankheit wird von den Jahren 1316, 1464, 1508, 1599, 1611 und 1632 gemeldet; sie soll aber bis zum Jahre 1632 20 Mal in der Gegend gewüthet, und im hiesigen Orte 1599 am stärksten aufgetreten sein, in welchem Jahre ein großer Theil der Bevölkerung daran gestorben sein soll.

2. **Ueberschwemmungen** ist Reichenbach vermöge seiner Lage an einem kleinen Wasser nicht ausgesetzt. Dennoch ist am 12. Juli 1766 und am 8. August 1778 in Folge heftiger Gewitter und plötzlicher Regengüsse der hiesige Bach so stark angeschwollen, daß die ehemalige Baderei nebst der Malzmühle in Gefahr geriethen, fortgeschwemmt zu werden. Auch am 30. Mai 1826 soll das Wasser eine Elle hoch über den Baderteichdamm gegangen sein.

3. **Verhagelung der Feldfrüchte** hat hier ebenfalls nur selten stattgefunden. Aus früherer Zeit wird nur von einem Schloßenschlage im Jahre 1720 berichtet. Eine umfangreichere Verwüstung der Feldfrüchte durch Hagel hat am 19. Juli 1830 stattgefunden, wobei die Schloßen in der Größe der Haselnüsse und Walnüsse gefallen sein sollen, während man bei Sohland Stücken im Gewicht bis zu einem Pfund gefunden haben will. Aehnliche Fälle, jedoch im geringeren Umfange, sind am 30. Juli 1836, 27. April 1838, 30. August 1844, 6. Juli 1846, 7. Juli 1847 und 14. Juni 1854 vorgekommen. Ueber den Umfang des angerichteten Schadens fehlen Nachrichten.

4. Dagegen ist Reichenbach von **Bränden** mehrmals heimgesucht worden, und ist hierüber Folgendes bekannt:

1430 ist die Stadt von den Hussiten jämmerlich verwüstet worden. (Siehe das Nähere bei der Beschreibung dieses Krieges.)

1509 ist die Stadt fast ganz abgebrannt, und es sind viel Menschen dabei umgekommen.

1607, am 3. April, sind durch die Verwahrlosung eines Knaben, welcher mit einer Schlüsselbüchse nach Tauben hat schießen wollen, 7 Häuser abgebrannt.

1620, am 2. August, schlug der Blitz in den Thurm der Johanniskirche und tödtete 2 Männer beim Lauten; ob es zum Brennen gekommen, ist nicht bekannt.

1629, am 8. Juli, schlug das Gewitter abermals in den Johanniskirch-Thurm, und zündete denselben an, so daß er bis auf die Mauern abbrannte.

1640, am 2. Februar, brannten 22 Häuser und

1642, am 6. März, 37 Häuser ab.

1670, am 11. September, entstand vor dem Niederthor bei dem Schlosser Erhard Neumann in der Auengasse — vermuthlich durch Tabackrauchen — in dessen Schlafkammer Feuer, welches bei einem gewaltigen Winde in einer halben Stunde so um sich griff, daß 116 Häuser, darunter die Johanniskirche, das Pastorat, das Diakonat, das mit letzterem verbundene Schulgebäude, außerdem 15 Scheunen voll mit Getreide, die Malzmühle, die Baderei u. s. w. ein Raub der Flammen wurden. Hierbei verbrannte auch in dem Keller des Bürgermeisters Raphelt die Stadtlade mit den Stadtbüchern, vielen Dokumenten und anderen nützlichen Sachen, und es sind hierdurch die wichtigsten älteren Nachrichten und Urkunden verloren gegangen. Die Tuchmacherlade mit einigen alten Privilegien von 1346, 1356 und 1489 sind erhalten worden. Die St. Annenkirche blieb vom Feuer verschont. — Die Löbauer schickten am anderen Tage 200 Brote und andere Lebensmittel, und eine von den Ständen eingesammelte Kollekte für die Abgebrannten ergab 250 Thlr. — Die Gutsherrschaft erließ der Stadt das Geschoß auf 3 Jahre.

1673, am 20. Mai, schlug der Blitz in die St. Annenkirche, in welcher bis zum Wieder-Aufbau der Johanniskirche der Gottesdienst abgehalten wurde, während einer Leichenpredigt und tödtete eine vaterlose Waise, des verstorb. Siebmachers Flügels Sohn. Zum Brennen kam es jedoch nicht.

1734, am 19. April Nachmittags, entstand auf der Görlitzer Gasse bei dem Schmidt Andreas Schneppengrill Feuer, durch welches 12 Bürgerhäuser, darunter auch das Wohnhaus des damaligen

Kantors Rönsch, in Asche verwandelt, einige andere Wohnhäuser aber total ruinirt wurden.

1776, am 16. Juni, schlug der Blitz in den St. Johannis-Kirchthurm, an einem Sonnabende, unmittelbar nach dem Lauten zur Beichte, ohne zu zünden.

1781, am 12. Oktober, Abends 10 Uhr, brannte Joseph Lehmann's, Gastwirths auf der Görlitzer Gasse, Stall ab, ein Gebäude von beinahe 80 Ellen Länge, welches erst 3 Jahre zuvor neu aufgeführt worden. Das beste Pferd blieb im Feuer; eine tragende Kalbe war so beschädigt worden, daß sie am nächsten Morgen hat erschlagen werden müssen. 150 Ctnr. Heu, 12 Schock Stroh, ein ziemlicher Vorrath an Flachs und das meiste Ackergeräthe verbrannten mit.

1783, am 21. Juni, Abends 6 Uhr, schlug ein vom Osten her kommendes Gewitter in Johann Samuel Berthold's Haus am Alten Ringe, welches mit dem daran stoßenden Hause niederbrannte.

1791, am 2. August, zündete der Blitz in der Nähe des Schießhauses 2 Scheunen an, welche nebst 30 Schock Getreide ein Raub der Flammen wurden.

1799, am 29. Novbr., brannten 54 Häuser und 5 Scheunen, und am 17. Dezember abermals 17 Häuser nieder.

1831, am 4. August, brannte die ehemalige Baderei ab; — am 17. Mai desselben Jahres brannten auf der Görlitzer Gasse 5 Häuser (die Nro. 43, 44, 45, 46, 47) nebst Nebengebäuden nieder, wobei auch ein 9 jähriges Mädchen verbrannte.

1834, am 31. Mai, wurden 3 Scheunen — die des Gastwirth Schulz, des Kindler und Model — durch Feuer vernichtet.

1835, am 29. Mai, ging während eines Gewitters das Schießhaus in Flammen auf.

1847, am 21. Dezember, brannte das Vorkert'sche (jetzt Ebermann'sche) Gehöft Nro. 83 nieder.

1848, am 27. April wurden die zu den Grundstücken No. 26, 66 und 67 gehörigen Scheunen, sowie am 16. Mai die zu den Grundstücken No. 19, 25, 60, 72, 77, 86, 104, 105, 107 und 131 gehörigen 10

Scheunen am großen Viebig, ferner am 3. Juni an der Schuppengasse die Scheune zu No. 80 durch Feuer vernichtet.

1849, am 29. März, brannten die zu Nro. 101 und 106 gehörigen Scheunen an der Bahnhofstraße ab.

1850, am 8. März, brannten die zu Nro. 133 und 52 gehörigen Scheunen in der Langengasse nieder.

1855, am 1. Juli, wurde die holländische Windmühle auf dem Töpferberge ein Raub der Flammen.

1857, am 13. Juli, gingen die 4 Scheunen beim Schießhause in Flammen auf.

1858, am 12. Mai, desgleichen: die Gebhardt'sche Scheune am Hospital-Viebig.

1859, am 22. April, brannten die zu Nro. 2, 29, 65 und 127 gehörigen 4 Scheunen am großen Viebig nieder; am 27. Juli desselben Jahres brannte das Hinterhaus des Riemermeisters und Kaufmann Gottschalch, Nro. 149, ab; desgleichen am 10. November die dem Hausbesitzer Schäfer gehörige Scheune an der Biesiger Straße.

1860, am 13. Juni, wurde die dem Kaufmann Halle gehörige Scheune an der Löbauer Straße durch Feuer total vernichtet.

1862, am 7. Februar, entstand in dem Wirthschaftsgebäude des Fleischermeisters E. Schander auf der Görlitzer Straße Feuer, welches aber durch angestrengte Thätigkeit der herbeigeeilten Löschmannschaften noch glücklich gelöscht werden konnte.

1863, am 7. Juni, brannte die dem Mühlenbesitzer Müller gehörige, hölzerne Knochenmühle auf dem Töpferberge vollständig nieder.

5. Von **Theuerungen,** denen das Land, insbesondere die Lausitz ausgesetzt war, ist auch die hiesige Stadt mit betroffen worden. Nach vorhandenen Nachrichten haben 1271 und 1315 erhebliche Theuerungen stattgefunden. Namentlich sollen im erstgedachten Jahre in Deutschland viele Leute des Hungertodes gestorben sein. Vom Jahre 1315 wird erzählt, daß sehr viele Menschen Kleie, Baumrinde und Knospenbrot genossen, manche Eltern ihre Kinder erwürgt und verzehrt, sogar Leute die todten Körper vom Galgen gerissen und genossen hätten. Diebstahl und Raub soll sehr überhand genommen haben. Darauf ist die Pest gefolgt, und in Folge dieser Zustände sollen

in manchem Orte nur 3 bis 4 Personen übrig geblieben sein. — Auch im Jahre 1362 hat eine bedeutende Theuerung den Zittauer Kreis heimgesucht; — 1416 haben die Leute wegen Mangel an Brodt Eicheln essen müssen. — 1443 hat man wegen Futtermangel das Stroh von den Dächern genommen und verfüttert. — Auch von den Jahren 1471, 1554, 1561 und 1570 bis 1572 werden ähnliche Zustände urkundlich mitgetheilt. — In den Jahren 1616 und 1617 wird von großem Wassermangel berichtet, so daß das Wasser hat gekauft werden müssen. Es soll viel Vieh vor Hunger und Durst umgefallen sein und die Menschen sollen Gras genossen haben. — Die Theuerung, welche 1621 begann, verursachte, daß der Scheffel Korn 20 Thlr., der Scheffel Weizen 25 bis 30 Thlr., Hafer 12 bis 13 Thlr., ein Viertel Kalbfleisch 4 Thlr., eine Schöpskeule 2 Thlr., ein Kalbskopf 1 ½ Thlr., ein Schwein bis 50 Thlr., ein Rind bis 140 Thlr., ein Viertel Bier 20 bis 30 Thlr., ein Klafter Holz 10 bis 12 Thlr., 1 Schock Stroh 10 Thlr., 1 Stück Garn 2 ½ Thlr., ein Paar Schuhe 6 bis 7 Thlr., ein Paar Stiefeln 10 bis 15 Thlr., das Mäßchen Salz 1 Thlr. 5 Gr., die Mandel Eier 1 Thlr. 4 Gr. kosteten. — In ähnlicher Weise wird von großen Theuerungen in den Jahren 1629, 1719, 1757, 1771, 1772 und 1791 berichtet. — Auch 1805 und 1806 wurde der Scheffel Korn mit 16 bis 20 Thlrn. bezahlt. — In neuerer Zeit sind zwar noch wiederholt, jedoch nur vereinzelt, theure Jahre vorgekommen. So galt z. B. 1847 der Sack Weizen 10 Thlr., der Sack Korn 8 Thlr.; ebenso war dies 1856.

Im Allgemeinen wechseln die Preise gegenwärtig nicht mehr so häufig und so erheblich, und noch weniger tritt der Fall ein, daß eine Gegend große Theuerung hat, während in anderen Gegenden die Preise gering sind. Die gegenwärtigen Verkehrs-Verhältnisse lassen solche Zustände schnell ausgleichen.

Den vorstehenden Nachrichten über Theuerungen gegenüber soll nunmehr über billige Preise berichtet werden. Es soll nämlich im Jahre 1280 der Scheffel Korn 22 Pfennige, — 1319 einen böhmischen Groschen, — 1362 einen halben Thlr., — 1438: 6 kleine Gr., — 1786, 1825 und 1826 1 Thlr. und 8 Gr. gekostet haben.

6. Anderweite Unfälle verschiedener Art:

Am 4. Februar 1630 fiel des Nachts bei einem Sturme ein Bürgerhaus ein, beschädigte den Wirth, und erschlug dessen schwangere Frau. — Am 25. Oktober 1661 fiel ein Mann allhier, Namens George Vogt, während er die „fallende Sucht" bekam, vor seiner Thür in das Jauchenloch und ertrank darin. — Zwei Tage später fiel der Tuchmacher Michael Weber beim Tuchwalken um, und war todt. — Am 8. November 1634 wurde Nikolaus von Gersdorf auf Glossen hier von einem Herrn von Uechtritz erschossen. — Am 5. Juli 1669 erhing sich der Tuchmacher Friedrich Müller in Folge von Schwermuth. — Am 25. März 1677 wurde eine Frau todt auf der Straße gefunden. Im Jahre 1717 starb die Ehefrau des Züchners Ludwig in Folge einer Drillingsgeburt. — Am 13. Jan. 1724 ist der Bürgermeister Christian Berger auf der Straße todt gefunden worden. — Im Jahr 1729 hatten die beiden Todtengräber einen Erhängten in aller Stille beerdigt. Deshalb wurden sie auf Antrag der Bürgerschaft von der Herrschaft entlassen, und von dieser Zeit an überließ die Herrschaft der Kommune die Anstellung der Todtengräber. — Anno 1731 wurde der hiesige Nachwächter George Krügel durch einen Soldaten erschlagen. — Am 12. August 1736 ist der Kramer Christoph Riese gestorben, nachdem 9 Tage zuvor ein Fuder Korn auf ihn gefallen war. — Ferner wurde am 30. August 1738 Meister Christian Kurze, — am 11. Februar 1744 der Müller Kaulfers aus Sohland, — am 3. Februar 1748 der Fischhändler Wolf aus Rietschen, — am 7. November 1749 der Schmidt Friedrich Engelmann auf hiesiger Flur todt gefunden. — Am 5. Mai 1794 warf ein großer Sturm die den Bürgern Adam und Schneider gehörigen Scheunen in der Viehgasse um. — Am 15. April 1798 wurde der Bürger Christian Traugott Faustmann auf Königshainer Feldern todt aufgefunden, nachdem er schon 6 Wochen vorher verschwunden war. —

Am 25. September 1579 ist der Ochsenhändler Hans Packisch aus Freiberg beim Markersdorfer Walde von Kasper Grosche aus Reichenbach und 3 Genossen angefallen und beraubt worden. Grosche wurde auch der Verübung einer im Jahre 1574 in Schönbrunn stattgefundenen Brandstiftung verdächtigt, und sollte einen Brand-Drohbrief an den Rath der Stadt Görlitz gerichtet und einen eben solchen am 26. September 1579 an die Thore des Gutes Nieder-Rudelsdorf gehängt haben. Obwohl in Folge des Raub-Anfalls 100 Mann aus Reichenbach und viele Leute aus Markersdorf die Gegend durchsuchten und Seitens des Raths zu Görlitz 1000 Thlr. Prämie auf das Ergreifen des gen. Grosche gesetzt worden waren, war derselbe doch nicht zu finden gewesen. Erst im folgenden Jahre wurde er bei Friedland aufgegriffen und trotz heftiger Gegenwehr festgenommen. Zu einem Geständniß ist er, aller angewandten Zwangsmittel ungeachtet, und selbst trotz der Tortur, nicht zu bewegen gewesen. Er ist sodann mit dem Rade vom Leben zum Tode gebracht worden, und an demselben Tage ist in Reichenbach sein Sohn gestorben. Von seinen drei Raubgenossen ist Christoph Germann aus Reichenbach bald darauf verhaftet und ebenfalls gerädert worden. Die beiden Anderen sind nachher in Schlesien festgenommen worden, und hat der Eine sich im Gefängniß erstochen, der Andere aber ist mit dem Kopfe so lange gegen die Mauer gerannt, bis er davon gestorben ist.

Am 22. Juni 1582 hat ein Schmidt aus Reichenbach sich selbst die Gurgel aufgeschnitten und ist dann in einen Brunnen gesprungen. Seine Leiche ist durch den Henker von Bautzen an einem Scheidewege begraben worden. — Am 26. Oktober 1730 ist eine Schuhmachersfrau aus Reichenbach in einem Gersdorfer Teiche ertrunken. — Am 18. Dezember 1741 ist der Häusler Jakob Knothe aus Gersdorf, welcher bei dem Brande der Hofrehde in Mengelsdorf hatte löschen helfen, auf dem Rückwege vom Schlage getroffen und auf hiesiger Pfarrwiedemuth todt aufgefunden worden. — Am 7. November 1749 wurde der Schmidt Joh. Friedrich Engelmann von hier, auf dem Galgenberge, neben seiner Schubkarre liegend, todt aufgefunden. — Am 18. Januar 1778 starb ein Söhnchen des Bürgers Johann Samuel Berthold allhier, in Folge Genusses von Fliegenwasser. — In den Jahren 1833 und 1834 richteten große Stürme vielen Schaden an. — Im Jahre 1830 waren viel Raupen hier und in der Umgegend, welche nicht blos die Blätter von Bäumen, sondern auch Klee und Gras vom Felde fraßen. In Folge dessen gerieth auch kein Obst.

———

XXV. Sonstiges Bemerkenswerthes.

———o———

Am 3. Juni 1463 wurde in Reichenbach eine Zusammenkunft der Adeligen von Zittau, Bautzen etc. gehalten, um einander gegen die Görlitzer beizustehen, welche das Verführen der berühmten Zittauer Bieres nicht dulden wollten und schließlich darüber Beschwerde beim König führten (siehe Carpzow Annal. Zittau IV. 158).

Im Jahre 1469 fanden in Löbau, Wittichenau, Weißenberg und Reichenbach mehrfache Berathungen über die Zustände des Landes statt. —

Zu Anfange des 18. Jahrhunderts hatte das Wasser eines Brunnens am Städtlein an einem Fußsteige, zwischen der Bach und einem Gartenzaune, wegen seiner heilsamen Wirkungen einen guten Ruf erhalten, worauf der damalige Gutsherr dieses Wasser am 3. September 1715 durch die beiden hiesigen Herren Aerzte Benjamin Richter und Siegemund Gottlob Salomon untersuchen ließ, welche ihre Gutachten dahin abgaben, daß das Wasser sowohl zu innerlichen als zu äußerlichen Kuren zu empfehlen sei. Dasselbe ist auch zu jener Zeit vielfach, insbesondere gegen Augenkrankheiten und Gliederreißen, und zwar mit gutem Erfolge, angewendet worden. — Es ist wahrscheinlich, daß damit der Brunnen im Garten des Häußlers Herrmann in Nieder-Reichenbach gemeint ist, aus welchem das Wasser auch noch in neuerer Zeit vielfach zu Kuren gebraucht wird.

Am 11. Juni 1800 fand man bei Urbarmachung einer Lehde in der Nähe des jetzigen Oberhofes in 2 Töpfen 64 Stück silberne Bracteaten von der Größe der Spezies-Thaler, im Gewicht von je 12 bis 18 Aß. — Das betreffende Ackerstück führt davon den Namen „Silberfleckchen."

Am 30. Mai 1815 wurde in der hiesigen Johanniskirche durch den Diakonus Kober ein Jude, der Königlich Preußische Lieutenant Herschel, nach vorheriger Prüfung und Ablegung des christlichen Glaubensbekenntnisses, getauft.

Am 18. Februar 1846 wurde hier, wie in allen lutherischen Kirchen, der 300jährige Gedenktag des Todes Dr. Martin Luthers gefeiert. Um 9 Uhr versammelten sich die Gemeinden auf dem Marktplatze, von wo aus unter Vortritt der Geistlichen, der Schulen, des Magistrats und der Stadtverordneten, sowie 9 weißgekleideter Jungfrauen, von denen die

Eine auf einem weißen Atlaskissen eine Bibel trug, in die Kirche gezogen wurde.

Im Juni des Jahres 1853 fand in der Diözese Görlitz II., also auch hier, eine General-Kirchen-Visitation statt, bei welcher der General-Superintendent Dr. Hahn aus Breslau als Vorsitzender, die Pastoren Froböß, Sondermann, Reinecke und Wätzold (letzterer der spätere hiesige Oberpfarrer und jetzige Regierungs- und Schulrath in Breslau), sowie als weltliches Mitglied der jetzige Landes-Aelteste von Seydewitz hierselbst, fungirten. —

Am 5. Juli 1851 und 7. Juni 1864 wurden in hiesiger Kirche Missionsfeste gefeiert und zwar die Jahresfeste des Missions-Hilfsvereins am linken Ufer der Neiße. Bei dem ersteren predigte der Diakonus Dr. Wildenhan aus Bautzen, bei letzterem Dr. Prochnow, Prediger der Elisabeth-Kirche in Berlin.

Unter dem Vorsitz des Superintendenten Haußer aus Kunnerwitz fand am 27. Oktober 1865 die erste und am 16. Oktober 1866 die zweite Kreis-Synode des zweiten Görlitzer Kirchenkreises hier statt.

Am 15. Oktober 1866 und folgende Tage hielt Superintendent Haußer hier eine Kirchen- und Schul-Visitation ab. —

Am 21. Juni 1867 wurde Seitens der, in Görlitz unter dem Vorsitz des Landes-Aeltesten von Seydewitz bestehenden Konferenz für innere Mission in der Preußischen Ober-Lausitz im Saale des Ober-Lausitzer Waisenhauses hierselbst eine Versammlung abgehalten, zu welcher sich unter Anderen auch der Reiseprediger Meyeringh aus Berlin und der Diakonus Dr. Schian aus Liegnitz eingefunden hatten. Bei dem hierauf in der hiesigen Kirche stattgefundenen Gottesdienste predigte der Diakonus Dr. Schian aus Liegnitz, während der Pastor Suin de Boutemard aus Kunnersdorf die Ansprache übernommen hatte.

Von nennenswerthen Persönlichkeiten werden aus früheren Zeiten, als hier geboren, in alten Schriften bezeichnet: Beate Laubig, welche 1576 Abatissin des Klosters St. Marienthal war, — Zacharias Bischoff; welcher 1709 als Pastor in Gersdorf starb; — Johann Konrad, zuerst Diakonus hier, dann Pastor in Melaune; — Johann Adam Gehr, Anselmus Hansius, Jonas Otto, Jeremias Zacher, hiesige Diakonen; — Salomon Fehrmann, Pastor in Bellmannsdorf; — Georg Friedrich Fehrmann, welcher 1708 als Pastor in Nieder-Bielau starb; — Christian Gottlob Fiebiger, welcher 1682 als Pastor in Weigsdorf starb; — Gottfried Weist, welcher 1723 als Pastor in Volkersdorf starb; — David Siegismund Weist, Dr. med. in Wigandsthal; — Christian Gottlob Menzel, Zuchthaus-Prediger in Torgau; ferner Benjamin Gotthelf

Fischer, welcher zur See ging, in Batavia Bau-Inspektor wurde und 1786 an den hiesigen Rath 93 Dukaten, theils für seinen Vater, theils für Freunde, theils (8 Dukaten) für die hiesige Schule zur Unterhaltung der Schulbücher einsandte.

Wie Käuffer in seinem „Versuch einer topographisch-historischen Beschreibung" erzählt, hat im vorigen Jahrhundert zu wiederholten Malen Militair hier in Garnison gelegen, insbesondere 1732 die Kreis-Militz, 1746 die Oberst-Lieutenant Haudring'sche Kompagnie vom von Minkwitz'schen Kürassier-Regiment, von 1765 bis 1778 die Major von Zedlitz'sche Eskadron von Herzog Kurland Chevauxlegers; vom 6. August 1793 bis zum 19. Januar 1795 eine Schwadron Dragoner von dem General-Major von Gersdorf'schen Regiment, nämlich 5 Offiziere und etliche 60 Mann. —

Die von einem Verein 1836 hier gegründete Rettungs-Anstalt für verwahrloste Knaben wurde 1842 nach Görlitz verlegt und besteht dort noch fort.

Seit dem Jahre 1863 besteht hier eine Schul-Präparanden-Bildungs-Anstalt, an welcher der Oberpfarrer Weigand und die Lehrer Schulz und Heidrich jungen Leuten, die sich für das Lehrerfach resp. zum Eintritt in das Schullehrer-Seminar vorbereiten, Unterricht ertheilen. Die ersten 5 Zöglinge dieser Anstalt wurden am 1. Oktober 1866 in das hiesige Seminar aufgenommen. Gegenwärtig befinden sich 6 Präparanden hier, und außerdem wird ein solcher vom Waisenhaus-Inspektor Diesner hierselbst ausgebildet.

Seit dem Oktober 1864 besteht hier eine Handwerker-Fortbildungsschule, an welcher der Lehrer Heidrich Unterricht im Zeichnen, Lesen, Rechnen, Schreiben, in der Geographie, Geschichte etc. ertheilt.

Daß Einleitungen getroffen sind, mit der Zeit ein Krankenhaus hierselbst zu errichten, ist bereits im 17. Abschnitt erwähnt.

Im Jahre 1638 kaufte die Kommune vom Herrn von Warnsdorf das Schneider Jakob Mühle'sche Haus für 350 Thr. zu einem Rathhause. Von dem dazu gehörigen Lande ist ein Stück dem Diakonat zugeschlagen worden und ein anderes Stück haben der Diakonus Rüdinger und der Ludimoderator Fiebiger für 45 Mark gekauft. Von dem Rathause ist in einer Urkunde vom Jahre 1643 die Rede. Weitere Nachrichten sind jedoch darüber nicht vorhanden. Wahrscheinlich ist dasselbe bei einem der im vorigen Abschnitt erwähnten Brände mit abgebrannt und nicht wieder aufgebaut worden. Welches Grundstück es gewesen, und ob und welches Privathaus später auf der Stelle erbaut ist, ist nicht zu ermitteln gewesen.

Daß in dem sogenannten Färbergarten in der oberen Aue früher ein Färberhaus gestanden hat, geht aus einer Urkunde vom 18. Juni 1667 hervor.

Von Grundstücken, welche sich lange Zeit in Einer Familie befinden, ist namentlich das Grundstück 17 am Markte zu erwähnen, welches sich seit dem Jahre 1716 in den Händen der Familie Bucher befindet.

Wie bereits im 3. Abschnitt erwähnt, befinden sich seit 1862 eine Flachsbereitungs-Anstalt und seit dem Jahre 1866 eine Maschinen-Bau-Anstalt hier. In Ersterer werden jährlich circa 4000 Centner Rohflachs zum Verspinnen bearbeitet; in Letzterer werden hauptsächlich landwirthschaftliche Maschinen gefertigt. Beide werden mit Dampfkraft betrieben.

Ein hinter dem Gasthof zur Kanone, rechts der Chaussee auf dem Grundstück des Bauergutsbesitzers Krems zu Markersdorf stehendes, steinernes Denkmal enthält die Nachricht, daß im Jahre 1724 der 17jährige Sohn des damaligen Besitzers, Jakob Krems, vom Blitze getödtet wurde. Gedachtes Bauergut soll sich seit länger als 160 Jahren in den Händen der Familie Krems befinden. Ein ähnliches Denkmal befindet sich am Wege nach Deutsch-Paulsdorf.

Vom Rothsteine (bei Sohland) und vom Stromberge (bei Weißenberg) wird erzählt, daß zur Zeit der Semnonen Braupfannen mit Gold auf denselben verwahrt, demnächst aber mit fortgenommen worden seien. Auf dem Rothstein soll früher die Burgwart von Dolgowitz, sowie die Burg der Ritter v. Rothstein sich befunden haben. (Siehe Sachsens Kirchen-Gallerie S. 173.)

Römische Münzen, mit den Bildnissen römischer Kaiser, sollen in den zwanziger Jahren dieses Jahrhunderts bei Diehsa gefunden worden sein. — Auf dem Todtensteine der Königshainer Berge soll ein Opferplatz des heidnischen Gottes „Teut" gewesen sein, und auf dem Limasberge bei Liebstein das Bild Gottes „Flins" gestanden haben.

Bei Löbau, welches die älteste Stadt der Ober-Lausitz, und bereits 706 gegründet sein soll, hat man, ebenso wie bei Zittau, Bracteaten, deutsche Silbermünzen aus dem 11. Jahrhundert, gefunden. An einer andern Stelle wird Löbau erst 1259 und an einer drittem 1303 als Stadt genannt, während Lauban 1180 schon als solche bezeichnet wird. Die Erhebung Zittau's zur Stadt soll in das Jahr 1253 fallen.

Der Anfang der Begründung von Städten fällt wohl unter die Regierungszeit Kaiser Heinrich I. zurück, der den Namen der „Städtegründer" bekommen hatte. In der Ober-Lausitz sollen mehrere Städte zu Anfang des 13. Jahrhunderts gegründet worden sein.

Die erste Kapelle in der Ober-Lausitz soll die 967 erbaute zu Jauernick gewesen sein.

Am 21. August 1346 schlossen die Städte Bautzen, Görlitz, Zittau, Löbau, Lauban und Kamenz ein Bündniß, von welchem sich die Bezeichnung der Städte als „Sechsstädte" herschreibt. Auf ihren Siegeln führten sie als ihr Wappen: Bautzen eine goldene Mauer mit 3 Zinnen im blauen Felde; Kamenz einen ausgebreiteten schwarzen Adlerflügel; Löbau den heiligen Nikolaus als Schutzpatron; Görlitz eine Zinne zwischen 2 hohen Thürmen und unterm Thurme rechts ein liegendes Schild mit dem einfachen schwarzen Adler; Lauban eine Stadtmauer mit Thürmen zu beiden Seiten, sowie einem Thor mit aufgezogenem Gatter und darüber ein Schild mit kreuzweise gelegten Schlüsseln; Zittau 3 Schilde, deren mittelstes als das älteste und gewöhnlichste Stadtzeichen ein weißes Z im rothen Felde führte.

Im Laufe der Zeit wurden diese Wappen mehr oder weniger verändert. An Stelle des früher für die ganze Ober- und Nieder-Lausitz gebräuchlichen gemeinschaftlichen Wappens, eines rothen Ochsen im weißen Schilde, war später das Bautzener Wappen in Gebrauch gekommen. Dasselbe führt eine goldene Burgzinne unter einem blauen Felde, weshalb auch als Landesfarben der Ober-Lausitz blau und gelb angenommen wurden und bis jetzt erhalten blieben, wenn man auch hin und wieder dieselben als blau, roth und gelb angegeben findet.

Das Wappen der Stadt Reichenbach ist aller Wahrscheinlichkeit nach das Wappen der Familie von Gersdorff. Dasselbe ist einmal querüber getheilt, und das untere Feld ist wiederum senkrecht getheilt und hat statt des Helmes einen Ritterkopf. Die Farbe des oberen Feldes war früher roth, die des unteren schwarz und weiß. Später ist auch oben die schwarze Farbe angenommen worden, so daß jetzt nur schwarz und weiß darin geführt wird. Diese Farben wird man daher auch als die Stadtfarben ansehen müssen.

Dem Wappen entsprechend ist auch das Stadtsiegel, ein eisernes, mit der Umschrift: „S. Civium in reychenbach", und jedenfalls sehr alten Ursprungs, welches noch jetzt vom Magistrat angewendet wird. Ein zweites, ebenfalls eisernes Siegel führt die Umschrift: „G. R. S. Z. Reichenbach", und in der Mitte die Jahrszahl 1613. Ein Farbendruck-Stempel mit der Schrift: „Polizey-Verwaltung zu Reichenbach in d. Ob.

L." ist 1817, und das Siegel der Stadtverordneten-Versammlung, enthaltend das oben beschriebene Wappen und die Umschrift: „Die Stadtverordneten zu Reichenbach", ist 1833 angeschafft.

Von den Schäden, welche die Hussiten in der Gegend angerichtet hatten, ist zu erwähnen, daß sie 1427 die Dörfer der Zittauer Pflege, Ostritz und Hirschfelde, sowie das Kloster Marienthal, sowie Sifridsdorf bei Marienthal und 1429 Behnsdorf bei Jauernick niederbrannten. Sifridsdorf und Behnsdorf sind nicht wieder aufgebaut worden. Löbau wurde am Neujahrstage 1429 von den Hussiten fast ganz in Asche gelegt, Kamenz von ihnen erobert, auch Kloster Marienstern und die Städte Bischofswerda und Wittichenau hatten viel zu leiden. Bautzen konnten sie nicht erobern. Bernstadt hatte sich Ende 1429 ihnen auf Gnade und Ungnade ergeben. Löbau besetzten die Hussiten und Lauban trafen harte Drangsale. In Marklissa, wo die Bewohner geflüchtet waren, zertrümmerten sie die Leichensteine auf dem Kirchhofe. Wie es Reichenbach erging, ist im 23. Abschnitt angegeben.

Die Pfarrer schänkten in früheren Zeiten, namentlich um das Jahr 1500, in ihrem Hofe Bier aus; so wurde von Seiten des Raths zu Görlitz gegen die Pfarrer zu Markersdorf, Ebersbach und Königshain Klage erhoben, weil sie fremde Biere eingeführt und verschänkt hatten.

Die Landeskrone, deren jedenfalls aus ihrer Form entstandener Name wahrscheinlich von dem Jahre 1222 in der Gegend wohnhaften Herrn von Landeskron angenommen worden ist, diente noch um das Jahr 1400 zur Befehdung von Görlitz und zur Belagerung der Umgegend. Die Lehnsleute des Biberstein'schen Geschlechts übten Straßenraub aus. Die Landeskrone war 1437 in den Besitz des Herzogs Hans von Sagan übergegangen, welcher neue Befestigungen vornehmen wollte. Die Stadt Görlitz suchte dies mit allen erdenklichen Mitteln zu verhindern und kaufte zuletzt 1440 die Landeskrone von den Söhnen des Herzogs Hans für 600 Mark böhmische Groschen. (Köhler's Geschichte der Ober-Lausitz, Seite 147.)

Ritterburgen befanden sich außer auf der Landeskrone auch auf dem Kreuzberge (früher Burgberg genannt) bei Jauernick, auf dem Hutberge bei Schönau, auf dem Limasberge bei Liebstein, auf dem Berge bei Dolgewitz, auf dem Rothsteine bei Sohland, auf dem Burgberge zu Döbschütz u. s. w.

Die Schanzen bei Schöps und Oelisch, welche den Namen „Schwedenschanzen" führen, gehören jedenfalls zu den im 1. Abschnitt erwähnten „Suevenschanzen".

Auf dem Friedersdorfer Berge soll eine heidnische Opferstätte gewesen sein und auf dem Hügel zwischen den zwei Jauernicker Bergen nach Friedersdorf zu ein Götzenalter gestanden haben. Im Jahre 1771 wurden in der dortigen Gegend eine Menge thönerne Gefäße, wahrscheinlich Todten-Urnen, etwa 60 Pfeil-Eisen, 4 bis 5 Zoll lang, 2 Messer von 6 und 3 Zoll Länge u. s. w. gefunden. Im Jahre 1780 lagen in Friedersdorf herzoglich Karl'sche Dragoner. — Das Rittergut Friedersdorf befindet sich seit 1531 im Besitz der Stadt Görlitz, als ein Vermächtniß der Wittwe Frenzel.

Wie sehr die Umgegend im Kriege 1813 zu leiden hatte, ergiebt sich daraus, daß Markersdorf seinen Verlust aus den Monaten Mai und September auf 100,000 Thlr. schätzte, und daß Gersdorf an einquartierte Truppen 578 Scheffel Hafer, 387 Centner Heu, 5 Schock Stroh, 79 Centner Mehl, 172 Scheffel Korn, 2 ½ Scheffel Graupen, 12 Metzen Erbsen, 75 Scheffel Kartoffeln, 541 Scheffel Hafer, 2333 Centner Heu, 83 Centner Stroh, 2336 Brote, 99 Centner Brot, 24 Tonnen Bier, 18 Eimer Branntwein, 117 Stück Schlachtvieh, 32 Pferde, 20 Ochsen zu liefern hatte.

Zwei Jahrhunderte früher wurden des Sonntags in den Dörfern Schauspiele, wahrscheinlich geistlichen Inhalts, abgehalten, welche von der Kanzel abgekündigt wurden, und an denen sich die Schullehrer betheiligten. So führte am 25. April 1652 der Friedersdorfer Schullehrer in Markersdorf ein Schauspiel auf, welches mit feierlichem Zuge durch's Dorf begonnen wurde.

Versuche auf Bergbau, insbesondere auf Silber, Kupfer, Zinn und Blei, sollen in früheren Zeiten in der Ober-Lausitz wiederholt und an verschiedenen Orten stattgefunden haben, z. B. um Bautzen, Görlitz, Löbau, Rengersdorf, Nieder-Markersdorf, Wigandsthal, Meffersdorf. (Merkel's Erdbeschreibung S. 33) Bei Reichenbach soll man blaue Eisen-Erde gefunden haben. (Lausitzer Monatsschrift, Jahrgang 1798 S. 105.)

In Reichenbach wurde, wie bereits im 8. Abschnitt erwähnt, die Preußische Städte-Ordnung vom 19. November 1808 am 31. Juli 1833 eingeführt. An deren Stelle trat am 18. Mai 1852 die Gemeinde-Ordnung vom 11. März 1850 und an deren Stelle am 1. Juli 1853 die noch jetzt giltige Städte-Ordnung vom 30. Mai 1853. Auf Grund der Letzteren und des Gesetzes vom 14. Mai 1860 bestimmt das unterm 7. Mai 1861 von der Königlichen Regierung zu Liegnitz bestätigte Regulativ vom 12. April 1861 die Erhebung eines Einzugs- und eines Bürgerrechtsgeldes. Das Erstere ist durch das Gesetz vom 2. März 1867 mit dem 1. Juli 1867 allgemein aufgehoben. Das Einzugsgeld war, soweit nicht gewisse, speziell bestimmte Befreiungen eintraten, von allen Neuanziehenden gleichmäßig mit 3 Thalern zu entrichten; das Bürgerrechtsgeld ist, je nachdem der Betreffende der 1., 2. oder 3. Abtheilung zum Zwecke der Wahlen der Stadtverordneten (§. 13 der Städte-Ordnung) zuzutheilen war, auf 6 resp. 5 und 4 Thaler festgesetzt.

Der Magistrat ist die Obrigkeit der Stadt und verwaltet die städtischen Gemeinde-Angelegenheiten. Die Stadtverordneten-Versammlung hat über alle Gemeinde-Angelegenheiten zu beschließen, soweit dieselben nicht ausschließlich dem Magistrat überwiesen sind; sie sind dabei an keinerlei Instruktion oder Aufträge der Wähler gebunden. Die Beschlüsse bedürfen der Zustimmung des Magistrats, welchem die Ausführung derselben obliegt. Für die Einnahmen und Ausgaben der Stadtgemeinde wird alle 3 Jahre ein Etat vom Magistrat auf- und von der Stadtverordneten-Versammlung festgestellt. Dasselbe ist mit der seit 1860 errichteten Armenkasse der Fall.

Laut der von dem Königlichen Ministerium für Handel und Gewerbe bestätigten Ortsstatute vom 2. Juni resp. 8. Juli 1856 und 24. August resp. 21. September 1863 sind die hier beschäftigten Gesellen und Fabrikarbeiter verpflichtet, den bestehenden Krankenkassen beizutreten. Es bestehen solche Kassen zur Zeit vier: a) für Schuhmacher; b) für Bauhandwerker; c) für alle übrigen Gewerke; d) für Fabrikarbeiter. — Dieselben hatten bei durchschnittlich 126 Theilnehmern am Schlusse des Jahres 1866 ein Vermögen von circa 370 Thalern.

Bis zum Jahre 1845 bestanden für Fleischer, Bäcker, Schuhmacher und Pfefferküchler sogenannte „Bänke", ausschließliche, auf besondere Hypotheken-Folien eingetragene Gewerbe-Berechtigungen, d. h. es durfte nur eine bestimmte Zahl dieser Gewerbtreibenden sich im Orte niederlassen. Auf Grund der Gewerbe-Ordnung vom 17. Januar 1845 wurden den Inhabern dieser Berechtigungen durch Resolut der Königlichen Regierung zu Liegnitz vom 10. Dezember 1849 Entschädigungen zugesprochen, welche für jede Bäcker-Bank auf 44 Thlr. 20 Sgr. 3 Pf., für jede Schuhmacher-Bank auf 133 Thlr. 28 Sgr. 4 Pf., für jede Pfefferküchler-Bank auf 5 Thlr. 26 Sgr. 3 Pf. und für jede Fleisch-Bank auf 2 Sgr. festgestellt wurde. Es waren 8 Fleischer-, 8 Bäcker-, 2 Pfefferküchler- und 9 Schuhmacher-Bänke. Die Fleischer hatten der Geringfügigkeit wegen aller Ansprüche entsagt, der Eigenthümer der Pfefferküchler-Bänke ist am 28. Februar 1859 abgefunden. Die Bäcker und Schuhmacher erhalten bis zur Tilgung der

Entschädigungs-Kapitalien, so lange sie das Gewerbe treiben, jährlich 3 Prozent Zinsen; diese werden von allen Gewerbtreibenden des Ortes gleichmäßig aufgebracht. Außerdem tragen diejenigen Gewerbtreibenden, welche nicht bankberechtigt waren, die Hälfte des Zinsenbetrags zum Amortisations-Fonds bei, zu welchem auch die Kommune jährlich 1 Prozent beisteuert. Es sind dadurch bis jetzt 3 Bäcker- und 5 Schuhmacher-Anerkenntnisse getilgt, daher noch der Betrag für 5 Bäcker-Bänke mit 233 Thlr. 11 Sgr. 3 Pf. und für 4 Schuhmacher-Bänke mit 535 Thlr. 23 Sgr. 4 Pf. zu berichtigen. Dazu befinden sich im Tilgungs-Fonds der Ersteren 33 Thlr. 14 Sgr. 11 Pf., in dem der Letzteren 55 Thlr. 27 Sgr. 9 Pf. Nach den 1853 aufgestellten und von der Königlichen Regierung genehmigten Tilgungs-Plänen soll die Tilgung bis 1889 resp. 1886 erfolgen.

Die Gutsherrschaft hat nach dem Resolut der Königlichen Regierung zu Liegnitz vom 6. Mai 1850 für die bis dahin bestandenen gewerblichen Abgaben bezüglich der Pfefferküchler 1 Thlr. 15 Sgr. 7 Pf., hinsichtlich der Schuhmacher 1 Thlr. 11 Sgr. 3 Pf., in Betreff der Fleischer 17 Thlr. 5 Sgr. 2 Pf. und bezüglich der Bäcker 4 Sgr. 9 Pf. jährliche Rente zu erhalten, welche durch Zahlung des 25fachen Betrages abgelöst wird. Die Renten, sowie die Beiträge zum Tilgungsfond werden in gleicher Weise, wie bei den Bank-Ablösungen aufgebracht. Nachdem im Jahre 1865 auf das Ablösungs-Kapital der Fleischer 125 Thlr. getilgt worden, beträgt die jährliche Rente zusammen noch 15 Thlr. 6 Sgr. 9 Pf., die Ablösungs-Kapitalien 380 Thlr. 18 Sgr. 9 Pf., der Bestand der verschiedenen Tilgungs-Fonds beträgt 58 Thlr. 5 Sgr. 5 Pf. Die Tilgung soll nach den höheren Orts bestätigten Tilgungs-Plänen bis zum Jahre 1902 erfolgen.

Am 16. Dezember 1859 wurde von der hiesigen Polizei-Verwaltung mit Genehmigung der Königlichen Regierung zu Liegnitz eine Feuerlösch-Ordnung publiziert und jedem Hausbesitzer ein gedrucktes Exemplar derselben zugestellt. Auch wurde unterm 12. April 1861 eine Polizei-Verordnung, betreffend die Ordnung auf den Straßen; unterm 11. Februar 1860 eine solche, betr. den Verkauf der Butter auf dem Wochenmarkte, und unterm 12. Dezember 1864 eine dergleichen, betr. das Herumlaufenlassen der Fleischerhunde, erlassen.

Durch das Reglement vom 8. Januar 1849, von der Königlichen Regierung zu Liegnitz unterm 1. März 1849 bestätigt, wurde hier eine Hundesteuer — mit jährlich 15 Sgr. pro Hund und 7 Sgr. 6 Pf.pro Hündin — eingeführt.

Im Jahre 1847 kaufte die Stadtkommune eine neue Feuer-Spritze, welche der Mechanikus Louis Hadank in Hoyerswerda für 366 Thlr. 7 Sgr. 6 Pf. gefertigt hat. Bis dahin existirte hier nur die auch jetzt noch vorhandene, der Kirche gehörige Feuer-Spritze.

Im Jahre 1864 wurden 20 Straßen-Laternen von der Stadt Görlitz angekauft, nachdem die bisherigen sich als unzweckmäßig erwiesen hatten.

Bei der im Jahre 1858 stattgefundenen Ablösung der bis dahin an die Gutsherrschaft abgeführten Real-Lasten wurden von 68 Grundstücken 945 Thlr. 6 Sgr. Ablöungs-Kapitalien baar gezahlt und von 103 Grundstücksbesitzern 162 Thlr. 3 Sgr. jährlich Rente für die Rentenbank übernommen, welche vom 1. Oktober 1858 56 1/12 Jahre, also bis 1. November 1914, zu entrichten ist. Die Gutsherrschaft hat dafür 4650 Thlr. Rentenbriefe erhalten. Darneben bekam dieselbe von den Rentenpflichtigen 34 Thlr. 26 Sgr. 6 Pf. sogenannte Pfennigspitzen, d. h. Kapital für die überschüßenden Pfennige bei der Rente, da die Rentbank nur volle Groschen übernahm, und 121 Thlr. 23 Sgr. 11 Pf. Nachschuß-Rente wegen der Laudemien-Ablösung, vom Tage der Provokation angerechnet. Von 96 Grundbesitzern, welche die Laudemial-Verpflichtung, d. i. die Verpflichtung, bei jeder Besitz-Veränderung 2 Prozent des Kaufpreises als Laudemium an das Dominium zu zahlen, schon früher abgelöst hatten, wurden an Ablösungs-Kapital und Nachschuß-Rente 2192 Thlr. 24 Sgr. an das Dominium gezahlt.

Nachtrag

Der hiesige Zweig-Verein der Viktoria-National-Invaliden-Stiftung (siehe Seite 140) hat am 16. Oktober 1867 seine Auflösung beschlossen und den Vermögensbestand mit 125 Thlr. nebst den inzwischen aufgekommenen Zinsen dem, Seite 114 gedachten, vom Magistrats-Dirigenten angelegten Krankenhaus-Fond überwiesen.

Den Seite 108 erwähnten Kranken-Kassen tritt auf Grund des von der Königlichen Regierung unterm 31. August 1867 bestätigten Statuts eine solche für die Fabrikarbeiter der A. Roscher'schen Maschinen-Bau-Anstalt hinzu.

Der Landes-Aelteste von Seydewitz wurde am 26. Februar 1867 als Abgeordneter des Reichstages des norddeutschen Bundes von den Kreisen Rothenburg und Hoyerswerda, und am 31. August 1867 aufs

Neue auf eine 3jährige Periode wiederum als solcher von denselben Kreisen gewählt.

Zufolge Beschlusses der städtischen Behörden wird in diesem Herbste (1867) auf dem unteren Theile des Marktplatzes eine neue steinerne Röhrbütte, beim Gasthofe zur Sonne ein neuer steinerner Wassertrog errichtet, und die neue Waisenhausstraße, sowie in ihrer Fortsetzung die Bahnhofsstraße, chaussirt.

Zu Seite 29 ist zu bemerken, daß die Seelenzahl in hiesiger Stadt bis anfang Oktober 1867 auf 1589 gestiegen ist, und zu Seite 118 und 119 ist zu erwähnen, daß in der Zeit vom 1. Januar bis Ende September 1867: 54 Personen in 1ster, 1665 in 2ter, 13,567 in 3. Klasse mit der Eisenbahn von hier befördert wurden, und daß in dieser Zeit 227 Privat-Depeschen von der hiesigen Eisenbahn-Telegraphen-Station abgegangen, 197 Depeschen dagegen hier eingelaufen sind. Bis zum 1. Juli 1867 wurden monatlich durchschnittlich 18 Depeschen hier aufgegeben; seit der mit diesem Tage eingetretenen Gebüren-Ermäßigung ist die Durchschnittszahl auf 39 gestiegen.

Der Eingang an Gütern betrug im Monat Septbr. 1867 12,200 Centner, der Ausgang etwa 4000 Centner.

XXVI. Nachrichten von den eingepfarrten Ortschaften.

——o——

In die hiesige Kirche sind die Dörfer: Ober-Reichenbach mit 189 Seelen, Nieder-Reichenbach mit 351 Seelen, Mengelsdorf mit 570 Seelen, Biesig mit 162 Seelen, Dittmannsdorf mit 190 Seelen, Schöps mit 144 Seelen, sowie Dittmannsdorf, Krobnitzer Antheils, die Krobnitzer Lehnhäuser genannt, ferner Borda und Gurigk und die Sächsichen Dörfer   Oelisch mit 73 und Goßwitz mit 39 Seelen eingepfarrt. Die Dörfer Ober- und Nieder-Reichenbach und Oelisch gehören auch zur Schulgemeinde Reichenbach. Mengelsdorf hat eine eigene Schule und ist Biesig dorthin eingeschult. Dittmannsdorf nebst den Krobnitzer Lehnhäusern, sowie Schöps, Borda und Gurigk gehören seit 1827 zur Schule in Meuselwitz.

Die Besitzer der Güter **Ober- und Nieder-Reichenbach,** in früheren Zeiten auch zuweilen Richersdorf und Reichenbachsdorf genannt, sind im III. Abschnitt angegeben. In derselben Hand befand sich auch längere Zeit hindurch und bis zum Jahre 1843 das Gut Oelisch. Ebenso gehörte früher bis zum 16. Jahrhundert das Gut Goßwitz dazu; 1538 wurde dasselbe nebst dem Rittergute Schöps mit Glossen vereinigt.

Das Rittergut **Mengelsdorf** (1420 Mengirsdorf geschrieben), besaßen, soweit Nachrichten reichen, bis zum Jahre 1430 die im III. Abschnitt sub No. 1 bis 5 genannten Mitglieder der Familie von Gersdorf. Demnächst werden als Besitzer genannt: Balthasar von Rabenau 1515, Stenzel von Gersdorf 1545, Peter von Gersdorf bis 1572. Die Gebrüder Joachim und Balthasar von Gersdorf, Söhne des Hans von Gersdorf (Abschnitt III, No. 9), wurden 1572 damit belehnt. 1579 kommt Balthasar allein vor. Im Jahre 1581 wird Hans von Warnsdorf als Besitzer genannt, der es an Günther von Hermsdorf verkauft, von demselben aber wieder zurück erworben zu haben scheint. Sein Sohn und Nachfolger Hans Georg von Warnsdorf verkaufte 1627 Mengelsdorf an Gottfried Rückert, Bürger in Görlitz, der vorher Mittel-Deutschossig besessen hatte, später auch Holtendorf erwarb, und am 4. August 1613 in den Adelstand erhoben worden war. Sein Sohn George von Rückert wurde 1647 belehnt. Nach seinem Tode — 1658 — übernahm das Gut seine Frau Anna Emerentia verw. von Rückert geb. Ficker, später verehelichte von Lützau, und nach ihrem Tode — 1675 — ihr Gemahl Asche Claus von Lützau und Huthberg. Nach seinem Tode erbte 1680 seine Schwester Dorothea Elisabeth von Dewitz geb. von Lützau das Gut, welche dasselbe, anscheinend noch in demselben Jahre, für 19,500 Thlr. an Wolf Albrecht von Löben verkaufte, der Landesältester und später Amtshauptmann des Görlitzer Kreises wurde, und 1696 verstarb. Nach ihm überkam sein Sohn George Friedrich von Löben, welcher 1699 starb, das Gut. Nach diesem erbte es sein Sohn Christian Albrecht von Löben, Kammerherr und Landeshauptmann der Ober-Lausitz. Während seiner Besitzzeit brannte 1737 das Vorwerk, und 1741 das Gutsgehöft ab. Er baute Beides wieder auf, und zwar das Vorwerk weiter in das Feld, und nannte es Löbensmüh. Am 17. März 1750 starb er; seine Erben wurden seine Wittwe und 8 Kinder. Erstere nahm ihren Wittwensitz in Löbensmüh. Sowohl das Gut Mengelsdorf, als auch das vom Verstorbenen 1732 erworbene Gut Biesig übernahm 1764 der älteste Sohn Wolf Christian Albrecht von Löben, der ersteres 1778 an den

Hofrath Andreas Nitsche verkaufte. Letzterer starb 1795 und seine Wittwe Marie geb. von Soltikoff übernahm das Gut. Diese verkaufte dasselbe 1801 an Ferdinand Traugott Prenzel von Bucherfeld, von dem es 1824 Frau Majorin von Ziegler und Klipphausen, Auguste geb. Prenzel von Bucherfeld, erbte. Von letzterer kaufte es 1841 der spätere Königliche Landrath Ernst Eduard von Haugwitz, und von diesem 1859 die gegenwärtigen Besitzer: die verwittwete Frau Geheime Räthin Hüpeden, Georgine Louise Dorothee geb. Hofmeister und der Königl. Obrist a. D. Leuthold von Kurowski.

Das Gut **Biesig** — oder, wie dieser Ort früher genannt wurde, Besag oder Besak — befand sich 1435 im Besitz eines Kasper von Gersdorf und 1480 eines Wilhelm von Gersdorf. Im Jahre 1519 wird Melchior von Nötenhof als Besitzer genannt. 1594 erwarb es Alexander von Fürstenau, zugleich mit Döbschütz und Hilbersdorf. Nach seinem Tode übernahm Biesig 1601 sein Bruder Karl von Fürstenau, und nach dessen Tode 1617 der zweite Bruder Kasper von Fürstenau. Er starb 1649. Da er keine Leibes-Erben hinterließ und seine Güter Döbschütz, Gruna, Biesig, Dittmannsdorf und Ober-Neundorf Mannlehn waren, fielen sie dem Churfürsten von Sachsen, Georg I., als Markgrafen der Ober-Lausitz, anheim. Dieser belehnte damit die Brüder Heinrich und Claus von Taube, welche 1649 die Güter aus Lehn in Erbe verwandelten. Nachher erbte die Güter die Tochter des Ersteren, Maria Luitgardis Vitzthum v. Eckstädt geb. von Taube, und von ihr 1670 ihr Gemahl Christoph Vitzthum von Eckstädt, dessen Erben Biesig, Döbschütz, Hilbersdorf und Dittmannsdorf an Karl Christoph von Nostitz verkauften. Nach seinem Tode (1686) erbte dieselben sein jüngster Sohn Karl Gottlob von Nostitz, welcher am 14. Oktober 1698 in Döbschütz starb, und nach ihm erbte dieselben sein älterer Bruder Johann Kasper von Nostitz, welcher bereits Arnsdorf und Krobnitz besaß. Er verkaufte 1710 Biesig an seinen ältesten Sohn Johann Christoph Moritz von Nostitz. Während seiner Besitzzeit brannte (in der Nacht vom 5. zum 6. Septbr. 1715) der Hof in Biesig ab. v. Nostitz starb 1723. — Seine Erben verkauften Biesig 1732 für 10,000 Thlr. an Christian Albrecht von Löben auf Mengelsdorf. Sein Sohn Wolf Christian Albrecht von Löben verkaufte dasselbe an Adolf Ferdinand von Runkel, und dieser an Friedrich Heinrich Ludwig Goldschmidt von Goldenberg, von welchem es 1779 seine Wittwe Anna Gertrud geb. Kohlwein erbte. Sie verkaufte es 1783 an Heinrich Maximilian Friedrich von Klotz, und dieser 1795 an Friedrich August Gottlob von Gersdorf. Von ihm kaufte das Gut der Rittmeister Christian Friedrich Schmidt im Jahre 1810, von diesem 1814 Friedrich Jonathan Demisch, von letzterem 1820 der Major Theodor Crusius, und von ihm 1841 der Lieutenant Fedor Höber. Letzterer verkaufte es 1843 an den gegenwärtigen Besitzer, den Landesältesten Otto Theodor von Seydewitz.

Dittmannsdorf, früher auch zuweilen Dittmarsdorf genannt, besteht aus dem eigentlichen Gute und den sogenannten Feldhäusern, welche bis 1706 zu Krobnitz gehörten, und dann zu Dittmannsdorf geschlagen wurden. Dieser Ort ist bisher steuerfrei gewesen. Wie und wann diese Steuerfreiheit eingetreten, ist nicht zu ermitteln. Nach einer Tradition soll einmal eine böhmische Prinzessin daselbst übernachtet, und zum Danke für gute Aufnahme die Steuerfreiheit bei ihrem Vater auszuwirken versprochen haben. Als Besitzer des Gutes werden genannt: Melchior von Nötenhof 1519, Hans von Döbschütz, Hans von Warnsdorf bis 1596, Hans von Gersdorf, Karl von Fürstenau, Kasper von Fürstenau, Heinrich und Claus von Taube, Marie Lütgardis Vitzthum von Eckstädt geb. von Taube, Christoph Vitzthum von Eckstädt (siehe Biesig), sodann Kasper Siegismund von Nimptsch bis 1678; ferner: Karl Christoph von Nostitz, Karl Gottlob von Nostitz, Johann Kasper von Nostitz (siehe Biesig). Von Letzterem kaufte es dessen Schwiegersohn Christoph Siegismund von Gersdorf 1703. Hiernächst kaufte Frau Helene Tugendreich von Knoch geb. von Warnsdorf das Gut 1713 in der Subhastation für 12,000 Thlr. Sie vertauschte dasselbe 1716 gegen Nieder-Rengersdorf an Johann Hartwig von Nostitz. Dessen Erben verkauften es 1729 an Karl Moritz von Karlowitz, nachdem am 9. April 1725 das ganze Gehöft abgebrannt war. Nach seinem Tode 1745 erbte es seine Wittwe, Christiane Sophie geb. Noack. Diese vermachte es in ihrem Testamente ihrer Schwester-Tochter, Henriette Karoline verehel. von Hohenstein, geb. von Einsiedel, und nach deren Tode — 1787 — erbte es ihr Gemahl, Wolf Ernst von Hohenstein. Von ihm erbte es 1796 August Polykarp von Leyser, der es 1811 an Ernst von Leyser verkaufte. Dasselbe wurde sodann 1820 an Samuel Friedrich Meurer, von diesem 1838 an Herrmann König, von Letzterem 1841 an Johann Gottlieb Budig, und von diesem noch in demselben Jahre an Major Adolf

Herrmann Schneider verkauft. Letzterer verkaufte dasselbe 1853 an den gegenwärtigen Besitzer Gustav Herrmann Miersch.

Der Antheil von **Crobnitz,** die Crobnitzer Lehnhäuser oder Dittmannsdorf Crobnitzer Antheils genannt, soll vor Zeiten zu Dittmannsdorf gehört haben. Der Ort soll früher Crobenos genannt worden sein, jedenfalls nach den Besitzern de Crobenos, welche im 14. Jahrhundert vorkommen. Im 16. Jahrhundert befand Crobnitz sich im Besitz der Herren von Döbschütz, und zwar werden 1531 Hans von Döbschütz, 1536 George von Döbschütz, 1546 Hans von Döbschütz als Besitzer genannt. Demnächst kaufte es Christoph von Nostitz. Von ihm erbten es 1604 seine beiden Söhne Christoph und Hans von Nostitz. Ersterer kaufte 1610 den Antheil des Letzteren, wurde aber 1612 erstochen und demnächst erbte es Hans von Nostitz. In der Familie von Nostitz, Besitzer von Döbschütz, Dittmmannsdorf und Biesig, ist es bis 1688 geblieben, in welchem Jahre Hans Sigismund von Warnsdorf dasselbe kaufte. Sein Besitz-Nachfolger war Gottlob Ehrenreich von Warnsdorf, und demnächst Johann Christoph von Löben, welcher 1725 starb. Nach ihm besaß es Johann Christoph Adolf von Löben, welcher es 1732 an seinen Schwager Karl Heinrich Wilhelm von Uechtritz verkaufte. Sein Sohn und Nachfolger Friedrich Wilhelm von Uechtritz, welcher am 27. Dezember 1798 starb, bauete viel auf dem Gute, und legte das Friedrichsthal, gewöhnlich Friedensthal genannt, an, dessen Stelle vorher Wildniß war. Von seinem Nachfolger Friedrich Wilhelm von Richthofen kaufte das Gut 1806 Johann Karl von Friedrich, von diesem 1817 Johann Heinrich Ruff. Letzterer verkaufte dasselbe 1824 an den späteren Landrath Georg Friedrich Hennig von Oertzen; 1841 erwarb dasselbe George Ernst Richard von Oertzen, und nach dessen Tode (1852) erbten es dessen Gemahlin Louise von Oertzen geb. Krug von Nidda und deren 6 Kinder, welche es noch gegenwärtig besitzen.

Gurick, früher auch unter dem Namen Gork bekannt, — einem Namen, den Knauth in seiner Geschichte der Sorbenwenden pag. 35 von dem wendischen Götzen Curcho oder Gorcho ableitet, — soll in alten Zeiten unter dem Namen Borchow oder Borche zur Herrschaft Merau (Meraw) gehört haben, welche letztere ein Wittwensitz der Königinnen von Böhmen gewesen. Das Schloß soll auf dem Burgberge bei Meran (jetzt Melaune) gestanden haben, und dort soll Wladislaus

II., vertriebener König von Böhmen, als auf seiner Gemahlin Leibgedinge, 1174 verstorben sein. — Dieses, nur aus 2 Bauern und 1 Gärtner bestehende Dörfchen, sowie das Dorf Borda, früher Porade genannt, befinden sich unter den Gütern und Ortschaften, welche die Königin Kunigunde, Gemahlin des Königs Wenzel Ottokar von Böhmen, dem von ihr 1234 gestifteten Jungfrauen-Stift Marienthal schenkte, welche Schenkung ihr Gemahl durch die Urkunde vom 8. März 1239 genehmigte. Es waren dies die Orte: Seifersdorf (Syfriedsdorf), Oedernitz (Oderniß), Attendorf (Ottendorf), Melaune (Meran), Meuselwitz (Miclawitz), Gurigk (Borche) Borda (Porade) und Prachenau (Prochaw). — Seit jener Zeit befindet sich das Kloster St. Marienthal im Besitz der genannten Orte, sowie des Dorfes Jauernick und eines Theiles von Markersdorf. Eigentliches Besitzthum hat dasselbe jedoch nur noch in Jauernick. —

Das Rittergut **Schöps,** früher auch Schapz genannt, besaßen 1495 die Gebrüder Nikol, Hans, Christoph und Leonhardt von Uechtritz, welche dasselbe von George von Döbschütz auf Döbschütz erkauft hatten. Im Jahre 1511 wird Niklas Steinberg, Bürger und Handelsmann in Görlitz, als Erbherr von Schöps genannt. Von 1538 wurde Schöps und Goßwitz mit Glossen vereinigt, und haben diese Güter besessen: Erasmus von Gersdorf bis 1582, sein Sohn gleichen Namens bis 1595, Michael von Gersdorf bis 1620, Nikolaus von Gersdorf bis 1643, Joachim Ernst von Gersdorf bis 1672, Christian Felix von Gersdorf 1704, Christian Ludwig von Gersdorf bis 1723, dessen Wittwe Charlotte Eleonore Tugendreich von Gersdorf geb. von Warnsdorf bis 1758, Johann Adolf v. Gersdorf, Friedrich Rudolf von Gersdorf, Karl Gottlob von Gersdorf bis 1787, Karl Adolf Siegfried von Gersdorf und Frau Henriette Auguste von Gersdorf geb. Steinbach bis 1836. — In letzterem Jahre kaufte die Güter Johann Friedrich Schmalz, welcher 1837 dem jetzigen Besitzer Karl Franz Schmalz, seinem Sohne, Schöps und Goßwitz überließ.

Das Gut **Oelisch** kaufte 1843 Ohnefalsch-Richter, 1846 Schroter und Genossen, 1854 der Oekonom Merz, 1857 der jetzige Besitzer Ernst Gottlob Zeißig.

Wie oben bereits erwähnt, befindet sich in hiesiger Parochie — außer der hiesigen — nur eine Schule, und zwar die zu Mengelsdorf. Dieselbe ist von dem Landeshauptmann v. Löben — um das Jahr 1720

— gegründet, und bekommt der Schullehrer von der Herrschaft alljährlich 12 Thlr. und 2 Scheffel Korn, und von der Gemeinde 6 Thlr.
— Der Hofrath Nitsche vermachte in seinem Testamente der Schule 500 Thlr., mit der Bestimmung, daß von den jährlichen 20 Thlr. Zinsen der Schulhalter 5 Thlr., der Gerichtshalter 5 Thlr., die Gerichten 1 Thlr. bekommen, 5 Thlr. zum Ankauf von Büchern und 4 Thlr. zum Schulhause verwendet werden sollen. Die Lehrer waren:

Michael Träger, welcher 1729 starb;
Johann Heinrich Richter, starb am 1. Januar 1788;
Christian Gottlieb Bendel, welcher am 3. März 1838 das 50jährige Amts-Jubiläum feierte und ein Paar Jahre darauf starb.
Ernst Adolf Lehmann, der jetzige Lehrer, wurde am 19. April 1841 berufen und am 4. Dez. 1841 bestätigt.

Der im 16. Abschnitt genannte Ober-Pfarrer Strauß vermachte außer den dort genannten Legaten auch noch:

a) 50 Thlr. zum besseren Bestehen eines Schulhalters in Dittmannsdorf;

b) 100 Thlr. für die Armen in Biesig, deren Zinsen die Herrschaft zur Bezahlung von Schulgeld für arme Kinder und zur Anschaffung von Büchern für dieselben verwenden, in deren Ermangelung aber an arme Nothleidende austheilen soll;

c) 100 Thlr. den Armen in Ober-Reichenbach, deren Zinsen die Herrschaft unter Zuziehung des Ober-Pfarrers an die bedürftigen Armen vertheilen soll.

Die Gemeinde Nieder-Reichenbach erhielt von dem Gärtner Johann Gottlieb Lehmann daselbst im Jahre 1856 80 Thaler, deren Zinsen zur Zahlung des Schulgeldes für arme Kinder verwendet werden sollen, und nach seinem Tode (5. Sept. 1865) nach dem Testamente vom 20. Februar 1837 ein Legat von 25 Thlr. zur Gründung einer Armenkasse, deren Zinsen alljährlich an die Ortsarmen vertheilt werden sollen. Der Bauergutsbesitzer Johann Traugott Hänsch daselbst vermachte in seinem Testamente vom 24. Dezember 1864 der Armenkasse in Nieder-Reichenbach ein Legat von 50 Thlr., dessen Zinsen alljährlich an seinem Todestage an würdige Arme durch den

Ortsrichter nach dessen Gutbefinden zu vertheilen sind. Desgleichen hat der am 28. Dez. 1866 in Nieder-Reichenbach verstorbene Inwohner Johann Michael Partsch in seinem am 8. Februar 1867 publizirten Testamente der Ortsarmenkasse daselbst ein Kapital von 25 Thlr. zur beliebigen Verwendung an Arme der Gemeinde ausgesetzt.

Die Armenkasse zu Ober-Reichenbach erhielt von der Gedingegärtnerfrau Adam daselbst ein Legat von 10 Thalern.

In kommunaler Beziehung bilden die Dörfer Ober- und Nieder-Reichenbach, Mengelsdorf, Biesig, Dittmannsdorf und Schöps je eine besondere Gemeinde. Die Crobnitzer Lehnhäuser bilden mit Crobnitz einen Gemeinde-Verband, Borda und Gurigk gehören zu Meuselwitz. An der Spitze jeder Gemeinde steht ein Ortsgericht, welches durch einen Ortsrichter und zwei Gerichtsmänner gebildet wird. Die genannten Dörfer gehören sämmtlich zurm Görlitzer Kreise. Die Ortsrichter waren resp. sind:

a) in **Ober-Reichenbach:** Hans Geißler 1773, Michler von Ende des 18. Jahrhunderts bis 1804, Kretschmar von 1804 bis 1813, Model von 1813 bis 1815, Pfeil 1815 bis 1856, Jochmann 1856 2 Monate, Eifler seit 1856;

b) in **Nieder-Reichenbach:** Martin Stübner von 1710 bis 1716, Christoph Höhnisch 1716 bis 1724, Georg Lims 1724 bis 1738, Hans Herbst 1738 bis 1751, Hans George Hänisch, Gottfried Burkhardt und Johann Neumann von 1751 bis 1804, Christoph Kretschmar von 1804 bis 1813, Elias Schäfer und Gottlieb Schäfer 1813 bis 1841, Traugott Hänsch von 1841 bis 1862, Friedrich Neumann seit 1862;

c) in **Biesig:** 1710 George Mühle, 1711 George Kretschmar, 1721 Christoph Wendler, 1744 Christoph Pfeil, 1751 Christian Schneider, 1765 Christoph Pfeil, von 1789 bis 1813 Christoph Kaiser, von 1813 bis 1841 Stübner, von 1841 bis 1854 Michler, seit 1854 Schönfelder;

d) in **Mengelsdorf:** 1689 Elias Kaiser, 1719 Christian Mühle, 1735 Hans Kern, 1742 Gottfried Baier, 1759 Hans George Urban, 1783 Hans Christoph Weise, 1800 Gottfried Schmidt, 1812 bis 1843 Johann George Träger, seit 1843 Karl August Träger.

e) in **Schöps:** Jenke von 1826 bis 1834, der Müllermeister Gottfried Richter von 1834 bis 1845, der Häusler Johann Gottfried Urban 1845 bis 1847, seit 1. April 1847 befindet sich der gegenwärtige Ortsrichter Kittner im Amte;

f) in **Dittmannsdorf** amtirt der Ortsrichter Eichler;

g) in **Crobnitz** mit den Lehnhäusern befindet sich der Schmiedemeister Kulke seit 1865, und

h) in **Meuselwitz**, wozu Borda und Gurigk gehört, seit 1850 der Maurermeister Neumann als Ortsrichter im Amte.

Die Polizei wird in den Preußischen Dörfern durch den betreffenden Gutsherrn ausgeübt, die sie zum Theil durch besonders dazu verpflichtete Stellvertreter verwalten lassen. In Sachsen ist die Polizei mit dem Gericht verbunden.

In **Oelisch,** welches bis zur Theilung der Oberlausitz zwischen Sachsen und Preußen mit Ober-Reichenbach verbunden war, wurde nach hergestellter Selbstständigkeit der Müllermeister Kanter Ortsrichter, welcher das Amt bis 1840 verwaltete; seit dieser Zeit ist es Müllermeister Häntsch.

Goßwitz gehört in kommunaler Beziehung zu Glossen.

Seit Einführung der neuen Grund- und Gebäudesteuer (conf. Abschnitt XXI.) entrichten jährlich:

	an Grundsteuer:			Gebäudesteuer:		
	rtl.	sgr.	pf.	rtl.	sgr.	pf.
Dominium Ober-Reichenbach...........	171	3	2	2	7	-
Gemeinde dto.	34	15	9	11	4	-
Dominium Nieder-Reichenbach........	186	20	5	4	15	-
Gemeinde dto.	153	8	9	37	7	-
Dominium Mengelsdorf....................	335	22	7	14	28	-
Gemeinde dto.	135	29	9	36	25	-
Dominium Biesig........................	66	27	4	1	-	-
Gemeinde dto.	36	24	1	11	13	-
Dominium Dittmannsdorf................	113	19	6	6	28	-
Gemeinde dto.	46	1	-	12	18	-
Dominium Schöps	63	25	9	1	18	-
Gemeinde dto.	38	26	9	10	24	-

Das Gutsgehöft von Ober-Reichenbach, welches früher im Dorfe, in der Nähe des Schankhauses stand, brannte am 26. März 1832 ab, und wurde demnächst an seine jetzige Stelle erbaut. Im Jahre 1858 brannte das Schankhaus ab, und im Jahre 1859 schlug der Blitz in die Scheune des Häusler Heinrich und äscherte dieselbe vollständig ein.

Der Gutshof von Nieder-Reichenbach, welcher früher unmittelbar an der Stadt auf der sogenannten Aue stand, ging im Jahre 1804 in Flammen auf, und wurde im darauf folgendem Jahre auf seiner jetzigen Stelle errichtet. Außerdem brannten in Nieder-Reichenbach am 5. Juli 1837 das Wohnhaus des Wilhelm Seidel; am 20. Juli 1846 das Gedingehaus des Gärtner Christoph Michler, in Folge Blitzschlags; am 9. März 1849 die Scheune des Bauerngutsbesitzer Richter; 1850 das Wohnhaus des George Stübner; am 18. Mai 1859 die Scheune des Gärtner Gottlieb Lehmann; am 24. desselben Monats das Gedingehaus, die Scheune und der Schuppen des Gärtner Ernst Michler; am 27. März 1860 das Gehöft des Bauergutsbesitzer Hennig; am 10. Juli 1864 das Gedingehaus des Bauergutsbesitzer Hänsch; am 3. Juni 1867 das Wohnhaus des Häusler Pätzold in Folge Blitzschlages, welcher gleichzeitig den Besitzer und seine Ehefrau tödtete.

In Biesig wurde im Jahre 1850 die Windmühle, und im Jahre 1853 das Gehöft des Schänkwirth Altmann durch Feuer vernichtet.

In Schöps brannten das Wohnhaus des Gasthofsbesitzers Sturm und die Gebäude des Bauer Kottwitz, des Gärtner Ullrich und des Gärtner Eifler am 23. Juni 1844 und das Stallgebäude des Gasthofsbesitzer Rehde am 26. März 1859 nieder.

In Gurigk wurden am 21. November 1857 das Gehöft des Gärtner Rubel und am 3. April 1859 das Gehöft des Bauergutsbesitzer Töpfer ein Raub der Flammen. Bei Letzterem wurde der Knecht Kaiser der vorsätzlichen Brandstiftung für schuldig erachtet und zu 15 Jahren Zuchthaus verurtheilt.

Auch brannten am 31. Januar 1859 ein Haus in Mengelsdorf, und am 1. Juni 1859 ein Stall des Dominii Dittmannsdorf nieder.

Ebenso wurde am 6. Mai 1859 das Stallgebäude des Ritterguts Oelisch eingeäschert, und am 8. Januar 1852 die Belger'sche Mühle zu Oelisch, Mengelsdorfer Antheils, wobei die 7jährige Tochter Auguste

Ernestine Belger, sowie die Magd Eleonore Rössel aus Crobnitz mit verbrannten.

In Mengelsdorf wurden im Jahre 1813 einquartiert: 1) Kaiserl. Russische und Königl Preußische Truppen: 2 Stabs-Offiziere, 66 Offiziere, 265 Unter-Offiziere und Gemeine, und 1835 Pferde; 2) Kaiserl.französische und verbündete Truppen: 2 Generale, 23 Stabs-Offiziere, 182 Ober-Offiziere, 7990 Unter-Offiziere und Gemeine, 3511 Pferde. Diese haben an Fourage verbraucht: 590 Scheffel Hafer, 408 Centner Heu, 40 Schock Stroh. Requirirt wurden: 82 Centner Mehl, 1238 Scheffel Korn, 13 Scheffel Graupen, 8 Scheffel Erbsen, 692 Scheffel Kartoffeln, 2699 Scheffel Hafer, 3751 Centner Heu, 1032 Schock Stroh, 153 Centner Brot, 16 Tonnen Bier, 7 Eimer Branntwein, 124 Schlachtstücke, 13 Pferde, 31 Ochsen, 8 Wagen, 588 Schafe, 10 Schweine, 5 Kälber, 3 Centner Karpfen. — In's Landmagazin wurden geliefert: 30 Ctr. Mehl, 18 Schffl. Korn, 5 Scheffel Kartoffeln, 10 Scheffel Hafer, 56 Ctr. Heu, 6 Schock Stroh, 1 ½ Eimer Branntwein, 88 Pfund Fleisch. Den Verlust an baarem Gelde, Kleidern, Wäsche, Betten, Pretiosen u. s. w. schätzte die Gemeinde Mengelsdorf im Monat Mai 1813 auf 4233 Thlr., und im Monat September 1813 auf 4629 Thlr.

In Biesig wurden in demselben Jahre einquartiert: 4 Generale, 20 Stabs-Offiziere, 87 Offiziere, 4358 Unter-Offiziere und Gemeine, 6937 Pferde. Diese haben an Fourage verbraucht: 150 Scheffel Hafer, 68 Centner Heu, 8 Schock Stroh. — Requirirt worden sind: 62 Centner Mehl, 96 Scheffel Korn, 6 Scheffel Erbsen, 85 Scheffel Kartoffeln, 414 Scheffel Hafer, 560 Centner Heu, 50 Schock Stroh, 297 Brote, 27 Centner Brot, 7 Tonnen Bier, 6 Eimer Branntwein, 16 Schlachtstücke, 274 Pfund Fleisch, 4 Pferde, 4 Ochsen, 4 Wagen, 157 Schafe. In's Land-Magazin mußten geliefert werden: 12 Scheffel Korn, 13 Scheffel Hafer, 20 Ctr. Heu, 3 Schck Stroh, 1 Schlachtstück.

In Schöps und Goßwitz wurden einquartiert: 24 Generale, 254 Stabs-Offiziere, 516 Offiziere, 29,835 Unter-Offiziere und Gemeine, 18,548 Pferde. Die Fourage betrug 3559 Scheffel Hafer, 2942 Centner Heu, 82 Schock Stroh. Außerdem mußte das Dominium beschaffen: 28 Centner Mehl, 840 Scheffel Korn, 244 Schffl. Erbsen, 1677 Schffl. Kartoffeln, 3262 Schffl. Hafer, 5185 Centner Heu, 821 Schock Stroh, 1783 Brote, 130 Centner Brot, 85 Tonnen Bier, 22 Eimer Branntwein,

124 Schlachtstücke, 8 Pferde, 48 Ochsen, 8 Wagen, 860 Schafe. Die Gemeinden hatten aufzubringen: 61 Ctr. Mehl, 351 Schffl. Korn, 7 Schffl. Graupen, 10 Scheffel Erbsen, 310 Scheffel Kartoffeln, 418 Scheffel Hafer, 1355 Ctr. Heu, 275 Schock Stroh, 738 Brote, 130 Ctr. Brot, 3 Tonnen Bier, 35 Eimer Branntwein, 62 Schlachtstücke, 5800 Pfund Fleisch, 18 Pferde, 8 Ochsen, 8 Schafe. Die Lieferungen in's Land-Magazin betrugen: 20 Centner Mehl, 88 Scheffel Hafer, 51 Centner Heu, 129 Kannen Branntwein.

Für Ober- und Nieder-Reichenbach und Oelisch wird die Zahl der einquartierten Truppen auf 3 Generale, 20 Stabs-Offiziere, 73 Offiziere, 12,133 Unter-Offizier und Gemeine, 3222 Pferde, und die Lieferungen und Verluste auf 220 Ctr. Mehl, 1785 Scheffel Korn, 60 Scheffel Weizen, 53 Scheffel Grütze, 51 Scheffel Erbsen, 55 Scheffel Wicken, 1030 Scheffel Kartoffeln, 3642 Scheffel Hafer, 4044 Ctr. Heu, 1298 Schock Stroh, 998 Brote, 78 Ctr.Brot, 106 Tonnen Bier, 43 Eimer Branntwein, 337 Schlachtsücke, 34 Centner Fleisch, 38 Pferde, 39 Ochsen, 156 Schafe angegeben.

(Siehe Wanderungen über die verödeten Gefilde Sachsens und der Ober-Lausitz, von Joh. Maaß, Heft 1 und 2, und Kriegs-Drangsale von Görlitz und der benachbarten Städte und Dörfer, im Jahre 1813, von demselben.)

Die Justiz wird in den Preußischen Ortschaften durch die Königliche Kreis-Gerichts-Kommission hierselbst, in den beiden Sächsischen Dörfern durch das Königliche Gerichts-Amt in Löbau ausgeübt.

Schiedsmann für Ober- und Nieder-Reichenbach, Mengelsdorf, Biesig und Dittmannsdorf ist der Obrist a. D. von Kurowsky auf Mengelsdorf; für Krobnitz, Schöps, Borda und Gurigk der Ortsrichter Miethe in Tetta.

Die genannten Preußischen Dörfer gehören zum Bezirke der Post-Expedition in Reichenbach, die beiden Sächsischen zum Bezirke der Post-Expedition in Zoblitz.

Abschrift aus „Neues Lausitzisches Magazin" 44. Band, erschienen 1868, Seite 429 ff.

Bücher – Anzeigen

Chronik der Stadt und Parochie Reichenbach O./L.

Bearbeitet und herausgegeben vom Bürgermeister Richter. Reichenbach O./L. Im Selbst-Verlage des Verfassers. 1867. (162 S.)

Wir freuen uns, aus der Einleitung zu ersehen, daß in dem Orte, wo der wackere oberlausitzer Historiker Käuffer gelebt und geschrieben hat, der historische Sinn unter den Bewohnern noch so rege ist, daß „vielfache Aufforderungen" an den Verfasser vorliegender Monographie zu deren Abfassung gerichtet worden sind. Daß eine solche stets ihre eigenthümlichen Schwierigkeiten habe, und daß dabei vor allem auf das Bedürfniß dieses nächsten Leserkreises Rücksicht zu nehmen sei, wissen wir aus eigenster Erfahrung. Aber darum, weil die betreffenden Ortsbewohner keine bewanderten Historiker sind, darf man ihnen in einer Ortsgeschichte doch wohl nicht eine „kurze Geschichte der [ganzen] Oberlausitz" und ebenso auch eine Geographie des g a n z e n Landes mit Aufzählung sämmtlicher „Flüsse, Gebirge, Bodenklassen, Steinarten, Mineralquellen" etc. als Einleitung geben. Mindestens hätten hierbei nicht längst feststehende Daten unrichtig aufgeführt (z. B. die Gründung Meißen als im Jahre 922 erfolgt, statt 929 und die des Bisthums daselbst im Jahre 965 statt 968) und wohlbekannte Fakta ungenau dargestellt werden dürfen (z. B. daß der Zittauer Kreis Anfang des 14. Jahrhunderts p f a n d w e i s e sich bei Böhmen befunden und daß 1346 Lauban wieder mit der übrigen damaligen Oberlausitz vereinigt worden sei).

Wir meinen, dieser Raum hätte dazu verwendet werden können, gerade denjenigen Abschnitt der Ortsgeschichte, der auch für den wissenschaftlichen Historiker von besonderen Interesse ist, nämlich die Geschichte der O r t s h e r r s c h a f t e n, etwas ausführlicher zu behandeln. An urkundlichen Material konnte es dafür dem Verfasser nicht fehlen, da ihm des fleißigen Käuffer „Versuch einer topographisch-historischen Beschreibung von Reichenbach", im dasigen Pfarrarchiv befindlich, den wir leider noch nicht kennen gelernt haben, zu Gebote stand. Eine genauere Angabe der dort mühsam zusammengetragenen Urkunden über die ältesten Besitzer von Reichenbach und kurze Auszüge aus demselben würden dem Verfasser die wissenschaftliche Forschung zu um so größerem Danke verpflichtet haben, als über diese Besitzer in der That noch so gut wie gar nichts publicirt ist. Wenigstens bei diesem Kapitel hätten wir, trotz aller sonst nothwendigen

Platzersparung, einige Nachweise in Betreff der benutzten Quellen zu einer Vergleichung und Prüfung gewünscht. Aber selbst der cod. dipl. Lus. von Köhler scheint dem Verfasser nicht bekannt zu sein. – Ausführlicher werden die städtischen Verhältnisse und Anstalten, zumal aus neuerer und neuester Zeit, behandelt, so das Schullehrerseminar, das Hospital, die Medicinalangelegenheiten, Armenpflege, Waisenanstalt usw., S. 144. (jetzt S. 151 L.W.) folgt eine bunte Sammlung von Notizen aus der Geschichte der Oberlausitz. Doch möchten wir fragen, wo Lauban schon 1180 „als Stadt bezeichnet wird" und wann „für die ganze Ober- und Nieder-Lausitz der rothe Ochse im weißen Schilde als gemeinschaftliches Wappen" gebraucht worden sei.

Wir benutzen diese Gelegenheit, um gerade über die älteste Geschichte der Stadt und ihre Besitzer einige Nachträge und Berichtigungen anzufügen.

Die erste Erwähnung des Ortes Reichenbach fällt nicht in das Jahr 1239 (S. 34. (jetzt S. 42 L.W.)), sondern schon in das Jahr 1238 (Cod. Lus. I., 50.), wo derselbe bereits als Sitz eines landesherrlichen Voigtes bezeichnet wird, unter dem man nicht einen „Burgvoigt", da Reichenbach nie eine Burg in dem jetzigen Sinne des Wortes besaß, sondern einen Gerichtsvoigt zu denken hat. Eine Hufe Landes besaß zu Reichenbach das Domstift Budissin. Der Gerichtsvoigt zu Budissin hatte dieselbe dem Kapitel widerrechtlich abgesprochen, worauf am 21. September 1240 König Wenzel von Böhmen an den Voigt zu Budissin den sehr gemessenen Befehl richtete, dem Domstift sofort jene Hufe zurückzuerstatten (Cod. Lus., I., 48. und korrekter: Erben, regest. boh., 468). Dies sind jene „bona dominorum canonicorum Budiss. sita in villa Richenbach" (Cod. L. I., 105.), welche 1280 die Marggräfin Beatrix von Brandenburg von allen Steuern befreite. Nur sind dies nicht „Güter der Dominikaner oder Domherren zu Budissin" (S. 16. (jetzt S. 24 L.W.)), und mit nichten ist „villa gleichbedeutend mit Stadt". Diese Güter im Dorfe Reichenbach vertauschte das Kapitel erst 1400 (Laus. Mag. 1860, 436). Daß stets ausdrücklich Dorf Reichenbach betont wird, läßt darauf schließen, daß die Besitzung des Domstifts in der That nicht in der Stadt, sondern im Dorfe Reichenbach gelegen war. Als Stadt haben wir Reichenbach zuerst in einer Mariensterner Urkunde vom 24. April 1306 bezeichnet gefunden, die „in Reichenbach oppido" ausgestellt ist. Aber wir vermuthen, daß dieser Ort schon 1238 Stadt war, da die übrigen dort erwähnten Voigteisitze sämmtlich Städte waren.

Mindestens seit Mitte des 14. Jahrhunderts waren außer Stadt und Dorf Reichenbach unter gleichen Besitzern auch noch die benachbarten Dörfer Mengelsdorf, Goßwitz und Soland vereinigt. Als Besitzer dieses zu Zeiten noch bei weitem größeren Güterkomplexes erscheinen nun bis Ende des 16. Jahrhunderts in ununterbrochener Reihe verschiedene Linien der Familie von Gersdorf. Als erster dieses Namens kommt in der Oberlausitz vor jener Ritter Cristan (so schreibt er sich selbst; die Urkunden nennen ihn Christian, Kirstan etc.) v. Gersdorf, der 1301 – 27 außerordentlich häufig genannt wird, dreimal innerhalb dieser Zeit Landvoigt von Görlitz, einmal auch von Budissin war, und bei all' den verschiedenen Regenten dieser Länder die höchste Achtung genoß und den größten Einfluß auf sie übte. Eigentlich darf man nicht sowohl ihn als Stammvater der zahlreichen Linien der v. Gersdorf in der Oberlausitz betrachten, sondern seinen Vater; denn von Christan I. selbst werden noch zwei Brüder genannt, Tenitz (1301; Cod. L. I., 166; der Name kaum richtig geschrieben) und Rulko, der zufolge einer Mariensterner Urkunde vom 6. Juli 1307 das benachbarte Kemnitz besaß und somit Stammvater der v. Gersdorf auf Kemnitz war, die bis 1538 das Gut besaßen. Jedenfalls nannte sich Cristan v. Gersdorf nach dem gleichnamigen Dorfe bei Reichenbach, das wohl schon sein Vater besessen haben dürfte, da sich sonst nicht auch die Nachkommen des Rulko später danach genannt haben würden. Wir glauben aber kaum, daß Cristan durch den Besitz dieses verhältnismäßig kleinen Gutes zu dem Ansehen und Einfluß eines ersten Vasallen im Lande gelangt sein würde. Wir glauben vielmehr, daß er auch bereits Reichenbach mit dessen Pertinenzen besessen habe. — Urkundlich im Besitz davon erscheinen freilich erst 1346 Kyrstan (II.) und Ramford (I.), Gebrüder v. Gersdorf, welche die Ordnung der dasigen Tuchmacher bestätigen (Cod. Lus. I., 379). Allein schon ihr Mutter Kune (Kunigunde) war auf jenen Gütern beleibdingt; also wohl schon der Brüder Vater, der Mann der Kune (dessen Namen wir nicht sicher kennen) Inhaber derselben. Wir halten diese beiden Brüder für Enkel Cristans I. Dieselben besaßen auch den Bischofzehnt zu Linda, den sie 1350 an das Kloster zu Lauban verkauften (Urk.-Verz. I., 59). Sie kommen auch in demselben Jahre als Zeugen (ebendas. I. 57. No. 283.), Cristan II. schon 1341 als Abgeordneter des lausitzer Adels bei König Johann von Böhmen zu Prag vor (Cod. Lus. I., 342). Daß Cristan II. Kinder gehabt hat, ist nicht erweislich. Reichenbach scheint in den alleinigen Besitz seines Bruders Ramfold übergegangen zu sein. Wenigstens bestätigte 1356 dieser nebst seinen beiden Söhnen Heinrich und Nicolaus die Innung der Tuchmacher daselbst (Urk.-Verz I., 66). Außer diesen Söhnen hatte er noch eine verheiratete Tochter, denn 1345 verkaufte er sammt seinem Schwiegersohn Yban das Dorf Groß-Biesnitz an den Rath zu Görlitz (Cod.

L. I., 366). Niclas und Heynze v. Gersdorf, wahrscheinlich doch jene selbigen Brüder, verbürgten sich 1375 für Henzel v. Strawalde (Görl. lib. voc. et proscr. I. 60). Wir wissen nicht ob beide kinderlos gestorben sind, oder auf Reichenbach infolge einer Erbtheilung verzichtet hatten. 1382 erscheient im Besitze von Reichenbach und Zubehör ein dritter Sohn Ramfolds I. und der Margarethe (Metze) nämlich „Hannus v. Reichenbach"; aber auch sein kinderloses Absterben war damals schon in Aussicht genomen. Herzog Johann von Görlitz belehnte nämlich 1382 mit der einen Hälfte der Güter und Zinsen, welche jetzt Metze, die Mutter von Hannus, die Wittwe von Ramfold, und Kune, die Großmutter von Hannus, in Reichenbachdorf, Mengelsdorf, Goßwitz und Soland als Leibgedinge besaßen, und die nach der beiden Frauen Tode an Hannus fallen mußten, schon jetzt für den Fall, daß auch Hannus kinderlos sterben sollte, den Leuther v. Gersdorf aus dem Hause Königshain, und für den Fall daß auch dieser stürbe, den Bruder desselben, Heinrich v. Gersdorf auf Königshain; eine Belehnung, die der Herzog 1387 noch einmal wiederholte (Urk.-Verz. I., 125). Wahrscheinlich starb bald darauf Hannus in der That und Leuther wollte sich sofort in den Besitz der Reichenbacher Güter setzen. Aber Metze, die den 1. Oktober 1387 ausdrücklich mit allen Gütern und auch allen etwaigen Anfällen ihres Mannes belehnt worden war (ebendas. I., 124.), brachte den Rechtsstreit an die Schöppen zu Dohna, durch deren Spruch ihr der Besitz der Güter auf Lebenszeit gesichert ward (Käuffer, Mengelsdorf 6). Als nun auch Metze gestorben war, gerieth Leuther aber auch in Streit um die Erbschaft mit anderen Verwandten, so 1399 mit Ketan v. Gersdorf (der schon seit 1374 genannt wird) und mit Weißehans v. Gersdorf auf Paulsdorf (Görl. Rathsrechnungen) und vor allem mit Jone v. Gersdorf auf Kuhna (genannt seit 1290). Endlich behauptete sich Jone im Besitz von Reichenbach, und Leuther nahm Kuhna an. (Z. B. „1401 Leuther von Kunaw und Jone von Reichenbach haben einen Tag gehabt zu Görlitz." Ratsrechn.) Leuther verkauft übrigens 1408 Kuhna und Tilitz an seine Neffen, Christoph und Nicolaus von Gersdorf auf Königshain, seines Bruders Heinrich Söhne (Urk.-Verz. I., 166). Entweder schon er selbst oder sicher doch seine Söhne kamen nach Jonas Tode (nach 1409) wieder in den Besitz der Reichenbach'schen Güter. Er besaß von seiner Frau Katharine sieben Kinder, Tamme, Hans, Ramfold II., Leuther II., Nicolaus, Christoph und Margarethe, verheiratet mit Hannos Schoff auf Diehsa (Käuffer, Mengelsdorf 6.). Diese besaßen die ererbten Güter gemeinschaftlich, hatten auch Rudelsdorf und Altseidenberg (Mende, Seidenberg 171., Schönfelder, Marienthal 84.). 1417 versetzte Dietrich von Haugwitz Kringelsdorf an sie, und 1420 ward ihnen die Hülfe ertheilt, um den Pfefferzins zu Lauterbach und

173

alles, was die v. Gersdorf auf Ruhland im Görlitzischem Gebiet besaßen (Görl. Gerichtsbücher). Tamme und Hans waren im Gefolge des Herzog Ludwig von Brieg mit auf dem Concil zu Costnitz; beide waren Ritter und nach einander Landeshauptleute zu Görlitz, beide aber auch tapfere Kriegshauptleute gegen die Hussiten. 1426 wurde Tamme von letzteren in Reichenbach gefangen und nach Rothenburg geschleppt; 1430 während der Bestürmung und Zerstörung von Reichenbach war Hans der Besitzer derselben; Leuther II. aber, ebenfalls Ritter, war schon 1428 bei Machendorf gegen die Hussiten gefallen (N. Script. rer. lus. I., 61). Ramfold war 1424 – 44 Pfarrer in Reichenbach. Er und seine Brüder hatten wegen der Kriegsnoth gewisse Altarzinsen auf Mengelsdorf (Urk.-Verz. I., 160.) nicht nach Görlitz abführen können und waren deshalb in den Bann gerathen (Käuffer, Mengelsdorf 7.). Am längsten lebte Christoph. Richter (S. 25. (jetzt S. 33 L.W.)) sagt, dieser Christoph von Gersdorf auf Reichenbach sei nach Aussterben der v. Gersdorf'schen Linie auf Baruth in den Besitz dieses großen Gutes bekommen, das seit 1408 den Gerdorfen gehörte (Urk.-Verz. I., 163.). Indeß aus den sämmtlich vorhandenen Lehnbriefen über Baruth (abschriftlich im Hauptstaatsarchiv zu Dresden) scheint sich zu ergeben, daß der Christoph, welcher später die Güter Baruth und Reichenbach vereinigte, der Baruth'schen Linie angehörte und derselbe war, dem 1412 das Haus Baruth so zu Lehn gereicht wurde, daß bei seinem etwaigen kinderlosen Tode dasselbe an seine Brüder Hans, Nikel Voigtländer, Fredemann und Csaslaus fallen sollte. Auch Knauthe (Geographia Gersdorfiana, Msc.) berichtet, daß, als 1446 die v. Gersdorf auf Reichenbach ausgestorben seien, die Vettern aus Baruth das Städtlein erhalten hätten. So erklärt sich auch, daß 1455 Peter Schoff, der Sohn jener Margarethe, der Schwester jener sechs Brüder auf Reichenbach, „mit allem was Thamme v. Gersdorf und seine Brüder zu Soland und Oelisch gehabt", belehnt wurde (Urk.-Verz. II. 77.) und daß 1459 Peter's Söhne, Hans, Georg, Thamme und Balthasar Schoff, diese Güter erhielten (ebendas. II., 86.) und später auch Ober-Reichenbach aus der Erbschaft ihres Großonkels an sich bringen konnten, wo sie 1479 – 1491 öfter genannt werden (Laus. Mag. 1866, 26.). So gehörte seit Mitte des 15. Jahrhunderts Reichenbach den v. Gersdorf auf Baruth, also schon der dritten Linie desselben Adelsgeschlechts. Dr. Knothe.

Anhang

1. Die Beibehaltung der Originalität hatte bei der Herausgabe der Abschrift Prirorität. Die Sprache, der Satzbau, die Rechtschreibung und auch die Wortwahl wurden grundsätzlich beibehalten, lediglich beim Schriftbild waren der besseren Lesbarkeit wegen geringfügige Änderungen notwendig. Diese sind:
Die verwendete Schriftart wurde durch Garamond ersetzt. Einige Zeichen, z. B. die sogenannte 7. tironische Note, konnten beim Übertragen nicht wiedergegeben werden.
Ferner haben sich die Seitennummern um ca. acht verschoben, weil ursprünglich die Nummerierung erst mit dem eigentlichen Text begann.

2. Bei großen Zahlen (erst ab 5 Stellen) wurde damals zum Sichtbarmachen der Tausenderkolonnen ein Komma gesetzt. Ähnliches ist noch heute im englischen Sprachraum üblich. Wir finden das Komma aber auch an der Grenze zwischen ganzen Zahlen und Dezimalen, z. B. auf Seite 28.

3. Hinter alten Maßbezeichnungen und Währungen verbergen sich oft unterschiedliche Größen. Unser Ort gehört seit 1815 zu Preußen und so können für die weitere Betrachtung und Beurteilung folgende Angaben helfen: (Preußische Maße)[1]

☐ Längenmaße (1):

1 Meile		=	2000 Ruten	=	7.532,48 m
1 Rute	(°) =		12 Fuß	=	376,61 cm
1 Elle		=	25,5 Zoll	=	66,69 cm
1 Fuß	(') =		12 Zoll	=	31,385 cm
1 Zoll	(") =		12 Linien	=	2,615 cm
1 Linie	(''') =			=	0,218 cm

☐ Flächenmaße (1):

1 Morgen	(M) =	180 ☐-Ruten	=	2.533,22 m^2
1 ☐-Rute	(☐°) =	144 ☐-Fuß	=	14,186 m^2
1 ☐-Fuß	(☐') =	144 ☐-Zoll	=	9,8504 dm^2
1 ☐-Zoll	(☐") =		=	6,841 cm^2

---

[1] Die Zahlen in Klammern verweisen auf die am Ende genannten Quellen.

□ Hohlmaße für Getreide (1):

1 Wispel	=	24 Scheffel	=	13,191 hl
1 Scheffel	=	16 Metzen	=	54,96 l
1 Metze	=	3 Quart	=	3,44 l
1 Quart	=	64 Kubikzoll	=	1,145 l

Danach ergeben sich:

1 Scheffel Korn (Roggen)	etwa 40 kg
1 Scheffel Weizen	etwa 40 kg
1 Scheffel Gerste	etwa 37 kg
1 Scheffel Hafer	etwa 25 kg
1 Scheffel Buchweizen	etwa 33 kg
1 Scheffel Erbsen	etwa 44 kg

□ Hohlmaße für Flüssigkeiten (1):

1 Eimer	=	2 Anker	=	68,7 l
1 Anker	=	10 Metzen	=	34,35 l
1 Viertel	=	4 Metzen	=	13,74 l
1 Metze	=	3 Quart	=	3,44 l

□ Preußische Biermaße (2):

1 Gebräude Bier	=	9 Kufen		
	=	36 Tonnen	=	4122 l
1 Faß			=	229 l
1 Tonne (Biermaß)			=	89,2 l (vor 1819)

□ Zum Vergleich die Dresdner Maße (3):

1 Viertel	=	2 Tonnen		
	=	210 Kannen	=	196,4 l
1 Tonne	=	105 Kannen	=	98,2 l
1 Kanne			=	0,935 l

□ Gewichte (2):

1 Centner	=	50 kg seit 1. Juli 1858
1 Pfund	=	500 g dito

□ Währungen (4, 5)

Die ersten Taler wurden seit 1484 in Tirol als Güldengroschen oder Güldener geprägt. Sie wurden zuerst zu 72, seit 1559 aber zu 60 Kreuzer geprägt. Durch reichliche Silberfunde wurden in Deutschland vom 16. – 18. Jahrhundert viele Thaler mit den unterschiedlichsten

Motiven geprägt. In Preußen wurde mit Thaler (vorher Reichsthaler = rtl.) gerechnet. Einem Thl. entsprachen 30 Gr. (oder Sgr. = Silbergroschen, manchmal abgekürzt auf gl.) und jeder Groschen entsprach dem Wert von 12 Pfennige.

Am 4.12.1871 wird vom Deutschen Reichstag das Gesetz zur Einführung von Mark und Pfennig als Reichswährung verabschiedet. Sie löste die bis dahin geltenden Währungen der einzelnen Länder ab. Das Tauschverhältnis eines Thalers war mit 3,-- Mark verbindlich festgelegt. Jede Mark entsprach dem Wert von 10 Groschen und jeder Groschen von 10 Pfennige.

In früheren Zeiten tauchte auch die Bezeichnung Mark, aber nur als Gewichtseinheit auf. So war die Kölner Mark gleich 233,855 g Silber.

4. Erläuterung einiger Fremdwörter

Seite	Begriff	Erklärung
12	Rezeß *(lat.)*	Rückgang; Abschluß (von Verhandlungen); Vergleich; Vertrag; Abschied; Auseinandersetzung (7).
18	Pertinenz *(lat.)*	Zugehörigkeit (7).
22	Revenü *(frz.)*	Einkommen, Ertrag (aus staatl.Pensionen) usw. (7).
25	Crispini und Crispiani	– 25. Oktober, kath. Gedenktag (10)
25	Korduan *(frz.)*	Leder aus Schaf- oder Ziegenfellen (7)
26	Abdecker	*veraltet:* Person, die gewerbsmäßig Tierleichen beseitigte und verwertete. Heute haben die Anstalten für Tierkörperverwertung die Aufgabe übernommen. (9).
28	Rescript *(lat.)*	(jetzt: Reskript) Rückschreiben, Verfügung, Verordnung (7).
28	Possession *(lat.)*	Besitztum, bes. Grundstück; Besitz (7).
32	Succession *(lat.)*	(jetzt: Sukzession) Nachfolge, Rechtsnachfolge, Thronfolge; Erbschaft; Nachlass (7).

38 Fideikommiß *(lat.)*wörtl. der Treue Anvertrautes, unverkäuflich, auf männlichen Erstgeborenen sich forterbender Familienbesitz (7).

39 Descendenz *(lat.)* (jetzt: Deszendenz) Nachkommenschaft (7).

40 Kodizill *(lat.)* Letztwillige Verfügung über Vermächtnisse (nicht Erbauseinandersetzung) nach d. röm. Recht (7).

41 Archidiakonus (grch.) ‚Oberster Diener', in der alten christl. Kirche der erste Gehilfe und Vertreter des Bischofs, ...(9).

42 Misericordia 2. Sonntag nach Ostern (5).

43 Kollatur *(lat.)* Recht auf Besetzung einer kirchlichen Amtsstelle (6).

44 Trinitatis Sonntag nach Pfingsten (6).

52 Repartition *(lat.)* Verhältnismäßge Verteilung, Aufteilung; Berechnung der Kostenanteile; Umlage im Verhälrnis der Beteiligten (7).

54 Obrist veraltet für Oberst (9)

59 Pfarrvakanzen *(lat.)* Unbesetzte Pfarrerstellen (6).

62 Stol-Gebühren Gebühren für geistliche Amtsverrichtungen (5).

89 Accise *(lat.)* (jetzt: Akzise) Spezielle Verbrauchssteuer; Verbrauchsabgabe auf bestimmte Waren; Haushaltsaufschlag (6).

114 Retablissementsfond *(lat.)* Wiederherstellungsfonds (6)

115 Revenue Einkommen aus Kapitalanlagen und Wertpapieren(8).

120 Lehde Brache (5).

122 Rekurs-Instanz *(lat.)* Instanz für die Beschwerdeführung bzw. Berufung (6).

123 Resolut(ion) *(lat.)* Entschließung, Beschluß, abschließende Meinungsäußerung einer Versammlungs-mehrheit zu einem Beschluß (6).

129	avanciren *(lat.)*	(jetzt: anvancieren) Vorwärtskommen, befördert werden, aufrücken (6).
129	retiriren *(lat.)*	(jetzt: retirieren) Sich fluchtähnlich, eilig zurückziehen, zurückweichen, fliehen, ausreißen (6).
138	Requisitionen *(lat.)*	1.Das Ersuchen einer Behörde... 2. (zwangsweise) Wegnahme von Bedarfsgegenständen der Zivilbevölkerung durch militärische Behörden o. Kommandostellen. (6).
146	Züchner	Bettzeugweber (Internet).
148	Bracteat	(jetzt: Brakteat) Numesmatik: mittelalterl. dt. Münze aus dünnem Silberblech, einseitig so geprägt, dass das Bild auf der Rückseite vertieft erscheint (Hohlpfennig) (9).
157	Laudemium	Abgabe an den Grundherrn bei Veräußerung bäuerl. Grundstücke, die als ein Merkmal der Leibeigenschaft galt; Lehngeld, Handlohn (7)
168	Pretiosen *(lat.)*	Geschmeide, kostbarer Schmuck; Edelsteine (6).

Quellennachweis

(1) Taschenbuch des Landbaumeisters, von Hutschenreuther, Neumann - Verlag Radebeul 1965.

(2) Handbuch, Alte Thüringische, Preußische, Sächsische & Mecklenburgische Maße und ihre Umrechnung, von Rockstuhl, Verlag Rockstuhl Bad Langensalza, ISBN 3-929000-94-6.

(3) Information von H. Starke, Museum Dresden, Fax vom 28.03.2000 an das Ackerbürgermuseum in Reichenbach.

(4) Schriftl. Information von Hans Fischer, nach alten Lexika im Jahre 1999.

(5) Private Unterlagen und Kenntnis des Lothar Wagner.

(6) Großes Fremdwörterbuch, VEB Bibliographisches Institut Leipzig 1974., durchgesehene Auflage 1982.

(7) Wilhelm Liebknecht, Volksfremdwörterbuch, Copyright 1948 by Dietz-Verlag Berlin.

(8) Lexikon A-Z, VEB Verlag für Buch- und Bibliothekwesen Leipzig 1974.

(9) Der Brockhaus in Fünfzehn Bänden, F. A. Brockhaus GmbH, Leipzig-Mannheim 1998, ISBN 3-7653-2801-8.

(10) Internet: heiligenlexikon.